L'ultime mission

R. BARRI FLOWERS

Le prix du risque

Traduction française de
FABRICE CANEPA

BLACK ROSE
HARLEQUIN

Collection : BLACK ROSE

Titre original :
DANGER ON MAUI

© 2023, R. Barri Flowers.
© 2023, HarperCollins France pour la traduction française.

Ce livre est publié avec l'autorisation de HARLEQUIN BOOKS S.A.

Tous droits réservés, y compris le droit de reproduction de tout ou partie de l'ouvrage, sous quelque forme que ce soit.
Toute représentation ou reproduction, par quelque procédé que ce soit, constituerait une contrefaçon sanctionnée par les articles 425 et suivants du Code pénal.

Si vous achetez ce livre privé de tout ou partie de sa couverture, nous vous signalons qu'il est en vente irrégulière. Il est considéré comme « invendu » et l'éditeur comme l'auteur n'ont reçu aucun paiement pour ce livre « détérioré ».

Cette œuvre est une œuvre de fiction. Les noms propres, les personnages, les lieux, les intrigues sont soit le fruit de l'imagination de l'auteur, soit utilisés dans le cadre d'une œuvre de fiction. Toute ressemblance avec des personnes réelles, vivantes ou décédées, des entreprises, des événements ou des lieux serait une pure coïncidence.

Le visuel de couverture est reproduit avec l'autorisation de :
HARLEQUIN BOOKS S.A.

Tous droits réservés.

HARPERCOLLINS FRANCE
83-85, boulevard Vincent-Auriol, 75646 PARIS CEDEX 13
Service Lectrices — Tél. : 01 45 82 47 47 - www.harlequin.fr
ISBN 978-2-2804-9309-3 — ISSN 1950-2753

Composé et édité par HarperCollins France.
Imprimé en août 2023 par CPI Black Print (Barcelone)
en utilisant 100% d'électricité renouvelable.
Dépôt légal : septembre 2023.

Pour limiter l'empreinte environnementale de ses livres, HarperCollins France s'engage à n'utiliser que du papier fabriqué à partir de bois provenant de forêts gérées durablement et de manière responsable.

Prologue

Ce type est vraiment canon.
Jena Sutcliffe ne pouvait s'empêcher de jeter des regards à la dérobée en direction du beau brun ténébreux aux yeux bleus et au physique athlétique qui était assis à l'une des tables de la Taverne de Linc, sur Wharf Street.

C'était le genre d'homme qu'on voyait plus souvent au cinéma ou à la télévision que dans la vie de tous les jours et qui devait s'attirer aussi bien le respect des autres hommes que l'adulation béate de la plupart des femmes.

Il y en avait d'ailleurs plusieurs à sa table qui semblaient rivaliser de minauderies et d'éclats de rire pour tenter de capter son attention. Mais le bel inconnu avait sans doute l'habitude de susciter de telles réactions et paraissait considérer cette cour d'admiratrices avec une bienveillance légèrement amusée.

Jena détourna les yeux et se concentra sur le cocktail qu'elle avait commandé. Elle n'avait strictement aucune chance d'attirer l'attention d'un tel homme. De toute la soirée, il n'avait d'ailleurs pas daigné lui faire l'aumône d'un regard.

Cela valait peut-être mieux, d'ailleurs. Après tout,

elle avait déjà eu son compte de beaux bruns ténébreux par le passé. Et elle avait appris à ses dépens que les hommes les plus séduisants étaient rarement les plus fiables. Quel intérêt aurait-elle eu à se jeter de nouveau dans la gueule du loup ?

Un sourire teinté d'autodérision se dessina sur les lèvres de Jena : elle savait pertinemment que, si l'inconnu était venu s'asseoir à sa table, elle ne l'aurait certainement pas éconduit. Mais cela ne se produisit pas, bien sûr.

Jena vida son verre et finit par se lever pour gagner la sortie. Elle devait se réveiller de bonne heure, le lendemain, pour organiser un événement qui se tiendrait dans l'un des plus gros hôtels de la ville. Qui sait ? Ce serait peut-être à cette occasion qu'elle rencontrerait enfin l'homme de sa vie. L'important était de garder les yeux ouverts.

Tandis qu'elle traversait le bar bondé, elle se prit à imaginer que le beau brun aux yeux bleus avait décidé de la suivre et que ce serait le début d'une histoire magnifique. Mais elle atteignit le parking de la taverne sans que personne ait cherché à l'intercepter.

Réprimant un soupir, elle se glissa au volant de sa Subaru orange. Plongée dans ses pensées, Jena prit la direction de chez elle sans s'apercevoir que quelqu'un la suivait effectivement.

Les femmes étaient toutes les mêmes. Elles s'intéressaient toutes aux mêmes hommes, ne se fiant qu'au physique et aux signes extérieurs de richesse ou de succès. Rares étaient celles qui savaient percer les apparences, se concentrer sur l'essentiel, la véritable richesse intérieure.

C'était la raison pour laquelle il avait décidé de prendre la défense des ignorés et des réprouvés, de tous ceux qui n'étaient rien et n'avaient rien à espérer. Il s'était érigé en juge et en exécuteur de ces créatures superficielles qui ne se fiaient qu'aux apparences et se laissaient aveugler par les illusions.

Chacun de ses meurtres était une leçon de choses, un pavé jeté au visage de cette société inique et haïssable. Il ne se faisait aucune illusion, bien sûr : ses actions ne changeraient sans doute pas la face du monde. Mais cela lui donnait au moins la satisfaction de réparer les torts qu'on lui avait causés.

Il avait aussi découvert la joie que pouvait engendrer la terreur semée au nom d'une cause juste. Et l'exaltation que lui procurait le fait de jouer au chat et à la souris avec ses victimes comme avec la police.

Demeurant à prudente distance de la Subaru, il suivit sa proie jusqu'à un immeuble situé sur Honoapiilani Road. Il la vit se garer dans le parking et laissa son propre véhicule en stationnement dans la rue, hors du champ des caméras de surveillance.

Il prit le temps d'enfiler une casquette dont il abaissa la visière et releva la capuche du sweat-shirt qu'il portait. Cela devrait suffire à dissimuler son visage.

Au pas de course, il gagna alors l'immeuble et emprunta l'escalier à la suite de sa proie. Elle monta jusqu'au troisième étage et il attendit quelques instants dans la cage d'escalier pour lui laisser le temps d'ouvrir la porte de son appartement.

Il s'avança sur le palier juste à temps pour la voir se refermer derrière elle. Un sourire satisfait se dessina sur ses lèvres. Il vérifia alors qu'aucune caméra n'était installée dans le couloir. Certes, il aurait été très frustrant de devoir renoncer à présent, mais il ne pouvait se permettre de courir le moindre risque inutile.

Après s'être assuré qu'il n'était pas filmé, il rabattit sa capuche, ôta sa casquette et se dirigea vers la porte en enfilant une paire de gants en latex. Il sonna et attendit quelques instants en plaquant sur son visage son plus charmant sourire.

Depuis qu'il avait commencé son œuvre, il avait été surpris de découvrir à quel point les gens pouvaient faire preuve de naïveté. Sa proie ne fit pas exception à la règle et vint ouvrir sa porte en dépit de l'heure tardive.

— Puis-je vous aider ? lui demanda-t-elle avec un sourire presque amical.

— Je crois bien que oui, répondit-il avec une feinte bonhomie.

Avant même qu'elle ait eu le temps de comprendre ce qu'il s'apprêtait à faire, il sortit de sa poche le taser qu'il plaça contre son ventre. Il l'activa, faisant passer quelque 8 000 kV dans le corps de sa proie, qui s'effondra à ses pieds, tétanisée. Après s'être assuré que personne n'avait surpris la scène, il pénétra dans l'appartement et referma la porte derrière lui.

Comme dans toute bonne chasse, après la traque venait son moment préféré : la mise à mort.

1

Ayant achevé la lecture du passage qu'elle avait sélectionné, Daphné Dockery referma *Tueur accidentel,* son dernier best-seller. Une salve nourrie d'applaudissements retentit dans la charmante petite librairie baptisée Aloha Land qui constituait la toute dernière étape de la tournée que Daphné avait effectuée pour promouvoir son livre.

Il traitait de la série de crimes perpétrés par Oscar Preston, un tueur en série qui avait assassiné quinze personnes en mettant en scène de faux accidents, déjouant ainsi pendant longtemps la vigilance de la police.

Une fois cette ultime séance de dédicace terminée, Daphné comptait bien prolonger un peu son séjour sur l'île paradisiaque de Maui. Après l'année détestable qu'elle venait de passer, quelques jours de vacances seraient vraiment bienvenus.

Au cours des derniers mois, elle avait vécu une rupture très difficile avec son petit ami Nelson Holloway et subi le harcèlement de Marissa Sheffield, une fan un peu trop zélée. Fort heureusement, la jeune femme était aujourd'hui derrière les barreaux.

S'il n'avait tenu qu'à elle, Nelson serait également

en prison. Elle avait effectivement découvert non seulement qu'il la trompait régulièrement mais aussi que les placements financiers qu'il recommandait à ses clients étaient plus que douteux.

Daphné était bien décidée à mettre à profit son tout nouveau célibat – et pas uniquement pour lézarder sur les plages de rêve de Maui et se baigner dans les eaux chaudes de l'océan Pacifique. Elle avait l'intention de se documenter sur une affaire qui avait défrayé la chronique locale, l'année précédente, et qu'elle comptait retranscrire dans un livre provisoirement intitulé *Massacre au paradis*.

Il s'agissait d'un triangle amoureux qui avait tourné au drame lorsqu'un homme avait tué quatre personnes, dont sa propre femme enceinte, avant de se suicider.

Le sujet lui tenait d'autant plus à cœur que son propre père s'était donné la mort après avoir assassiné sa mère, qui menaçait de le quitter. Daphné n'avait alors que sept ans mais c'était ce drame qui avait décidé du reste de sa vie.

Elle avait passé son existence tout entière à tenter de percer le mystère que constituait pour elle la psychologie des criminels. Cette compréhension lui avait permis d'apporter des réponses aux proches de nombreuses victimes et, ce faisant, de les aider à faire leur deuil.

C'était d'ailleurs la raison pour laquelle elle avait fini par renoncer à son métier de journaliste d'investigation pour se consacrer entièrement à l'écriture. Le succès dont elle jouissait lui permettait de toucher bien plus de gens qu'elle n'avait pu le faire en travaillant pour un quotidien régional.

Ses sept premiers livres avaient été des best-sellers

et elle s'était déjà engagée à livrer trois ouvrages supplémentaires à son éditeur, Gordon Yung, des éditions Lefevre & Weigel.

Mais en attendant d'attaquer son prochain ouvrage, il lui restait cette ultime session de dédicace. Daphné rajusta l'odorante guirlande de fleurs que lui avait passée au cou Mireille Lacuesta, la gérante de la librairie, lorsqu'elle était arrivée à Aloha Land.

Déjà, un premier lecteur s'approchait de la petite table derrière laquelle elle était installée. C'était un homme aux cheveux bruns qui devait avoir entre trente et quarante ans. Il portait une chemise hawaïenne et un jean noir baggy. Cette apparence décontractée contrastait avec l'étrange intensité qui se lisait dans ses yeux bruns, et son expression la mit légèrement mal à l'aise.

— Bonjour, lui dit-elle avec un sourire un peu forcé.
— *Aloha*, répondit-il. Bienvenue à Maui.
— Merci. Je suis ravie d'être ici… Est-ce que vous voulez que je signe votre exemplaire ? demanda-t-elle en désignant le livre qu'il tenait serré contre sa poitrine comme s'il avait peur que quelqu'un ne le lui dérobe.
— Oui, répondit l'homme en le lui tendant. Vous pouvez le dédicacer à Tommy.

Daphné s'empara du stylo qu'on avait mis à sa disposition et ouvrit le livre pour y rédiger quelques lignes :

Merci d'avoir acheté mon livre. J'espère qu'il vous plaira. N'hésitez pas à le prêter à vos amis qui pourraient s'y intéresser.
Avec toutes mes amitiés,

Daphné Dockery

Elle lui tendit l'ouvrage.

— *Mahalo*, lui dit l'homme.

Le sourire qu'il lui adressa contrastait avec son regard glacé qui évoquait celui d'un prédateur. Sans ajouter un mot, il se détourna alors et se dirigea à grands pas vers la caisse pour aller payer. Un peu décontenancée par son étrange attitude, Daphné se tourna vers sa lectrice suivante, une femme âgée à la silhouette frêle et aux cheveux cendrés.

— Bonjour, lui dit-elle.

— *Aloha*, répondit la vieille dame en lui décochant un chaleureux sourire. Je suis une grande fan de vos livres. Je les ai tous lus.

— Je suis flattée, répondit Daphné, reconnaissante.

En dépit des excellentes ventes auxquelles donnaient lieu ses ouvrages, depuis déjà quelques années, elle se refusait à considérer son succès comme allant de soi. Elle se sentait profondément reconnaissante envers ses lecteurs les plus fidèles.

— Vous avez toujours une façon très personnelle de traiter les sujets, la complimenta son interlocutrice.

— Je m'y efforce, acquiesça Daphné.

Elle était convaincue que la dimension intime qu'elle s'attachait à mettre en avant dans chacun de ses ouvrages était ce qui faisait toute la différence entre la littérature non fictionnelle qu'elle pratiquait et un simple essai de criminologie. Le choix des mots et des points de vue était au moins aussi important que la collecte préalable des informations.

Daphné n'hésitait d'ailleurs pas à s'impliquer personnellement, à témoigner du drame qui avait marqué sa propre vie et des conséquences psychologiques qu'il avait pu avoir sur elle. Ce n'était pas de l'impudeur mais une façon d'établir un lien direct avec le lecteur comme avec son sujet. Il y avait dans son écriture une dimension éminemment cathartique.

— À qui dois-je dédier le livre ? demanda-t-elle en le prenant des mains de la vieille dame.

— Je m'appelle Olivia Righetti, répondit-elle avant d'épeler son nom de famille.

Daphné rédigea une nouvelle dédicace et rendit l'ouvrage à Olivia.

— Profitez bien de votre séjour à Maui, lui dit celle-ci. J'espère que vous ne passerez pas votre temps cloîtrée dans des librairies ou des bibliothèques.

— Ne vous en faites pas pour moi. Je compte bien prendre le temps de visiter votre île magnifique.

Olivia approuva d'un signe de la tête avant de prendre congé. Daphné s'empara de la petite bouteille d'eau qui se trouvait sur la table et avala une gorgée pour se désaltérer.

— Vous avez bien raison, fit une voix masculine. Maui mérite vraiment le détour.

Levant les yeux vers celui qui venait de lui adresser la parole, Daphné sentit son cœur marquer un temps d'arrêt avant de repartir à un rythme accéléré. C'était incontestablement l'un des hommes les plus séduisants qu'il lui ait jamais été donné de rencontrer.

Grand, doté de larges épaules et d'un physique athlétique, il avait une peau légèrement cuivrée, des traits parfaitement dessinés, un front haut, des pommettes marquées et un menton volontaire. Ses cheveux très noirs et légèrement ondulés étaient coupés court. Ses yeux trahissaient un mélange d'intelligence et d'humour.

— À qui dois-je dédicacer le livre ? demanda Daphné d'une voix moins assurée qu'elle ne l'aurait voulu.

— À Ken, répondit-il.

Daphné hocha la tête et commença à écrire.

Pour Ken.
Merci d'être venu assister à cette lecture. J'espère que mon livre sera à la hauteur de vos attentes.
Avec toutes mes amitiés.

Daphné.

— Voilà qui devrait faire quelques jaloux parmi mes collègues, déclara Ken en riant.

Daphné se demanda quelle pouvait bien être sa profession. Mais le jean et la chemise noirs qu'il portait ne lui donnaient guère d'indices sur la question.

— J'espère surtout que le livre vous plaira, lui dit-elle.

— Je n'ai aucun doute à ce sujet, déclara Ken avec assurance.

Elle se sentait toujours flattée par la confiance dont l'honoraient ses lecteurs. Mais elle n'avait pas souvent la chance d'en rencontrer d'aussi séduisants, songea-t-elle avec une pointe d'amusement. Elle regrettait presque que d'autres admirateurs se pressent derrière lui, l'empêchant de prolonger leur conversation.

— Je vous souhaite un bon séjour à Hawaï, lui dit Ken.

— Merci, répondit-elle.

Il récupéra son livre et elle ne put se retenir de le suivre rêveusement des yeux tandis qu'il se dirigeait à son tour vers la caisse.

Au cours de la journée, l'inspecteur Kenneth Kealoha ne put s'empêcher de repenser à plusieurs reprises à sa rencontre avec Daphné Dockery. Avec ses longs cheveux noirs, ses beaux yeux bleu vert et son physique longiligne, elle était encore plus séduisante que sur la photo qui ornait la quatrième de couverture de son livre. Et il regrettait a posteriori de ne pas avoir eu l'aplomb de l'inviter à venir boire un verre avec lui.

Mais une femme aussi intelligente et attirante qu'elle était probablement déjà en couple depuis longtemps. Il se contenterait donc de lire *Tueur accidentel*, convaincu que cet ouvrage l'aiderait à poursuivre le lent et difficile chemin qu'il avait parcouru au cours de ces dix dernières années.

Car, à peu près au moment où sévissait le tueur accidentel en Alabama, un autre meurtrier avait terrorisé l'archipel de Hawaï en assassinant dix jeunes femmes, dont Cynthia Suehisa, la meilleure amie de Kenneth.

Celui-ci travaillait alors pour la police criminelle de Honolulu et avait participé à l'enquête. C'était même lui qui avait fini par identifier le tueur, Trevor Henshall, et par l'abattre lorsque ce dernier avait tenté de résister à son arrestation.

Malheureusement, cela n'avait pas ramené Cynthia à la vie, et Kenneth avait alors traversé une période de profonde dépression. C'était d'ailleurs la raison principale pour laquelle il avait décidé de venir s'installer à Maui où il espérait prendre un nouveau départ.

Ce changement de décor lui avait effectivement permis de s'arracher au désespoir qui l'accablait alors et de se remettre d'aplomb. Mais en tant que policier, il restait inévitablement confronté à la violence. Même un endroit aussi paradisiaque que Maui recelait sa part d'ombre, de forfaits crapuleux et de meurtres sordides.

Kenneth avait fini par en prendre son parti et avait décidé de consacrer sa vie entière à combattre le crime sous toutes ses formes. C'était sans doute pour cela que, à l'âge de trente-trois ans, il était toujours célibataire, sans enfants et quasiment dépourvu de vie sociale. Même son supérieur hiérarchique lui répétait périodiquement qu'il travaillait trop et ferait bien de s'accorder une pause de temps à autre.

Évidemment, ce souhait n'était pas près de se réaliser. Car, en ce moment même, un nouveau tueur en série sévissait sur l'île. La presse l'avait surnommé l'Étouffeur de Maui parce qu'il avait coutume d'asphyxier ses proies à l'aide d'un sac en plastique.

Il avait déjà fait neuf victimes en l'espace de huit mois – toutes des femmes jeunes et séduisantes aux longs cheveux noirs. La dernière en date, Jena Sutcliffe, avait été tuée la semaine précédente. Une seule était parvenue à lui échapper. Malheureusement, Ruth Paquin avait été victime d'une hypoxie cérébrale qui avait affecté sa mémoire immédiate.

Tout ce qu'elle avait pu leur dire au sujet de son agresseur, c'était qu'il s'agissait d'un homme de taille moyenne, aux cheveux bruns. Une telle description leur aurait peut-être été utile en Norvège mais certainement pas à Hawaï où des centaines de milliers d'habitants correspondaient à ce signalement.

Contre toute attente, Kenneth était pourtant parvenu à trouver un suspect dans cette affaire. Zack Lawrence était un homme âgé de trente-huit ans qui travaillait comme instructeur de fitness et était considéré comme un bourreau des cœurs. Les enregistrements des caméras de sécurité avaient permis d'établir que Zack s'était trouvé dans plusieurs des bars qu'avaient fréquentés les victimes, la nuit où elles avaient été tuées.

Cela ne prouvait pas qu'il les avait assassinées, bien sûr. Mais cela faisait de lui un suspect privilégié. D'autant que Lawrence avait déjà fait l'objet d'une condamnation pour avoir maltraité l'une de ses précédentes petites amies. Il avait également tenté de sortir avec l'une des victimes de l'Étouffeur, qui l'avait éconduit.

Lorsqu'il avait découvert ce faisceau de présomptions, Kenneth avait initialement envisagé de convoquer Zack au poste de police pour l'interroger. Mais il avait conscience du fait qu'il manquait pour le moment cruellement d'éléments à charge. N'importe quel bon avocat aurait eu vite fait de balayer ses arguments d'un simple revers de la main.

Kenneth avait donc décidé de changer de stratégie et de tenter de prendre Zack en flagrant délit. Ce soir-là, il avait organisé la surveillance de la Popi's Tavern, sur Lower Main Street, dans le centre de Wailuku, le chef-lieu de l'île de Maui.

Kenneth lui-même se faisait passer pour un client. Il s'était installé face à l'un de ses collègues, l'inspecteur Tad Newsome. Âgé de trente ans, ce dernier était grand, mince, avec des yeux très bleus et des cheveux châtains que le soleil et le sel marin teintaient de reflets blonds. Son apparence évoquait bien plus celle d'un surfeur que d'un inspecteur de police, ce qui, en de telles circonstances, se révélait plutôt utile.

À une table voisine se trouvaient deux agents du FBI, Kirk Guilfoyle et Noelle Kaniho, qui jouaient les couples enamourés. Dans la vraie vie, Guilfoyle, un Afro-Américain de quarante-cinq ans, était marié depuis de longues années avec sa petite amie de lycée.

Noelle avait elle aussi un petit ami avec lequel elle sortait depuis plus de dix ans. Blonde, les cheveux coupés au carré, elle avait abrité ses yeux bruns derrière de grandes lunettes à larges montures. Sans en avoir l'air, elle surveillait attentivement la salle qui commençait progressivement à se remplir.

Kenneth jeta un coup d'œil en direction de Vanessa Ringwald, une autre de ses collègues, qui avait pris place au bar. Physiquement, elle correspondait parfaitement au profil des victimes de l'Étouffeur. Grande et mince, elle avait de longs cheveux noirs légèrement ondulés et de grands yeux verts. La robe aux motifs floraux qu'elle portait ce soir-là mettait parfaitement en valeur sa silhouette élancée.

Kenneth n'avait pas l'habitude de la voir ainsi apprêtée. En temps normal, elle s'efforçait au contraire de gommer son physique avantageux. Mais ce soir-là, elle redoublait de charme et de séduction, minaudant avec l'homme qui était assis à ses côtés et n'était autre que Zack Lawrence.

Comme Kenneth, ce dernier devait mesurer entre un mètre quatre-vingt-cinq et un mètre quatre-vingt-dix. Il paraissait être tout aussi en forme physiquement et devait passer bon nombre d'heures en salle de musculation. Il était doté d'un sourire enjôleur et avait une façon de fixer ses interlocutrices comme si rien ni personne n'était plus important à ses yeux.

Kenneth n'avait aucun mal à imaginer que nombre de femmes puissent le trouver séduisant. Toute la question était de savoir s'il se servait de ce magnétisme naturel pour les entraîner jusqu'à la mort.

Au bout d'un moment, Vanessa se pencha pour récupérer son sac à main. C'était le signal dont ils avaient convenu et Kenneth sentit le rythme des battements de son cœur s'accélérer. Le moment de vérité était arrivé et ils n'auraient pas droit à l'erreur.

Jetant un coup d'œil aux autres agents présents, il s'assura qu'eux aussi avaient remarqué le geste de Vanessa. Il envoya ensuite à leurs collègues qui se trouvaient à l'extérieur le SMS qu'il avait préparé. Il leur demandait de se tenir prêts au cas où ils auraient besoin de renforts.

— Ça ne va plus tarder, souffla-t-il à Tad.

— Je suis paré, répondit ce dernier en se redressant légèrement sur sa chaise.

Vanessa et Lawrence se levèrent alors et se dirigèrent vers la porte de la taverne. Lorsqu'ils passèrent à leur niveau, Kenneth s'aperçut que leur suspect avait posé une main légèrement possessive au creux du dos de la jeune femme. Serrant les dents, il attendit que le couple ait franchi la porte d'entrée avant de se lever et de leur emboîter le pas, suivi de près par Tad.

Une fois sur le parking, ils aperçurent Vanessa et Lawrence qui se dirigeaient vers la voiture de ce dernier, une Porsche 718 Boxster décapotable. Comme ils arrivaient à proximité du véhicule, Lawrence se pencha vers Vanessa pour l'embrasser mais elle détourna la tête au dernier instant.

Kenneth hésita un instant sur la conduite à tenir. L'idée de laisser Vanessa monter dans la voiture avec cet homme lui répugnait. S'ils ne s'étaient pas trompés à son sujet, ils trouveraient probablement à l'intérieur de la Porsche des éléments compromettants : le taser à haut voltage qu'il utilisait pour étourdir ses victimes et les sacs en plastique avec lesquelles il les étouffait.

Ce serait bien suffisant pour obtenir une mise en examen et commencer à cuisiner leur homme. Kenneth fit signe à Tad, et tous deux se dirigèrent vers la Porsche, prêts à dégainer leurs armes de service en cas de besoin. Mais avant qu'ils aient pu les rejoindre, Lawrence essaya de nouveau d'embrasser Vanessa, se faisant nettement plus pressant, cette fois.

Mais la jeune inspectrice n'entendait pas se laisser faire et, avant même que Kenneth ait eu le temps de comprendre ce qui lui arrivait, elle fit un pas de côté et lui tordit le bras derrière le dos, lui arrachant un cri de douleur et de colère mêlées. Elle sortit alors une paire de menottes de son sac à main et les lui passa aux poignets.

— Inspectrice Ringwald, de la police de Maui, lui annonça-t-elle alors. Zack Lawrence, vous êtes en état d'arrestation. Vous avez le droit de garder le silence. Si vous renoncez à ce droit, tout ce que vous direz pourra être et sera utilisé contre vous devant une cour de justice...

Médusé, Lawrence l'écouta lui énumérer la suite de ses droits.

— Puis-je savoir pourquoi vous m'arrêtez ? s'exclama-t-il enfin. Pour m'être laissé séduire par une adulte qui paraissait tout à fait consentante, il y a encore quelques instants ?

— Je crois que vous prenez vos rêves pour des réalités, remarqua Kenneth d'un ton goguenard.

— Qui êtes-vous ? répliqua Lawrence en observant Tad et Kenneth d'un air suspicieux.

— Inspecteurs Kealoha et Newsome, répondit-il.

— Vous en avez mis, du temps, tous les deux ! s'exclama Vanessa d'un ton chargé de reproches. J'ai bien cru que j'allais être obligée de monter en voiture avec ce type…

— Nous étions juste derrière toi, lui assura Kenneth. Et tu t'es parfaitement débrouillée sans nous.

Il tira de la poche intérieure de sa veste un papier qu'il déplia pour le montrer à Lawrence.

— Ceci est un mandat de perquisition qui nous permet de fouiller votre voiture.

— Allez-y, ne vous gênez pas, répondit Lawrence en haussant les épaules. Je n'ai rien à cacher.

— C'est ce que nous allons voir, rétorqua Kenneth, que l'assurance de son interlocuteur mettait légèrement mal à l'aise.

Lawrence ne semblait pas du tout inquiet. Se pouvait-il qu'ils se soient trompés sur ses intentions ?

— Ne bougez pas, ordonna-t-il au suspect.

Coincé entre Tad et Vanessa, il n'avait que peu de chances de leur échapper, d'autant que quatre autres agents se tenaient prêts à leur porter assistance en cas de besoin. Kenneth tira de sa poche une paire de gants en nitrile, qu'il enfila. Sortant une lampe torche, il alla ouvrir la portière de la Porsche du côté passager et entreprit de fouiller le véhicule de fond en comble en commençant par la boîte à gants et en finissant par le coffre.

À son grand dam, il ne découvrit aucun élément accablant. Bien sûr, les agents de la police scientifique auraient peut-être plus de chance que lui. Malheureusement, ce manque d'indices ne ferait que compliquer un interrogatoire qui s'annonçait délicat.

Comme Kenneth émergeait de la voiture, il avisa l'expression de très mauvais augure qui se peignait sur le visage de Tad.

— Que se passe-t-il ?

— Je viens de recevoir un appel, lui expliqua ce dernier en désignant le téléphone portable qu'il tenait toujours à la main. Le corps d'une jeune femme a été découvert par l'une de ses voisines à Kahului. Malheureusement, tout semble indiquer qu'elle a été victime de l'Étouffeur. Et le témoin a décrit un homme, correspondant au signalement donné par Ruth Paquin, qui fuyait la résidence. Cela signifierait que Lawrence n'est pas le coupable.

— Vous plaisantez, n'est-ce pas ? s'exclama ce dernier en les considérant d'un air atterré. Vous ne pensiez tout de même pas que j'étais l'Étouffeur de Maui ?

Le regard que lui lança Kenneth ne fit que confirmer cette hypothèse.

— C'est de la folie ! protesta Lawrence. Je n'ai jamais tué personne.

Kenneth en était effectivement de plus en plus convaincu. Ils avaient surveillé Lawrence depuis qu'il avait quitté la salle de sport située sur Kolu Street à Wailuku, où il dispensait des cours de fitness. À aucun moment, il n'aurait eu la possibilité de déjouer cette filature pour aller assassiner une femme dans la ville voisine avant de revenir comme si de rien n'était.

Mais Kenneth ne tenait à courir aucun risque : après

tout, il existait une chance infime pour que l'Étouffeur n'ait pas agi seul.

— Tad, conduis M. Lawrence au poste de police. Nous l'interrogerons un peu plus tard dans la soirée. En attendant, Vanessa et moi allons jeter un coup d'œil à cette nouvelle victime, histoire d'en avoir le cœur net.

Vingt-cinq minutes plus tard, Kenneth se tenait dans la vaste chambre à coucher d'une belle maison de plain-pied située sur Mokapu Street, à Kahului, non loin du golf des dunes de Maui Lani.

La victime était étendue sur le couvre-lit non défait. Elle était vêtue d'une robe à col carré bleue et portait des pantoufles. Comme toutes les autres victimes, elle avait de longs cheveux noirs. Son visage recouvert d'un sac en plastique transparent était crispé par la douleur, ce qui semblait indiquer qu'elle était encore consciente au moment de sa mort.

L'un des coussins posés à proximité de sa tête était creusé. Le tueur avait dû s'en servir pour terminer sa macabre besogne. En chemin, Kenneth avait déjà pu constater que la porte d'entrée ne présentait aucun signe d'effraction, ce qui tendait à indiquer que la victime avait ouvert au tueur.

Le connaissait-elle déjà ou bien était-il parvenu à gagner sa confiance ? Peut-être avait-elle juste commis l'erreur d'ouvrir sans même poser de questions. Des tas de gens se rendaient coupables de telles imprudences. Dieu merci, contrairement à Irene Ishibashi, la plupart d'entre eux ne le payaient pas de leur vie…

— Qu'est-ce que vous en pensez, doc ? demanda Kenneth au médecin légiste de Maui, qui venait tout juste de les rejoindre.

Rudy Samudio avait une soixantaine d'années. Il était très mince et avait des yeux bruns pétillant d'intelligence. En dépit de son âge, ses cheveux étaient toujours d'un noir de jais.

— Au risque de ne pas vous surprendre, je dirais que la victime est morte d'une asphyxie causée par le sac en plastique qu'on lui a enfilé sur la tête, répondit Samudio en retirant précautionneusement le sachet en question.

Il se pencha pour inspecter le visage défiguré par la souffrance et l'angoisse.

— Il y a des marques de brûlure au niveau du cou, ce qui concorderait avec l'usage d'un taser de haut voltage, comme dans les autres crimes…

— C'est ce que je craignais, soupira Kenneth.

Jusqu'alors, il avait envisagé sans trop y croire qu'il puisse s'agir d'un crime déguisé, commis par un assassin qui voulait se faire passer pour l'Étouffeur dans l'espoir de camoufler son crime. Cela aurait remis Lawrence au centre du jeu.

— Je dirais que nous avons très probablement affaire au même tueur, conclut Samudio.

Kenneth hocha la tête. Ainsi, leur suspect courait toujours. Et il semblait s'être débrouillé pour ne laisser aucune trace de son passage. Kenneth était prêt à parier qu'une fois de plus, ils ne trouveraient aucune empreinte digitale.

Le tueur en série auquel ils avaient affaire n'était pas un boucher sanguinaire obéissant à la moindre de ses impulsions : c'était quelqu'un de calculateur et de précis, capable de planifier ses assassinats avant de les mettre à exécution avec précision.

Laissant le médecin légiste poursuivre ses constats préliminaires, Kenneth alla rejoindre Vanessa, qui était restée à l'extérieur pour interroger Mary Cabanilla, la voisine d'Irene.

— Le légiste confirme que c'est probablement lui, déclara-t-il d'un ton morne.

— Je m'en doutais, soupira Vanessa.

— Nous allons devoir relâcher Lawrence.

— Je suis parvenue à la même conclusion en interrogeant Mme Cabanilla, déclara-t-elle. Elle a entendu des bruits venant de la maison d'Irene et ça l'a inquiétée. En sortant de chez elle pour venir voir ce qui se passait, elle a vu un homme s'enfuir à travers le jardin.

— Est-ce qu'elle pourrait décrire son visage ?

— Elle a accepté de travailler avec l'un de nos portraitistes, répondit Vanessa. Avec un peu de chance, nous pourrons en tirer quelque chose… Quant à Lawrence, je suis d'accord avec toi : c'est probablement un dragueur en série mais j'ai du mal à l'imaginer tuer quelqu'un.

— Heureusement que tu n'es pas du style à te laisser séduire facilement, plaisanta Kenneth.

— Avec un type pareil, il n'y a vraiment aucun risque, lui assura Vanessa.

Kenneth savait que, contrairement à lui, Vanessa était en couple mais il n'avait jamais rencontré son petit ami. Elle ne parlait pas de lui et lui-même n'était pas le genre de personne à faire preuve d'une curiosité déplacée vis-à-vis de ses collègues de travail.

— En tout cas, nous allons devoir repartir de zéro, conclut Vanessa, d'un ton fataliste. En espérant que le tueur n'en profite pas pour se trouver une nouvelle victime. Je n'aime pas du tout la façon dont la fréquence de ses crimes s'accélère.

— Moi non plus, reconnut Kenneth en sortant son téléphone portable de sa poche. Bien, il ne me reste plus qu'à expliquer à notre chef que pendant que nous étions en planque pour coincer Lawrence, l'Étouffeur en a profité pour tuer de nouveau…

2

Daphné se leva de bonne heure, ce matin-là. Elle aurait bien aimé pouvoir se prélasser encore un peu dans le grand lit double de la luxueuse chambre d'hôtel que son éditeur lui avait réservée en bord de mer, dans la petite station balnéaire de Kaanapali.

Mais elle était bien décidée à mettre à profit son séjour sur l'île pour poursuivre les recherches qu'elle avait commencé à effectuer afin de préparer son prochain livre, *Massacre au paradis*.

Elle comptait notamment interviewer un certain nombre de personnes qui avaient été mêlées de près ou de loin à ce drame – à commencer par le policier qui avait alors été chargé du dossier, l'inspecteur Kenneth Kealoha.

D'expérience, elle savait que les enquêteurs constituaient souvent un excellent point d'entrée lorsqu'on étudiait une telle affaire. Contrairement aux proches et aux témoins, ils disposaient d'une vision d'ensemble qui permettait à Daphné de se faire une idée générale des différents tenants et aboutissants du dossier.

Évidemment, cela ne fonctionnait que si l'enquêteur en question était prêt à partager ces informations. Or nombre de policiers considéraient les auteurs comme elle au mieux comme des touristes et au pire comme des charognards.

Daphné avait eu des expériences très différentes, dans ce genre de situations. Parfois, le courant passait parfaitement et elle obtenait tout ce dont elle avait besoin. Parfois, la relation s'avérait nettement plus houleuse et nécessitait de sa part une bonne dose de diplomatie. Il ne lui restait donc plus qu'à espérer que cet inspecteur Kealoha se montrerait coopératif…

Daphné enfila un short gris et un T-shirt bleu frappé du logo de son université. Alors qu'elle finissait de nouer les baskets blanches qu'elle venait tout juste d'acheter, elle aperçut un petit lézard qui remontait le long du mur de sa chambre.

La première fois qu'elle en avait aperçu un, elle n'avait pas manqué de sursauter mais on s'habituait rapidement à l'omniprésence de ces petites bestioles aussi discrètes qu'inoffensives.

Quittant sa chambre, Daphné délaissa l'ascenseur pour emprunter l'escalier, qu'elle dévala à vive allure. En sortant du hall de réception de l'hôtel, elle s'engagea à petites foulées sur le sentier côtier qui bordait la plage de Kaanapali. Sous le ciel d'azur, l'océan s'étendait à perte de vue sur sa droite.

Elle longea l'immense bande de sable doré et dépassa le golf avant de franchir un petit pont qui permettait d'accéder à la péninsule de Black Rock, ourlée de falaises sombres. Les plus courageux des touristes plongeaient de leur sommet directement dans les eaux couleur outremer du Pacifique. Daphné se promit de tenter l'expérience avant son départ.

S'offrant une pause de quelques minutes, elle

contempla les imposantes îles de Lanai et de Molokai, qui se dressaient à une quinzaine de kilomètres du rivage. Puis elle se remit en route.

Il y avait encore peu de coureurs, à cette heure matinale, ce qui lui convenait parfaitement. Et au moins, ici, elle avait peu de chance d'être reconnue. Ce n'était pas le cas à Tuscaloosa, où elle faisait office de célébrité locale. Cette notoriété toute relative s'était récemment révélée bien plus toxique que Daphné n'aurait pu l'imaginer.

Elle repoussa le souvenir de Marissa Sheffield, la jeune femme qui l'avait harcelée au point de faire de sa vie un véritable enfer. Marissa était en prison, aujourd'hui, à des milliers de kilomètres de là, et elle n'avait plus rien à craindre d'elle.

De retour à son hôtel, Daphné prit une douche, se changea et alla prendre un rapide petit déjeuner au restaurant. Elle récupéra ensuite la Chevrolet Malibu qu'elle avait louée et programma le navigateur GPS pour qu'il la conduise au poste central de la police à Wailuku.

Il lui fallut environ trois quarts d'heure pour contourner la presqu'île de Maui Ouest par le sud en longeant la mer. Le centre était en effet constitué d'un massif de montagnes d'origine volcanique.

Après s'être garée sur le parking de Mahalani Street, elle pénétra dans le joli bâtiment blanc qui abritait le quartier général de la police de l'île. Lorsqu'elle demanda au planton où elle pouvait trouver l'inspecteur Kenneth Kealoha, on lui indiqua un bureau situé au cœur d'un grand open space débordant d'activité.

Comme elle s'en approchait, elle avisa un homme

de haute taille aux cheveux noirs qui se tenait debout à côté, lui tournant le dos.

— Excusez-moi, lui dit-elle, je cherche l'inspecteur Kealoha...

L'homme se tourna vers elle et elle sursauta en reconnaissant Ken, le séduisant admirateur à qui elle avait dédicacé un livre, la veille.

— Vous l'avez trouvé, lui dit-il en souriant.

En dépit de l'assurance dont il faisait preuve, elle lut dans son regard qu'il était tout aussi étonné qu'elle.

— Ken, murmura-t-elle, troublée par cette coïncidence.

Il hocha la tête.

— C'est comme cela que m'appellent tous mes amis, précisa-t-il. Je ne m'attendais vraiment pas à vous revoir, mademoiselle Dockery.

— Moi non plus, avoua-t-elle.

— Est-ce que par hasard, vous m'auriez suivi jusqu'ici ? ironisa-t-il.

Une fois de plus, Daphné ne put s'empêcher de penser à Marissa.

— Je suis désolé, s'excusa aussitôt Kenneth qui avait dû percevoir son malaise. C'était une mauvaise plaisanterie...

— Ça ne fait rien, murmura-t-elle.

— Dites-moi plutôt ce que je peux faire pour vous.

— J'aurais besoin de votre aide, lui dit-elle. Ou, plus exactement, j'aurais besoin de certaines informations.

— Je vous écoute, l'encouragea-t-il.

Daphné prit une profonde inspiration avant de se jeter à l'eau.

— Je compte écrire un livre au sujet du meurtre-suicide

qui s'est produit l'an dernier au sein de la famille Takahashi, expliqua-t-elle. Et comme vous étiez l'inspecteur chargé de l'affaire, je me suis dit que vous pourriez m'aider à combler quelques blancs…

— Je vois, acquiesça gravement Kenneth. Je serais vraiment ravi de pouvoir le faire, mademoiselle Dockery…

— Daphné, le reprit-elle.

Il hocha la tête.

— Je serais vraiment ravi de pouvoir le faire, Daphné. Malheureusement, en ce moment, je suis au beau milieu d'une enquête très importante qui monopolise le plus clair de mon temps.

— Je pourrais vous dédommager, remarqua-t-elle.

Il lui lança un regard mi-peiné, mi-vexé.

— Je ne veux pas d'argent, protesta-t-il un peu sèchement.

Elle comprit qu'elle avait fait fausse route et qu'il s'était senti insulté par sa proposition.

— Je suis désolée, s'excusa-t-elle. Je ne veux pas vous faire perdre votre temps. Peut-être pourriez-vous m'aiguiller vers l'un de vos collègues qui ont participé à cette enquête…

Kenneth la contempla attentivement, comme s'il cherchait à discerner ses véritables intentions. Elle se garda de détourner les yeux, espérant lui prouver qu'elle n'avait rien à lui cacher.

— Je suis sans doute le mieux à même de vous fournir les informations dont vous avez besoin, déclara-t-il enfin d'une voix pensive. Et, à la réflexion, j'aurais moi aussi quelques questions à vous poser…

— Vraiment ? s'étonna-t-elle.

S'agissait-il de questions d'ordre professionnel ou

plus personnel ? Cette seule idée fit courir sur sa peau un léger frisson.

— Est-ce que vous seriez libre à l'heure du déjeuner ? lui demanda-t-il.

— Bien sûr, répondit-elle sans hésiter. Votre heure sera la mienne.

— Où séjournez-vous, exactement ?

— À l'hôtel Kiki Shores, à Kaanapali.

— Je vois très bien où c'est, acquiesça Kenneth.

Il jeta un coup d'œil à sa montre.

— Nous pourrions nous donner rendez-vous vers 13 heures au Grill des sept mers, à Whalers Village. C'est un peu au sud de la plage de Black Rock.

— Je trouverai, lui assura-t-elle. Treize heures, c'est parfait.

— À tout à l'heure, Daphné.

Le simple fait de l'entendre prononcer son prénom ajouta encore au trouble qu'il avait fait naître en elle. Kenneth était indéniablement un homme très séduisant.

Elle était cependant prête à parier que l'attirance qu'il lui inspirait n'était pas à sens unique. Elle n'aurait su dire si c'était une chance ou si cela ne risquait pas au contraire de compliquer leurs relations. Dans le doute, elle se promit de garder ses distances, ne serait-ce que le temps de pouvoir répondre à cette épineuse question.

— Je vais vous raccompagner, proposa-t-il alors.

— Je ne veux surtout pas vous déranger.

— Vous ne me dérangez pas du tout, lui assura Kenneth. De toute façon, je dois sortir, moi aussi.

Il l'escorta donc à travers le poste de police, lui présentant au passage certains de ses collègues. Daphné avait souvent eu l'occasion de constater les liens de camaraderie très forts qui existaient au sein de la police. Ils s'expliquaient sans doute par le fait que ses membres devaient pouvoir compter les uns sur les autres en toutes circonstances.

Mais il était incontestable que la sympathie que Kenneth semblait inspirer aux gens avec lesquels il travaillait allait bien au-delà du simple respect professionnel. De toute évidence, elle n'était pas la seule à l'apprécier.

Avant de se rendre au rendez-vous qu'il avait fixé à Daphné Dockery, Kenneth décida d'effectuer quelques recherches à son sujet. Tout ce qu'il savait, pour le moment, c'était ce qu'il avait appris en parcourant le livre qu'elle lui avait dédicacé la veille.

Elle avait un beau brin de plume, un sens aigu de la psychologie et une profonde humanité, qui transparaissait dans les relations qu'elle avait su nouer avec les différents protagonistes de l'affaire du Tueur accidentel.

Il savait aussi désormais qu'elle s'intéressait au cas de Norman Takahashi, un résident de Maui qui avait assassiné sa femme enceinte, sa belle-mère, sa fille encore adolescente et le petit ami de celle-ci avant de retourner son arme contre lui-même.

Selon la façon dont le sujet serait traité, il pouvait aussi bien s'agir de voyeurisme sordide ou de la restitution passionnante d'une tragédie familiale. La lecture de *Tueur accidentel* le rassurait quelque peu sur ce point.

Mais Kenneth entendait aussi lui poser quelques questions au sujet de l'affaire qui le préoccupait actuellement. D'après ce qu'il avait cru comprendre, Daphné avait de très bonnes notions en matière de psychologie criminelle et elle s'était tout particulièrement intéressée aux affaires de tueurs en série. Peut-être aurait-elle des idées intéressantes au sujet de l'Étouffeur de Maui.

Cependant, avant de la questionner à ce sujet, il devait s'assurer qu'elle était digne de confiance. Il commença donc par faire quelques recherches en ligne et apprit que Daphné était âgée de trente-deux ans et qu'elle était originaire de Tuscaloosa dans l'Alabama.

Elle avait apparemment perdu ses parents alors qu'elle était encore très jeune. À l'université, elle avait étudié le journalisme et la communication et avait commencé à travailler comme reporter pour un journal local avant de publier son premier livre et de connaître un retentissant succès en librairie. Après avoir écrit deux best-sellers, elle avait démissionné pour pouvoir se consacrer pleinement à l'écriture.

Daphné était suffisamment connue aujourd'hui pour que Kenneth parvienne sans trop de mal à trouver des allusions à sa vie amoureuse. Il apprit ainsi qu'elle avait été fiancée à un riche financier appelé Nelson Holloway mais que tous deux s'étaient séparés sept mois plus tôt. D'après les médias, elle était demeurée célibataire depuis lors.

Kenneth se demanda quel genre d'homme pouvait être assez stupide pour renoncer à une femme telle que Daphné. S'il avait eu la chance d'être son compagnon, il se serait certainement battu bec et ongles pour la garder. Évidemment, il ne connaissait pas les circonstances de cette séparation. Et son propre historique en la matière ne faisait pas vraiment de lui un spécialiste en matière de vie de couple…

Quittant le poste de police, Kenneth alla récupérer sa voiture de service banalisée au garage et prit la direction de l'ouest. Il parvint à Whalers Village quelques minutes avant l'heure de son rendez-vous et se gara sur le parking situé sur Kaanapali Parkway, juste en face des courts de tennis. De là, il gagna à pied le Grill des sept mers où il retrouva Daphné, qui l'attendait devant la porte.

— *Aloha*, lui dit-il en souriant.
— *Aloha*, répondit-elle.
— J'espère que je ne vous ai pas fait attendre.
Elle secoua la tête.
— Je viens tout juste d'arriver.

Il lui tint la porte et ils pénétrèrent dans le restaurant dont la salle principale était entièrement décorée de boiseries, évoquant un peu l'intérieur d'un bateau.

Kenneth suggéra qu'ils aillent prendre place sur le *lanai*, cette vaste terrasse couverte typique des bâtiments hawaïens. Celui-ci offrait une vue imprenable sur l'océan Pacifique situé à quelques mètres de là. L'un des serveurs les installa et Daphné s'empara du menu pour y jeter un coup d'œil gourmand.

— Je suis affamée, avoua-t-elle. Est-ce que vous avez quelque chose de particulier à conseiller à une touriste dans mon genre ?
— Tout ici est délicieux, lui assura-t-il.

Il lui donna cependant quelques conseils et elle finit par opter pour des tacos de poissons au citron vert accompagnés d'une salade César. Kenneth, quant à lui, commanda un hamburger de bonite servi avec des frites de patate douce. Comme il était en service, il l'accompagna d'un grand verre de limonade, et Daphné l'imita.

— Que voulez-vous savoir exactement au sujet de

l'affaire Takahashi ? lui demanda-t-il lorsqu'ils eurent passé leur commande.

Kenneth ne tenait pas particulièrement à se replonger dans l'épisode dramatique qui avait secoué tous les habitants de l'île, quelques années auparavant. Mais s'il devait vraiment le faire, il ne voyait pas l'intérêt de tergiverser et préférait entrer directement dans le vif du sujet.

Daphné sortit de son sac en toile un petit enregistreur qu'elle posa entre eux sur la table.

— Ça ne vous ennuie pas ? lui demanda-t-elle.
— Pas du tout, lui assura Kenneth.

De cette façon, au moins, il n'y aurait aucune ambiguïté et Daphné pourrait retranscrire ses paroles de façon précise. Elle enclencha l'enregistrement avant de lui poser sa première question.

— D'après vous, qu'est-ce qui a bien pu pousser Norman Takahashi à commettre un acte d'une telle violence ?

Kenneth réfléchit quelques instants avant de lui répondre.

— Pour le dire de façon très simple, il a été pris d'un violent accès de jalousie qui lui a fait perdre tous ses repères moraux. Âgé de quarante-six ans, Takahashi enseignait les mathématiques à l'université de Maui. Il a appris que Jenny, sa femme de trente-huit ans, était enceinte et que l'enfant n'était pas de lui. Elle lui a dit qu'elle voulait divorcer et ça l'a rendu furieux. Il est allé chercher un fusil à pompe et a tué sa femme, leur fille de dix-huit ans, Sarah, son petit ami, Lucas Piimauna, ainsi que la mère de Jenny, Donna Duldulao, qui était venue dîner chez eux. Puis Takahashi a utilisé un revolver de calibre .22 pour se tirer une balle dans la tête.

Daphné ne put réprimer un soupir.

— Quel gâchis, commenta-t-elle.

— C'est le moins qu'on puisse dire, acquiesça tristement Kenneth.

— Est-ce que les armes en question appartenaient à Takahashi ? s'enquit-elle.

— Oui. Et elles étaient parfaitement en règle. Il les avait dûment enregistrées auprès de la police de Maui.

— Est-ce que Takahashi était sous l'emprise de la drogue ou de l'alcool ?

— Les deux, répondit Kenneth. D'après le rapport du médecin légiste, le bilan toxicologique indiquait la présence d'alcool et de fentanyl en grande quantité dans le sang.

— C'est presque rassurant, remarqua pensivement Daphné. Je n'ose imaginer quel type d'homme aurait pu commettre un acte aussi barbare en pleine possession de ses moyens.

C'était sans doute une curieuse façon de voir les choses, songea Kenneth. Mais elle reflétait parfaitement l'optimisme qui perçait dans ses livres en dépit des sujets très durs qu'elle abordait.

— Fort heureusement, ce n'est pas le genre de chose qui se produit tous les jours sur une petite île comme la nôtre, remarqua-t-il. Mais ce n'est pas non plus un cas unique, hélas. La drogue fait régulièrement des ravages.

— Aucun endroit n'est à l'abri de la violence, opina Daphné. C'est ce que j'ai eu l'occasion de constater maintes fois au cours de ma carrière.

— Qu'est-ce qui vous a poussée à vous intéresser à ce genre de sujet ? s'enquit Kenneth, curieux.

Il avait toujours du mal à réconcilier l'impression de sérénité et de douceur qui se dégageaient de la jeune femme et son intérêt pour les crimes les plus atroces. Avant qu'elle ait pu lui répondre, cependant, ils furent interrompus par leur serveur, qui leur apportait les plats qu'ils avaient commandés.

— C'est à cause de ce qui m'est arrivé quand j'avais sept ans, répondit Daphné à mi-voix lorsqu'il se fut éloigné. Mon père a tué ma mère avant de se suicider.

— Je suis vraiment désolé, murmura Kenneth, sentant son cœur se serrer dans sa poitrine.

Elle hocha la tête et lui adressa un pâle sourire.

— Au moins, contrairement à Takahashi, il n'a pas fait d'autres victimes, soupira-t-elle. Je suis allée vivre chez ma tante Mae, qui s'est efforcée de m'offrir une vie aussi normale que possible. Mais plus rien n'a jamais vraiment été pareil, après ça…

— J'imagine, souffla Kenneth.

Il n'osait imaginer les dégâts psychiques qu'un tel drame pouvait bien causer chez une enfant aussi jeune – mais suffisamment âgée pour comprendre ce qui s'était passé.

— Je pense que je me suis intéressée aux crimes violents parce que j'espérais qu'ils m'aideraient à comprendre ce qui s'est réellement passé, ce jour-là. Et puis, avec le temps, j'ai découvert que travailler sur ces questions pouvait aussi me permettre d'aider d'autres personnes à faire leur deuil.

— Si j'en crois les critiques que j'ai pu lire ainsi

que le nombre de fans qui se pressaient à la librairie, hier matin, je dirais que vous avez réussi.

— Au-delà de mes espoirs, reconnut-elle modestement.

Tous deux s'attaquèrent à leur repas avec appétit. Durant quelques instants, ils se contentèrent de manger en silence, appréciant les mets délicieux qu'on leur avait apportés. Avisant l'expression réjouie qui se peignait sur le visage de Daphné, Kenneth se félicita d'avoir choisi cet endroit.

— Et vous ? lui demanda-t-elle enfin. Qu'est-ce qui vous a poussé à devenir inspecteur de police ?

Il prit le temps d'avaler une gorgée de limonade avant de lui répondre.

— D'aussi loin que je me souvienne, j'ai toujours voulu travailler dans la police, répondit-il. À l'université de Honolulu, je me suis spécialisé dans la criminologie et la justice pénale. En sortant, j'ai directement rejoint la police de Honolulu. Il y a huit ans, un poste s'est libéré à Maui et j'ai décidé de venir m'installer ici.

— Qui ne voudrait pas vivre dans un tel coin de paradis ? répondit Daphné en souriant.

— Maui a ses bons côtés, reconnut Kenneth. Et je ne regrette pas du tout ma décision. Mais ne vous laissez pas abuser par les apparences : ici aussi, nous avons des problèmes.

— J'imagine, concéda-t-elle. Mais, quitte à en avoir, autant profiter du soleil, des plages de rêve et de l'océan…

— Rien ne vous empêche de le faire, remarqua Kenneth en souriant. Je suppose qu'en tant qu'écrivaine, vous pouvez vivre à peu près n'importe où – particulièrement à l'heure d'Internet.

— Ce n'est pas faux, concéda Daphné.

L'idée qu'elle puisse décider de s'installer ici lui parut particulièrement réjouissante. Cela leur aurait donné l'occasion de mieux se connaître et, qui sait, d'explorer peut-être l'indéniable alchimie qui semblait exister entre eux.

Mais il ne se faisait guère d'illusions : dès qu'elle aurait terminé ses recherches concernant son prochain ouvrage, elle repartirait certainement pour le continent. C'était là que se trouvait sa vie, après tout.

— Est-ce que vous avez d'autres questions pour moi ? lui demanda-t-il.

— Oui, répondit-elle en rallumant l'enregistreur qu'elle avait éteint lorsque leur serveur était arrivé.

— Que pouvez-vous me dire de l'homme avec lequel Jenny Takahashi avait une liaison ?

— Il s'appelle Francis Hiraga, répondit Kenneth. Jenny et lui travaillaient ensemble au centre médical de Maui. Ils sont tombés amoureux et Hiraga comptait bien épouser Jenny dès qu'elle aurait divorcé, de façon qu'ils puissent élever leur enfant ensemble. Au moment où le crime a été commis, il était sur l'île de Kauai pour une conférence médicale, ce qui nous a permis d'écarter rapidement tout soupçon.

— Et pourtant, il s'est retrouvé impliqué dans cette affaire, même à distance, remarqua Daphné. Et il va devoir vivre avec ce drame durant le reste de sa vie…

— C'est vrai, reconnut Kenneth.

Il ne put s'empêcher de penser à Cynthia, dont la

disparition avait creusé en lui un gouffre qui ne serait jamais vraiment comblé.

Ils continuèrent à discuter de l'affaire puis commandèrent deux cafés à emporter avant d'aller s'installer dans le petit jardin qui séparait le restaurant de la plage. Là, ils prirent place sur un banc, à l'ombre d'un bosquet de bambous.

Sans trop savoir pourquoi, Kenneth confia alors ce qui était arrivé à sa meilleure amie, à l'époque où se déroulait le drame qu'elle avait relaté dans son dernier livre.

— Je suis vraiment désolée, murmura-t-elle après l'avoir écouté avec beaucoup d'attention.

— Vous aviez raison, tout à l'heure : on ne se remet jamais vraiment d'une chose pareille. Cela fait partie de moi, encore aujourd'hui.

— Je comprends, acquiesça-t-elle.

Kenneth hocha la tête. Il n'osait imaginer ce que la mort des parents de Daphné avait bien pu lui coûter – ce qu'elle continuait probablement à lui coûter. Tous deux demeurèrent longuement silencieux, plongés dans leurs pensées respectives.

— Vous m'avez dit ce matin que vous aviez des questions à me poser, lui rappela alors Daphné.

— C'est exact. J'ai parcouru votre livre, hier soir, et j'ai été impressionné par la facilité avec laquelle vous parvenez à vous projeter dans la tête des criminels comme Oscar Preston. Et je me suis dit qu'il serait intéressant de recueillir votre avis au sujet du tueur en série sur lequel j'enquête en ce moment même.

— Ici ? À Maui ? s'exclama Daphné, incrédule.

— Je vous l'ai dit : cette île n'est pas qu'un paradis.

Et nous nous trouvons malheureusement aux prises avec un meurtrier particulièrement vicieux et tenace.

— J'avoue que j'ai été trop absorbée par ma tournée de promotion pour suivre les actualités récentes, reconnut Daphné.

— La presse l'a surnommé l'Étouffeur de Maui, expliqua Kenneth. Ses victimes sont toutes de très belles femmes aux cheveux noirs qu'il repère apparemment dans des bars ou des boîtes de nuit avant de les suivre et de les attaquer, le plus souvent à leur domicile. Il commence par les neutraliser à l'aide d'un puissant taser avant de leur attacher un sac autour de la tête et de les regarder mourir asphyxiées.

— Combien a-t-il fait de victimes ? s'enquit Daphné.

— Dix, déjà. Et je suis convaincu qu'il ne va pas s'arrêter en si bon chemin.

— Cela ferait un excellent sujet de livre, une fois le tueur arrêté, remarqua Daphné.

— Je suppose. Mais, cette fois-ci, j'aimerais avoir votre avis d'experte avant la fin de l'histoire. Cela nous aidera peut-être à l'identifier plus rapidement. Parce que, pour le moment, je dois bien reconnaître que nous n'avons pas eu beaucoup de chance…

— Chaque tueur en série est différent, remarqua Daphné. Prenez le cas d'Oscar Preston par exemple. Sa principale motivation était de faire passer ses meurtres pour des accidents. Ce qui l'excitait, c'était l'idée qu'il pouvait tuer au nez et à la barbe de la police et des autres gens. Pour cela, il se montrait très créatif : il a noyé l'une de ses victimes, trafiqué les freins d'une autre, poussé une troisième du haut d'un immeuble… D'autres tueurs n'ont aucun goût pour ce genre de raffinements : tout ce qui leur importe, c'est l'acte lui-même. Mais s'il fallait trouver un point commun entre tous ces hommes – car ce sont le plus souvent des hommes –, c'est la rage qui les habite. Elle dépasse la simple rancœur. C'est quelque chose de bien plus primal. Et c'est ce qui les rend aussi imprévisibles et dangereux.

— Celle qui anime notre Étouffeur semble s'exercer à l'égard des femmes possédant un physique particulier, remarqua Kenneth.

— Il y a une forte probabilité qu'il s'agisse d'une transposition psychique de quelqu'un qu'il a connu et qui lui a fait du tort : sa mère, sa sœur ou une ex-petite amie, par exemple. En tuant ces femmes, il se venge de celle qui lui a inspiré cette rancune originelle.

Un pâle sourire se dessina sur les lèvres de Daphné.

— Si j'ai bien compris ce que vous dites, ajouta-t-elle, je corresponds plus ou moins au profil type des victimes.

— Exact, reconnut Kenneth. Mais je vous rassure : vous devez être des dizaines de milliers dans ce cas, sur cette île. Tout ce que je vous recommande, c'est de faire preuve de prudence et de ne courir aucun risque inutile.

— J'y veillerai, lui assura-t-elle. À ce propos...

Elle s'interrompit et il lui jeta un coup d'œil interrogateur.

— Ce n'est sans doute rien mais, lors de la séance de dédicace de mon livre, hier, il y avait un homme qui m'a mise très mal à l'aise...

Elle haussa les épaules.

— ... Certainement un effet de mon imagination, ajouta-t-elle. Mais il était vraiment très intense...

Kenneth ne put s'empêcher de penser qu'une autrice spécialisée dans l'étude des tueurs en série devait constituer un objet de curiosité pour un psychopathe comme l'Étouffeur.

— Vous a-t-il donné un nom ?
— Tommy ou Tony, je crois, répondit-elle.
— Est-ce que vous pourriez me le décrire ?

Elle fronça légèrement les sourcils.

— Il y a eu tellement de monde que c'est un peu flou, murmura-t-elle. Je peux vous dire qu'il était de taille moyenne, les cheveux bruns...

Cela correspondait effectivement à l'apparence supposée du tueur mais aussi à celle de dizaines de milliers d'autres habitants de l'île.

— Je pourrais sans doute le reconnaître si je le revoyais, indiqua Daphné.
— Si c'est le cas, n'hésitez surtout pas à me le signaler, lui dit-il. Mais il ne s'agissait sans doute que d'un type un peu malsain. J'imagine que ce genre d'ouvrages en attire quelques-uns.
— C'est vrai, reconnut Daphné. J'en ai croisé un certain nombre dont je me demandais s'ils ne prenaient pas mes livres pour des guides pratiques.
— Au fond, c'est un peu mon cas, répondit Kenneth avec un sourire teinté d'autodérision.
— Tant que vous faites partie des gentils, ça ne me dérange pas, rétorqua Daphné en riant. Et si vous avez d'autres questions à me poser, n'hésitez surtout pas. Je serais ravie de pouvoir contribuer à arrêter ce tueur.
— Nous devrions peut-être échanger nos coordonnées

au cas où nous aurions l'un ou l'autre des questions, qu'il s'agisse de l'affaire Takahashi ou de celle de l'Étouffeur de Maui.

— Bonne idée, approuva Daphné.

Ils échangèrent donc leurs numéros de téléphone.

— Je vais devoir vous laisser, déclara alors Kenneth. Bonne chance pour vos recherches. Et profitez bien de votre séjour sur l'île.

— *Mahalo*, répondit-elle.

— Je vois que vous avez déjà assimilé les expressions locales, remarqua-t-il d'un ton approbateur.

— C'est la moindre des choses pour une autrice de non-fiction. Merci encore d'avoir bien voulu répondre à mes questions, inspecteur.

— Vous pouvez m'appeler Ken. Et tout le plaisir a été pour moi.

À vrai dire, il regrettait seulement qu'ils n'aient probablement pas l'occasion par la suite de renouveler l'expérience.

3

Daphné était en train d'étudier les articles que le journal local de Maui avait fait paraître en ligne et qui concernaient l'Étouffeur de Maui lorsque la sonnerie de son téléphone portable retentit. Instantanément, elle sentit les battements de son cœur s'accélérer en songeant qu'il s'agissait peut-être de Kenneth.

Elle ne put réprimer une pointe de déception en constatant que son correspondant n'était autre que son éditeur, Gordon Yung. Considérant le décalage horaire, il devait être 20 h 30 à New York, ce qui signifiait que ce dernier avait probablement déjà quitté son bureau.

Elle accepta la vidéocommunication et vit apparaître le visage de son éditeur. C'était un Américain d'origine asiatique d'une quarantaine d'années, aux cheveux noirs très raides, qui portait de petites lunettes ovales à monture métallique.

— Salut, Daphné, s'exclama-t-il d'un ton amical.

— *Aloha*, lui répondit-elle en souriant.

— J'espère que je ne t'interromps pas au beau milieu d'un bain de soleil, plaisanta-t-il.

— Pas du tout. Figure-toi que j'étais en train de faire des recherches sur un tueur en série local.

— Tu devrais quand même t'accorder quelques jours

de vacances, lui conseilla Gordon. J'ai entendu dire que la séance de dédicace s'était bien passée.

— Très bien. Il y avait beaucoup plus de monde que je ne l'aurais cru.

— Tant mieux. J'aime beaucoup cette librairie. Mireille fait du bon boulot, en général.

— Elle a été parfaite, admit-elle. Sans compter le fait que cet événement m'a donné l'occasion de faire connaissance avec l'inspecteur qui a enquêté sur l'affaire Takahashi.

— Il t'a appris des choses intéressantes ?

— Il a confirmé les informations que j'avais pu réunir jusqu'ici. Et il m'a assuré qu'il demeurait à ma disposition au cas où j'aurais besoin de plus de renseignements.

— Bonne nouvelle, approuva Gordon. Ce pourrait être un allié précieux.

— Je le pense aussi. J'ai encore quelques témoins à interviewer avant de rentrer.

Curieusement, en dépit de la longue tournée de lectures et de dédicaces qu'elle venait d'entreprendre à travers tout le pays, elle ne se sentait pas particulièrement pressée de retourner chez elle. Elle se demanda si ce n'était pas en grande partie à cause du séduisant inspecteur dont elle venait de faire la connaissance.

— Si tu veux prolonger un peu ton séjour, n'hésite pas, lui dit Gordon. Je devrais pouvoir sans trop de peine obtenir une rallonge pour couvrir une semaine supplémentaire.

— C'est très gentil, répondit-elle. D'autant que je tiens peut-être déjà un sujet pour le livre d'après…

— Ce tueur en série dont tu m'as parlé ?

— Tout juste.

Daphné entreprit de lui relater ce que Kenneth lui avait dit et ce qu'elle avait appris depuis en se renseignant sur l'Étouffeur de Maui. Elle insista beaucoup sur le contraste entre l'horreur de ses actes et le cadre enchanteur de l'île.

— Intéressant, reconnut Gordon. Mais ne serait-il pas curieux de publier coup sur coup deux livres sur Maui ?

— Les affaires sont vraiment très différentes l'une de l'autre, répondit-elle. Et je pense au contraire que ça me permettrait d'approfondir le contexte.

— Ce n'est pas faux, concéda Gordon, songeur. On pourrait même envisager une trilogie hawaïenne si tu trouves un troisième sujet dans l'archipel.

Daphné ne put s'empêcher de penser que cela lui donnerait l'occasion de revenir à Hawaï et peut-être de revoir Kenneth. L'idée était loin de lui déplaire.

— Je vais y réfléchir, acquiesça-t-elle.

Ils continuèrent à deviser de choses et d'autres avant de finir par raccrocher. Elle s'aperçut alors que l'heure de son rendez-vous avec Ralph Takahashi, le père de Norman, approchait. Elle quitta donc l'hôtel et reprit sa voiture de location pour se rendre à Kahana, une petite ville côtière située à quelques kilomètres au nord de Kaanapali.

Ralph Takahashi habitait une très jolie petite villa située au cœur d'une résidence sécurisée. Après avoir vérifié qu'elle était bien attendue, le vigile la laissa passer et elle alla se garer devant la maison.

Avant d'aller sonner, elle prit quelques photos à l'aide

du reflex numérique dont elle ne se séparait jamais quand elle effectuait de telles recherches documentaires.

Lorsqu'elle eut terminé et qu'elle s'approcha de la porte d'entrée, celle-ci s'ouvrit, révélant la frêle silhouette d'un homme âgé de type hawaïen. Ses cheveux couleur de neige contrastaient avec le teint mat de sa peau.

— *Aloha*, lui dit-il. Vous devez être cette écrivaine…

— Daphné Dockery, lui rappela-t-elle. Nous nous sommes parlé au téléphone.

Il hocha la tête.

— Entrez, je vous prie, lui dit-il en s'effaçant pour la laisser passer.

Elle pénétra dans la maison et le suivit jusqu'au salon qui était meublé de façon traditionnelle.

— Je vous remercie de bien vouloir me recevoir, monsieur Takahashi.

— Je tiens à ce que vous sachiez ce qui s'est vraiment passé, répondit-il gravement. Trop de versions des faits parfois totalement fantaisistes ont circulé sur cette affaire et j'espère que vous pourrez rétablir un semblant de vérité.

— Je l'espère aussi, acquiesça Daphné. Je ferai tout mon possible pour, en tout cas.

— Asseyez-vous, je vous en prie, lui suggéra Ralph en désignant les fauteuils de cuir entourant une belle table basse en bois sculpté.

Elle prit place dans l'un d'eux et Ralph s'installa face à elle.

— C'est ici que ça s'est passé, lui dit-il alors. Dans cette pièce même…

Daphné ne put s'empêcher d'observer les lieux à la recherche d'un indice révélateur de la tragédie qui s'était déroulée là. Mais le salon en question avait été entièrement refait à neuf et redécoré depuis lors.

— Je suis vraiment désolée de ce qui est arrivé à votre fils, déclara-t-elle enfin.

Il la considéra avec une pointe d'étonnement. Sans doute devait-il avoir l'habitude d'entendre les gens accabler Norman de reproches.

— Merci, lui dit-il. Peut-être votre livre aidera-t-il d'autres personnes qui ont traversé de telles tragédies.

— C'est la raison principale pour laquelle j'écris ces ouvrages.

— Bien. Que voulez-vous savoir, exactement ?

Après avoir obtenu l'autorisation d'enregistrer ses réponses, Daphné commença par des questions d'ordre général portant sur sa famille, l'enfance de son fils, la façon dont il avait rencontré sa femme Jenny et dont ils avaient élevé leur fille Sarah.

C'était pour elle une façon de le mettre en confiance mais aussi d'accumuler le matériau dont elle aurait besoin pour rédiger son ouvrage : la dimension très personnelle, très humaine du drame qui lui permettrait de dépasser la simple analyse criminologique et psychologique de l'affaire.

— Aviez-vous imaginé un jour que Norman puisse en venir à de telles extrémités ? lui demanda-t-elle enfin.

— Je savais qu'il avait très mal vécu ce qu'il considérait comme une trahison de la part de Jenny. Et, très franchement, je pouvais le comprendre. Mais jamais je n'aurais pensé qu'il en arrive à la tuer... Et de là à assassiner aussi sa propre fille...

La voix de Ralph se brisa et il prit une profonde inspiration avant de reprendre.

— C'était tout bonnement inconcevable, reprit-il. Et impardonnable. J'aurais aimé que Norman vienne me parler. S'il avait laissé entrevoir ce qu'il s'apprêtait à faire, j'aurais peut-être trouvé un moyen de l'en dissuader.

— La plupart des gens qui optent pour des méthodes aussi radicales savent au fond d'eux qu'elles sont injustifiables, répondit Daphné. Ils évitent généralement d'en parler à qui que ce soit parce qu'ils savent qu'on cherchera à les arrêter. À ce moment de sa vie, l'impression que votre fils avait d'être trahi l'emportait sur toute autre considération – y compris la vie de sa propre fille. Je ne crois pas que vous auriez eu la moindre chance de le détourner de son projet.

— Vous avez peut-être raison, soupira Ralph.

Ils continuèrent à discuter durant une vingtaine de minutes puis son hôte invita Daphné à prendre toutes les photos dont elle pourrait avoir besoin pour illustrer son livre. Elle prit alors congé de lui non sans l'avoir profusément remercié pour son aide. Puis elle rentra à son hôtel et décida d'aller marcher un peu le long de la plage, histoire de se changer les idées.

Il ne la quittait pas des yeux, tout en prenant soin de conserver ses distances. Il ne tenait pas du tout à ce qu'elle remarque sa présence ou, pire, à ce qu'elle le reconnaisse. Pourtant, il ne pouvait s'empêcher de la suivre.

Daphné Dockery exerçait sur lui une indéniable fascination – pas uniquement à cause de son physique qui correspondait en tout point à ses goûts en matière de femmes mais aussi et surtout à cause de l'intelligence aiguë avec laquelle elle était capable de décortiquer les motivations les plus secrètes des gens comme lui. Elle-même n'avait sans doute pas idée de la justesse de ses analyses.

Mais cette compréhension était abstraite, purement intellectuelle. Et elle le resterait tant que Daphné n'aurait pas rencontré l'un d'entre eux – tant qu'elle ne serait pas passée du statut de témoin détaché à celui de victime impuissante. Malheureusement, songea-t-il avec une pointe d'amusement, elle ne pourrait jamais écrire un livre pour décrire cette sensation si particulière…

La veille, il l'avait suivie lorsqu'elle avait quitté la librairie et avait repéré les environs de son hôtel. Le matin même, il l'avait vue courir le long de la plage. Puis elle était allée déjeuner avec le policier qui était chargé de l'enquête le concernant.

Sur le moment, il avait pensé qu'elle s'intéressait à lui, qu'elle comptait peut-être écrire sur celui que la presse locale avait baptisé l'Étouffeur de Maui. Mais en réalité, elle enquêtait sur une affaire plus ancienne, une sombre histoire de meurtre dont il n'était pas sûr de comprendre comment elle pouvait bien espérer en tirer un livre.

Il s'était renseigné sur cette histoire. Ce pauvre type s'était fait sauter le caisson après avoir abattu sa femme par jalousie. Certes, il avait tué quatre innocents au passage mais cela ne rendait pas son geste beaucoup plus palpitant.

Il s'était presque senti un peu vexé qu'elle choisisse d'enquêter sur quelqu'un comme ce Takahashi plutôt que sur lui. Mais il saurait lui prouver qu'elle faisait fausse route.

Évidemment, rien ne pressait. Après tout, ses recherches lui prendraient encore un certain temps. Pour le moment, elle n'avait interrogé que cet inspecteur et le père du tueur. Il lui restait sans doute encore un certain nombre de témoins à rencontrer.

Il aurait donc tout le temps de lui faire comprendre à quel point ce qu'il faisait était remarquable, à quel point lui-même était remarquable. Et lorsqu'elle en serait réellement convaincue, il lui ferait personnellement découvrir l'envers du décor.

Choisir comme victime une spécialiste reconnue des tueurs en série lui paraissait aussi ironique que pertinent. Ce serait pour sa carrière un véritable point d'orgue qu'il savourait d'avance…

La réunion de l'unité spéciale qui avait été constituée pour enquêter sur l'Étouffeur de Maui se tenait cet après-midi-là dans la salle de conférences du quartier général de la police à Wailuku.

Kenneth se rencogna dans son fauteuil en cuir pour écouter avec attention son supérieur hiérarchique, Martin Morrissey, qui se tenait debout à l'une des extrémités de l'immense table en bois qui trônait au centre de la salle.

Il était évident que Morrissey était sous pression : sans doute avait-il été sermonné par Wendy Kutsunai, la cheffe de la police. Et il entendait bien faire comprendre à toute l'équipe qu'il voulait des résultats.

— Nous ne pouvons pas continuer à nous laisser

balader par ce tueur, déclara-t-il. Il est en train de nous tourner en ridicule. Pire encore, il terrorise l'ensemble de la population de notre île. Dix femmes innocentes ont déjà trouvé la mort aux mains de ce maniaque. C'est inacceptable. Je refuse qu'il fasse la moindre victime de plus. Vous allez donc devoir très vite identifier et arrêter ce salopard. Est-ce que c'est bien compris ?

Un murmure approbateur courut au sein de la petite assemblée. Malheureusement, Kenneth savait que les choses n'étaient pas aussi simples. Ce n'était pas à force d'imprécations qu'ils parviendraient à capturer l'Étouffeur. Ils avaient vraiment cru y parvenir lorsqu'ils avaient arrêté Zack Lawrence mais cet espoir s'était révélé vain.

À présent, ils n'avaient plus ni preuves ni suspect et, comme l'avait fait remarquer Vanessa, ils allaient devoir repartir de zéro. Il allait donc leur falloir repasser en revue l'intégralité des éléments dont ils disposaient, décortiquer chaque information pour en extraire la substantifique moelle.

C'était un travail de fourmi, un travail ingrat mais ils n'avaient pas d'autre option à ce stade. Lorsque Morrissey lui céda la parole, Kenneth entreprit donc de remettre l'ensemble du dossier à plat.

— À ce stade, rappela-t-il, nous avons dix victimes. Venus Delgado, une instructrice de yoga âgée de vingt-neuf ans, Deena Moanalani, une danseuse professionnelle de *hula* de trente ans, Yolanda Monaco, une serveuse de vingt-trois ans, Tracy Lowndes, une femme au foyer de trente-quatre ans, Harriet Zulueta, une actrice de vingt-huit ans, Nichole Ciminello, une infirmière de vingt-deux ans, Gwynyth Johnston, une psychologue de vingt-neuf ans, Luana Quesada, une agente immobilière de vingt-sept ans, Jena Sutcliffe, une organisatrice d'événements de trente-trois ans et Irene Ishibashi, une créatrice de mode âgée de trente et un ans. Toutes ont fréquenté des bars ou des boîtes de nuit de l'île, le soir où elles ont été tuées…

Tout en parlant, il avait fait défiler à l'écran les photos de chacune des victimes. Il fit alors apparaître un dernier visage.

— Ruth Paquin, directrice d'école élémentaire âgée de trente et un ans est la seule à avoir survécu à sa rencontre avec le tueur. Elle aussi s'est fait agresser après être sortie en boîte de nuit. Malheureusement, la privation d'oxygène a causé à Mlle Paquin des lésions qui l'ont empêchée de nous fournir un portrait précis du tueur.

Kenneth fit apparaître la photo de leur premier suspect.

— Notre enquête nous a initialement conduits à penser que Zack Lawrence pouvait être coupable de ces meurtres. Mais nous n'avons déniché aucune preuve matérielle susceptible de l'incriminer. De plus, il se trouvait au poste de police au moment où l'une des victimes a été assassinée. Nous avons également pu vérifier qu'il disposait de solides alibis pour plusieurs des meurtres commis par l'Étouffeur.

Kenneth projeta alors une photo qui avait été composée par ordinateur. Elle représentait un homme aux cheveux bruns et aux yeux bleus.

— Ce portrait a été réalisé par notre dessinatrice, Patricia Boudreau, qui a travaillé avec Mary Cabanilla, la voisine d'Irene Ishibashi qui a aperçu le tueur en train de s'enfuir de la maison de cette dernière. Cet homme est actuellement considéré comme notre suspect numéro un dans cette affaire. Nous devons impérativement l'interpeller au plus vite et l'interroger.

— Nous y travaillons activement, renchérit Vanessa Ringwald. Nous avons même diffusé ce portrait-robot auprès du grand public dans l'espoir que quelqu'un puisse l'identifier.

Kenneth savait que ce ne serait probablement pas aussi simple : le portrait en question était en effet le fruit des souvenirs d'une femme de presque quatre-vingts ans qui n'avait qu'entraperçu l'assassin en pleine nuit. Les chances pour que le résultat soit réellement fiable paraissaient dès lors assez infimes.

— Nous n'avons pas encore complètement renoncé à retrouver des empreintes ou des échantillons d'ADN au domicile de Mlle Ishibashi, ajouta Tad Newsome.

Là encore, Kenneth ne se faisait pas beaucoup d'illusions. Jusqu'à présent, le tueur s'était arrangé pour ne laisser aucune trace de son passage. Il n'y avait donc pas vraiment de raisons de penser qu'il en irait autrement cette fois-ci.

Les agents du FBI Noelle Kaniho et Kirk Guilfoyle intervinrent à leur tour, réaffirmant l'implication totale du bureau dans cette affaire et leur volonté de coopérer pleinement avec la police. Kaniho semblait relativement optimiste quant à leur chance de coincer le tueur. Guilfoyle, lui, se montra un peu plus mesuré.

— Nous sommes déjà passés par là, leur dit-il. Et nous savons tous que, même en faisant nos meilleurs efforts, ce genre de crimes se résout rarement rapidement. Il faut parfois des mois, voire des années, pour identifier un tueur en série. Je pourrais vous parler de

Trevor Henshall, de Ted Bundy, de Lonnie Franklin Jr, de Gary Ridgway… Et la liste est encore longue. Nous devons travailler sans relâche mais il me paraît optimiste de penser que nous coincerons ce type du jour au lendemain. En revanche, je peux vous assurer que tôt ou tard, il commettra probablement une erreur. Et nous devons être suffisamment vigilants pour nous en apercevoir et en tirer profit.

— Je n'aurais pas pu mieux dire, déclara Kenneth. Je sais que ce n'est pas facile à entendre mais Kirk a raison. Nous avons affaire à un tueur décidé et retors. Cette enquête s'annonce longue et difficile. Mais nous ne pouvons pas nous permettre de douter. Nous devons tenir bon et rester en alerte.

— Espérons qu'il commettra cette erreur avant de faire une nouvelle victime, opina Morrissey en fronçant les sourcils.

Il était évident que le constat de Guilfoyle lui paraissait terriblement frustrant. Et Kenneth se prit à songer que s'il ne parvenait pas très rapidement à trouver un indice, il risquait d'être mis sur la touche…

4

Daphné venait tout juste de pénétrer dans sa chambre d'hôtel en rentrant de son jogging quotidien lorsque son téléphone portable se mit à sonner. Elle alla le récupérer sur sa table de nuit et eut la surprise de lire le nom de Kenneth Kealoha qui s'affichait à l'écran.

Instantanément, elle sentit les battements de son cœur s'emballer dans sa poitrine.

— Bonjour, inspecteur, fit-elle en décrochant.

— Ken, lui rappela-t-il.

— Ken, répéta-t-elle. Que puis-je faire pour vous ?

— J'ai lu tout votre livre en détail, hier soir, lui dit-il.

— Vraiment ? s'étonna-t-elle.

Tueur accidentel était ce qu'il était convenu d'appeler un pavé et Kenneth avait dû y passer une bonne partie de la nuit.

— Je l'ai trouvé passionnant, déclara-t-il.

— Merci.

— Vous m'aviez dit de vous appeler si j'avais des questions à ce sujet et c'est le cas. Je pense vraiment que vos analyses pourraient s'avérer très utiles dans le cadre de mon enquête.

— Je vous l'ai dit : je serais ravie de pouvoir vous aider. Quand voulez-vous que nous nous retrouvions ?

— Je risque d'être très occupé, aujourd'hui. Est-ce que vous seriez disponible ce soir ?

— Tout à fait, répondit-elle sans hésiter. Est-ce que vous avez un endroit en tête ?

— Que diriez-vous de goûter un véritable repas hawaïen ? lui proposa-t-il.

— J'en serais ravie.

— Alors nous pourrions nous retrouver chez moi, vers 19 heures.

— Vous savez cuisiner ? s'enquit Daphné.

— Ça semble vous surprendre.

— Non, répondit-elle en riant. Cela fait juste une qualité de plus à mettre à votre crédit. En tout cas, je serais ravie de goûter à un repas fait maison. Cela fait deux mois que je ne mange que dans des hôtels ou des restaurants.

Elle se garda d'ajouter qu'elle était très curieuse de découvrir à quoi ressemblait sa maison et plus encore de savoir jusqu'où pourrait bien les mener l'attirance mutuelle qui paraissait exister entre eux.

— C'est entendu, déclara Kenneth. J'habite à Lahaina, à quelques kilomètres au sud de votre hôtel.

Il lui dicta l'adresse précise, qu'elle prit en note.

— Je pourrais me charger du vin, suggéra-t-elle. Du blanc ou du rouge ?

— Ne vous en faites pas pour ça. J'ai tout ce qu'il faut.

Cela faisait bien longtemps qu'un homme ne s'était pas comporté de façon aussi prévenante à son égard. Et elle devait bien reconnaître que la sensation était loin d'être désagréable, particulièrement après les derniers mois cauchemardesques qu'elle avait passés avec Nelson.

Après avoir pris congé de Kenneth, elle décida de profiter de l'heure matinale pour aller nager avant que la plage de Kaanapali soit prise d'assaut par les touristes. Troquant sa tenue de jogging contre un maillot de bain une pièce, elle prit une serviette et quitta sa chambre.

Il ne lui fallut que quelques minutes avant de plonger dans les eaux chaudes du Pacifique. Daphné avait toujours été une excellente nageuse. Lorsqu'elle était au lycée et à l'université, elle avait même remporté plusieurs compétitions. Elle commença donc par s'éloigner du bord en un papillon vigoureux avant de longer la côte en alternant crawl et dos.

Elle retrouva avec plaisir ces sensations familières, et l'exercice délassa agréablement ses muscles après la course à pied qu'elle avait effectuée. Puis elle revint tranquillement à la brasse vers le rivage. Il n'y avait toujours pas grand monde sur la plage mais, comme elle en approchait, elle avisa une silhouette qui lui parut vaguement familière.

La personne en question était accoudée à la rambarde métallique qui courait le long de la plage et semblait regarder en direction de l'océan. Elle était trop loin pour distinguer les traits de son visage mais, sans trop savoir pourquoi, elle eut soudain la désagréable impression que l'inconnu l'observait.

Malgré elle, Daphné se sentit gagnée par une nervosité assez irrationnelle. Sa discussion avec Kenneth au sujet de l'Étouffeur de Maui l'avait peut-être plus affectée qu'elle ne l'avait imaginé.

Elle accéléra le rythme, bien décidée à se rapprocher suffisamment de la rive pour pouvoir apercevoir la personne qui semblait la fixer de cette façon.

Malheureusement, elle n'était encore qu'à mi-chemin lorsque celle-ci s'arracha à la barrière et se détourna pour s'éloigner à grands pas.

Tandis qu'elle couvrait la distance qui la séparait encore de la plage, Daphné se demanda si elle n'était pas en train de céder à la paranoïa.

Katie Lacuesta, la sœur de Jenny Takahashi, avait accepté sans hésiter de répondre aux questions de Daphné. Elle lui avait donné rendez-vous dans le jardin de Banyan Court, une très belle maison coloniale située dans la petite ville de Lahaina, à quelques kilomètres au sud de Kaanapali.

Ce fut Katie qui l'aborda lorsqu'elle pénétra dans le jardin magnifique qui s'enorgueillissait d'abriter le plus grand banian de l'archipel.

— Mademoiselle Dockery ?

— C'est bien moi.

— Je suis Katie Lacuesta.

Elles se serrèrent la main.

— Merci d'avoir accepté de me rencontrer.

— Je le dois à ma sœur, répondit Katie avec conviction. Je tiens à ce que vous sachiez qui elle était vraiment.

Elles gagnèrent l'un des bancs qui entouraient le banian géant et y prirent place.

— Parlez-moi de Jenny, l'encouragea Daphné.

Un sourire doux-amer se dessina sur les lèvres de Katie.

— C'était une personne pleine de vie, un médecin très doué et une mère aimante. Jamais elle ne se serait attendue à tomber amoureuse d'un autre homme que son mari mais, lorsqu'elle a rencontré Francis, tous deux ont très vite compris qu'ils étaient faits l'un pour l'autre.

Daphné hocha la tête.

— Vous avait-elle dit qu'elle était enceinte ?

— Oui. Nous n'avions pas de secret l'une pour l'autre. Elle n'avait pas prévu non plus de tomber enceinte. Mais elle se réjouissait à l'idée d'élever cet enfant avec Francis.

— Et lui ?

— Il était très amoureux et voulait l'épouser. Lui aussi avait très envie d'avoir un enfant avec elle. Ils ne méritaient vraiment pas de finir de cette façon. Mais le fait que Norman ait assassiné aussi sa propre fille, notre mère et le petit ami de Sarah est abominable. J'espère qu'il brûlera en enfer pour ça !

Daphné laissa passer un moment pour lui donner le temps de se ressaisir.

— Est-ce que Jenny était inquiète à l'idée d'expliquer la situation à son mari ? demanda-t-elle enfin.

— Bien sûr. Mais elle n'avait jamais imaginé qu'il puisse réagir de façon aussi extrême. Si tel avait été le cas, elle n'aurait certainement pas pris le risque de lui parler. En tout cas, pas en présence de notre mère, de Sarah et de Lucas. Je crois même que si elle avait su que cela pousserait Norman au suicide, elle ne serait pas partie.

Daphné continua à interroger Katie sur sa sœur, sur leur jeunesse, sur ses études, sur ses goûts et ses hobbys. Lorsque leur entretien prit fin, elle avait une vision assez complète de la femme qu'elle avait été. Elle était aussi convaincue que sa mémoire survivrait à travers sa sœur, qui saurait entretenir son souvenir.

Il ne lui restait plus désormais qu'à interviewer l'homme que Jenny avait aimé et qui avait perdu simultanément la femme de sa vie et leur enfant à naître.

De retour à son hôtel, Daphné passa quelques heures à faire des recherches sur Internet. Elle lut et annota bon nombre d'articles qui étaient parus dans la presse locale, à l'époque des faits. Elle tenait en effet à se faire une idée aussi précise que possible de ce qui s'était passé pour retranscrire la situation dans toute sa complexité et l'impact qu'elle avait eu sur la population de l'île.

Lorsque l'heure de partir pour son rendez-vous avec Kenneth arriva, elle alla prendre une douche, se coiffa et appliqua même une touche de maquillage avant d'enfiler une robe au motif floral qui la mettait en valeur sans être trop ouvertement sexy.

Elle avait parfaitement conscience de l'ambiguïté de cette soirée, à mi-chemin entre la réunion de travail et le dîner romantique. Pour la première fois depuis sa rupture avec Nelson, elle envisageait l'éventualité de sortir avec quelqu'un d'autre. C'était à la fois très excitant et un peu intimidant.

En quittant l'hôtel, elle suivit l'autoroute 30 en direction du sud-est avant de s'engager sur une route secondaire du nom de Punakea Loop et d'atteindre la rue South Lauhoe Place, dans laquelle se trouvait la maison de Kenneth.

C'était une jolie villa de taille relativement modeste mais qui était située légèrement en hauteur, ce qui lui garantissait une vue sur l'océan, à un kilomètre de là environ.

La porte s'ouvrit avant qu'elle ait eu le temps de sonner, laissant apparaître son hôte, qui portait un pantalon beige, une chemise bleu clair et arborait un large sourire communicatif.

— Vous êtes pile à l'heure ! s'exclama-t-il. *E komo mai !* Cela veut dire « bienvenue » en hawaïen, crut-il bon de préciser en avisant le regard interrogateur qu'elle lui lançait.

— *Mahalo*, répondit-elle avant de le suivre à l'intérieur.

Cela faisait bien longtemps que Kenneth ne s'était pas senti aussi nerveux. Il avait un peu l'impression d'être un adolescent à son premier rendez-vous amoureux. C'était absurde, bien sûr. Il ne s'agissait même pas à proprement parler d'un rendez-vous galant mais bien plus d'un dîner de travail.

Pourtant, il ne pouvait ignorer le trouble que la seule présence de Daphné éveillait en lui. Il était fasciné par le mélange de charme et d'intelligence qui émanait d'elle. Sans parler du fait qu'il la trouvait incroyablement sexy.

— Faites comme chez vous pendant que je termine en cuisine. Je n'en ai plus pour très longtemps.

— Ça sent divinement bon.

— *Mahalo*, j'espère que le goût sera à la hauteur.

— J'en suis convaincue.

Laissant Daphné dans le salon, il regagna la cuisine, où il passa en revue les différents plats qui étaient en train de mijoter. Il lui avait préparé un véritable festin : salade hawaïenne, côtes de porc grillées à la mangue, sauté de champignons, le tout accompagné de riz à la vapeur.

Il avait même confectionné une tarte *pono*, préparée avec des fruits à pain et aromatisée aux noix de macadamia. C'était son dessert préféré et il espéra que Daphné l'apprécierait tout autant que lui.

Lorsqu'il se fut assuré que tout était fin prêt, il rejoignit Daphné sur le *lanai* et lui servit un verre de vin à l'ananas.

— Votre maison est vraiment magnifique, déclara-t-elle avec enthousiasme.

— Merci. C'est vrai que je ne regrette pas de l'avoir achetée. Je me sens vraiment bien, ici. J'imagine que c'est la même chose pour vous, en Alabama.

Daphné hocha la tête et il ne put réprimer une pointe de déception. Il avait conscience de la distance presque infranchissable qui les séparait : même s'ils se découvraient faits l'un pour l'autre, ils appartenaient à des mondes très différents.

— Est-ce que vous êtes déjà allé dans l'Alabama ? s'enquit Daphné, qui avait dû se faire la même réflexion.

— Non, reconnut-il.

— Vous devriez peut-être venir me rendre visite, un de ces jours. C'est un endroit qui gagne à être connu.

— Je n'en doute pas un seul instant, répondit Kenneth avec un sourire malicieux.

— Que voulez-vous dire ?

— Eh bien, disons que si tous les habitants de Tuscaloosa vous ressemblent, ce doit être un véritable paradis, répondit-il en la regardant droit dans les yeux.

Il eut la satisfaction de la voir rougir jusqu'à la racine des cheveux. Kenneth éclata de rire et désigna la table de la salle à manger.

— Asseyez-vous, lui dit-il.

Il posa son verre de vin près de son assiette et alla

récupérer les différents plats dans la cuisine. Il les disposa sur la table sous le regard admiratif de Daphné.

— Magnifique ! s'exclama-t-elle. Vous n'exagériez pas en me promettant un authentique repas hawaïen !

Il les servit tous deux et ils commencèrent à manger avec appétit.

— C'est réellement délicieux, commenta Daphné au bout d'un moment. Vous êtes un vrai cordon-bleu !

— N'exagérons rien, répondit-il en riant. Mais j'adore cuisiner.

— Moi aussi. Mais je n'ai pas l'occasion de le faire si souvent que cela, ces temps-ci.

— À cause de votre tournée de lectures et de dédicaces ?

Elle hocha la tête.

— Ça et le fait que c'est nettement moins amusant de cuisiner uniquement pour soi.

Kenneth se demanda si c'était une façon de lui indiquer qu'elle était célibataire.

— Je pourrais vous donner quelques recettes, si vous voulez, suggéra-t-il. Vous ne trouverez pas forcément tous les ingrédients sur le continent mais je vous indiquerai par quoi vous pouvez les remplacer.

— Avec plaisir ! s'exclama-t-elle.

Ils continuèrent à manger en discutant, comparant leurs goûts en matière culinaire et échangeant quelques-unes de leurs recettes favorites.

— Il me semble que vous aviez des questions à me poser au sujet de mon livre, lui rappela Daphné au bout d'un moment.

— C'est vrai, acquiesça-t-il. Tout d'abord, je tiens à

vous féliciter une fois encore. Il se lit vraiment comme un roman. C'est même haletant, par moments.

— Je m'efforce juste d'écrire ce que j'aimerais lire, si j'achetais un livre de ce genre, répondit-elle modestement.

— Comment êtes-vous parvenue à obtenir une entrevue avec Oscar Preston ? Je pensais que la plupart des tueurs en série préféraient préserver un voile de mystère sur leurs agissements, que ça leur donnait l'impression de rester les maîtres du jeu, même derrière les barreaux.

— En réalité, c'est plus ambigu que cela, expliqua Daphné. Ils aiment cultiver le mystère, c'est certain. Mais, paradoxalement, ils tiennent aussi à ce qu'on sache qui ils sont et ce qu'ils ont fait. La plupart d'entre eux sont d'incurables narcissiques dotés d'un sérieux sentiment de supériorité. Preston avait très envie de faire connaître sa version des faits, de décrire certains de ses crimes par le menu.

— Ce genre de confession ne doit pas être facile à entendre, remarqua Kenneth.

— Effectivement. D'autant que, même face aux criminels les plus monstrueux, il est important pour un auteur de conserver une part de compassion. Tôt ou tard, nous devrons nous mettre dans la peau de ces individus et tenter de retranscrire leur logique et leurs motivations profondes.

En l'écoutant, Kenneth prit conscience de la différence fondamentale qui existait entre les interrogatoires qu'il menait en tant que policier et les entretiens que conduisait Daphné. L'idée de se mettre à la place de tels criminels lui faisait froid dans le dos.

— Comment se fait-il que la police ait mis si longtemps à comprendre que ces prétendus accidents n'en étaient pas ? s'enquit-il alors.

— Preston prenait grand soin de camoufler ses traces et d'espacer ses crimes de façon à pouvoir demeurer sous le radar. Mais il a fini par devenir trop gourmand – et trop arrogant. C'est le cas de la majorité des tueurs en série, ce qui fait que la plupart d'entre eux finissent par se faire prendre.

Kenneth se demanda si c'était ce qui finirait par arriver à l'Étouffeur de Maui. Si tel devait être le cas, il ne leur restait qu'à espérer qu'il ne mettrait plus trop longtemps à commettre l'erreur qui lui serait fatale.

— Est-ce qu'il y a du nouveau, à propos de l'affaire sur laquelle vous enquêtez ? lui demanda Daphné comme si elle avait lu dans ses pensées.

— À vrai dire, il y a du nouveau, acquiesça-t-il. Nous avons pu établir un portrait-robot du suspect et nous l'avons diffusé. Espérons que quelqu'un finira par le reconnaître…

— Je me suis toujours demandé si ces portraits étaient vraiment ressemblants. Ne risquent-ils pas plutôt de provoquer des dizaines de témoignages de gens qui croient vaguement reconnaître quelqu'un ? Ou qui cherchent juste à se rendre intéressants ?

— C'est toujours un risque, concéda Kenneth. Mais s'il y a ne serait-ce qu'un témoignage fiable dans le lot et qu'il nous permet d'identifier et d'arrêter le coupable, le jeu en vaut la chandelle. Et, bien évidemment, cela ne nous empêche pas par ailleurs d'employer toutes les autres méthodes à notre disposition : interrogatoires, analyses scientifiques, utilisation de la télésurveillance…

— Je suis toujours fascinée par la multiplicité des compétences requises pour mener à bien une enquête, déclara Daphné. Je rêverais d'écrire un livre qui montre le fonctionnement des services de police de l'intérieur, en interrogeant chacun des acteurs qui travaillent sur une même affaire.

— Ce serait intéressant, approuva Kenneth. Et probablement très instructif pour vos lecteurs. La façon dont on présente notre travail dans la plupart des œuvres de fiction laisse vraiment à désirer.

— Je suis d'accord, acquiesça Daphné. On cherche toujours à mettre en avant des héros alors que la véritable force de la police, c'est le collectif.

— Amen, répondit Kenneth en se levant. J'espère que vous avez gardé une petite place pour le dessert.

— Je devrais sans doute m'arrêter là mais je suis bien trop gourmande pour ça.

Kenneth commença à ramasser les plats et Daphné se joignit à lui. Il fut frappé par l'aisance et le naturel avec lesquels tous deux trouvaient leurs marques tandis qu'ils débarrassaient, chargeaient le lave-vaisselle et rangeaient la cuisine.

Ils revinrent s'installer sur le *lanai* avec deux parts de tarte *pono* et deux verres de vin blanc.

— J'ai une confession à vous faire, déclara alors Kenneth.

Daphné lui jeta un coup d'œil inquiet.

— Vous êtes marié et vous avez oublié de me le dire ? s'enquit-elle.

Il ne put s'empêcher de sourire.

— Non, je ne suis pas marié. Et je vous rassure :

il ne s'agit pas d'un secret inavouable… Simplement, j'ai fait quelques recherches à votre sujet.

Daphné haussa un sourcil étonné.

— Quel genre de recherches ?

— Eh bien… Je voulais savoir si vous étiez en couple, lui avoua-t-il.

— Vous auriez pu me poser la question, remarqua-t-elle. Je vous aurais dit que j'étais célibataire depuis plusieurs mois.

— Oui, j'ai vu que vous aviez rompu avec votre petit ami, Nelson Holloway.

— Disons plutôt que je l'ai plaqué, répondit-elle avec une pointe de dureté dans la voix. Nelson était un salopard et j'ai été vraiment naïve de croire que nous avions la moindre chance de construire quelque chose, tous les deux. Il n'y a pas grand-chose à ajouter à ce sujet.

— Je n'en demande pas plus, lui assura Kenneth.

Il était évident que ce Nelson l'avait blessée. Kenneth ne comprenait toujours pas comment quelqu'un qui était sorti avec elle avait bien pu gâcher une telle chance.

— Et vous ? lui demanda alors Daphné. Comment se fait-il que vous soyez toujours célibataire ?

Kenneth haussa les épaules.

— La réponse concise, c'est que je n'ai pas encore rencontré quelqu'un avec qui je m'imagine avoir une relation au long cours.

— Et la version longue ? s'enquit Daphné, curieuse.

Kenneth sentait confusément que, s'il voulait leur laisser une chance de vivre quelque chose tous les deux, il devait lui répondre avec franchise.

— Il y a eu quelqu'un, autrefois, lui dit-il gravement.

C'était ma meilleure amie depuis que nous nous étions rencontrés au lycée. Je n'ai jamais été aussi proche de quelqu'un... Nous étions si proches, en fait, que nous avons fini par nous apercevoir que nous étions vraiment faits l'un pour l'autre...

— Que s'est-il passé ? lui demanda Daphné.

Il ne put réprimer un soupir.

— Cynthia est morte, répondit-il d'une voix.

— Cynthia ? C'est l'amie dont vous m'avez parlé, quand nous étions au restaurant ? Celle qui s'est fait assassiner par ce tueur en série, à Honolulu ?

— Exact, approuva Kenneth. Cynthia a été la dernière des dix victimes de Trevor Henshall. Et je n'ai rien pu faire pour la sauver...

— Je suis vraiment désolée, s'excusa Daphné d'une voix vibrante d'émotion.

Elle posa doucement sa main sur son avant-bras.

— Lorsque je l'ai perdue, j'ai eu l'impression que ma vie s'arrêtait, murmura Kenneth.

— Je sais, soupira-t-elle.

Sans doute pensait-elle à ses propres parents et à ce qu'elle-même avait dû ressentir à l'époque où ils lui avaient été arrachés. Il n'avait encore jamais rencontré personne qui puisse réellement comprendre ce qu'il avait vécu. Et jamais il ne s'était senti aussi proche de quelqu'un qu'il ne l'était en cet instant de Daphné.

5

Ce matin-là, Vanessa Ringwald déboula dans le bureau de Kenneth en arborant un large sourire qui paraissait d'excellent augure.

— Ça y est ! s'exclama-t-elle. Nous le tenons !

Kenneth lui lança un regard interrogateur, s'efforçant de réprimer l'espoir qui montait en lui. Ils avaient été bien trop souvent déçus dans cette affaire pour céder à un optimisme béat.

— Nous avons identifié l'homme qui s'est enfui de chez Irene Ishibashi, le soir du meurtre. Il s'appelle Ben Hoffman. Il est âgé de trente-six ans, actuellement sans emploi, et c'est l'un des ex-petits amis d'Irene.

— Est-ce qu'il correspond au portrait-robot ? s'enquit Kenneth.

— Oui, mais ce n'est pas par ce biais que nous sommes remontés jusqu'à lui. Cette fois, la police scientifique a retrouvé des empreintes. Il y en avait une, partielle, sur le sac en plastique et une autre, complète, celle-là, sur l'une des portes vitrées de la maison. Ils les ont passées à la moulinette et ont presque immédiatement obtenu un résultat positif. Apparemment, Hoffman a déjà été arrêté pour violence domestique et conduite en état d'ivresse.

— Voilà qui est prometteur, déclara Kenneth.

Vanessa lui tendit la tablette qu'elle tenait à la main.

— Comme tu peux le voir, la photo de Hoffman correspond plutôt bien au portrait-robot.

Kenneth observa attentivement les deux clichés juxtaposés et dut bien reconnaître que la comparaison ne laissait guère de place au doute. De toute évidence, Mary Cabanilla s'était révélée être un témoin beaucoup plus fiable qu'il ne l'avait imaginé. Et il se promit de féliciter Patricia Boudreau pour le travail qu'elle avait fait.

— Je vais demander un mandat d'arrestation, déclara-t-il.

Il ne voulait surtout pas laisser à Hoffman le temps de commettre un nouveau meurtre avant qu'ils puissent l'interpeller, l'interroger et, avec un peu de chance, l'inculper. Sans même attendre que Vanessa ait quitté son bureau, il composa donc le numéro de téléphone du bureau du juge Rockwell.

Il leur fallut moins d'une heure pour obtenir le mandat demandé. Entre-temps, toutes les unités de police de l'île avaient été mises en alerte et on avait repéré la Tiguan Volkswagen de Hoffman sur Halia Nakoa Street, près du parc régional de Keopuolani.

Kenneth avait aussitôt donné l'ordre d'intercepter le suspect. Mais au lieu d'obéir aux injonctions de la voiture de police qui le poursuivait, Hoffman avait pris la fuite. Il était parvenu à atteindre son domicile, situé sur Kaikoo Place, et s'était barricadé à l'intérieur.

Ayant fait établir un cordon de sécurité autour de la maison, Kenneth se rendit immédiatement sur les lieux. Il était bien décidé à tout faire pour arrêter

Hoffman et éviter que ce dernier ne se donne la mort. Les proches des victimes méritaient mieux qu'un box vide au procès. Kenneth lui-même espérait obtenir des réponses aux nombreuses questions qu'il se posait.

Lorsqu'il arriva à Kaikoo Place, la rue était encombrée de voitures de patrouille et de véhicules des forces d'intervention qui se tenaient prêtes à intervenir à tout moment. Rejoignant son équipe, qui s'était réunie à l'abri d'un fourgon de la police, Kenneth commença par s'assurer que les habitants des maisons voisines avaient bien été évacués.

— Est-ce que Hoffman a dit quelque chose ? s'enquit-il une fois rassuré sur ce point.

— Juste qu'il refusait de sortir, répondit Tad Newsome.

— Il doit pourtant savoir qu'il n'a aucune chance, remarqua Vanessa.

— Est-ce qu'il y a quelqu'un d'autre à l'intérieur ? demanda encore Kenneth.

— Apparemment, non, répondit Vanessa. D'après tous les voisins que nous avons pu interroger, Hoffman vit seul.

— Espérons-le. Je ne voudrais pas que la scène vire à la prise d'otage. Dans le doute, nous devrions tout de même faire venir un négociateur.

— Je suis d'accord, approuva l'agente spéciale Noelle Kaniho. Si Hoffman est bien notre tueur, il n'hésitera pas à se servir d'un bouclier humain, en cas de besoin.

— S'il est bien seul là-dedans, en revanche, nous ne devrions pas avoir beaucoup de mal à nous emparer de lui, ajouta son collègue, Kirk Guilfoyle. À moins bien sûr qu'il ne préfère mettre fin à ses jours plutôt que de se laisser capturer…

À cet instant précis, un coup de feu retentit à l'intérieur de la maison. Tous les policiers dégainèrent leurs armes de service et se mirent à l'abri de leurs véhicules. Kenneth craignait que le suspect ne se soit donné la mort mais un second tir fit voler en éclats l'une des vitres de la camionnette. C'était bel et bien sur eux que tirait Hoffman.

— Tout le monde va bien ? s'enquit Kenneth.

Ses compagnons le lui confirmèrent. Un nouveau coup de feu claqua et Kenneth fit signe aux forces d'élite, qui ouvrirent le feu sur la maison, faisant exploser toutes les vitres.

— Cessez le feu ! ordonna alors Kenneth, qui tenait plus à intimider le suspect qu'à l'éliminer. Nous n'avons pas le temps d'attendre le négociateur. Je vais lui parler. Est-ce que quelqu'un a un mégaphone ?

L'un des policiers en uniforme en sortit un de sa voiture de patrouille et le lui tendit. Kenneth le remercia d'un signe de la tête et porta le mégaphone à ses lèvres.

— Ben Hoffman ! appela-t-il. Je suis l'inspecteur Kealoha, de la police de Maui. Lâchez votre arme et sortez les mains en l'air ! Pour le moment, personne n'a été blessé et je préférerais qu'on en reste là. Mais si vous continuez à tirer, nous ferons de même et ça risque de très mal se terminer pour vous !

— Je ne veux pas retourner en prison ! lui cria Hoffman depuis l'intérieur de la maison. Irene n'a eu que ce qu'elle méritait !

— Et toutes les autres femmes que vous avez tuées ? répondit Kenneth. Est-ce qu'elles méritaient aussi ce qui leur est arrivé ?

En guise de réponse, un nouveau coup de feu se

fit entendre, provenant de l'intérieur de la maison, cette fois. Craignant que Hoffman n'ait cherché à se supprimer, Kenneth l'interpella de nouveau.

— Je vous ai dit de lâcher votre arme et de sortir ! Ne m'obligez pas à déclencher un assaut !

Il attendit, le cœur battant, mais aucune réponse ne lui parvint.

— Hoffman ! Si vous m'entendez, répondez-moi ! appela-t-il encore.

Un nouveau silence s'ensuivit, terriblement oppressant.

— Il y a de fortes probabilités pour que sa dernière balle ait été pour lui, déclara Kenneth en abaissant son mégaphone. Si par miracle il s'est raté, il faut intervenir rapidement avant qu'il se vide de son sang.

— Je suis d'accord, approuva Noelle Kaniho. Il faut donner l'assaut.

Kenneth rejoignit le responsable de l'équipe d'intervention tactique et lui donna ses instructions. Quelques instants plus tard, les hommes du SWAT[1] convergèrent de tous côtés vers la maison. Aucun coup de feu ne se fit entendre, ce qui acheva de convaincre Kenneth que Hoffman n'était plus en état de se défendre.

Ajustant son gilet pare-balles, l'inspecteur rejoignit les hommes de la force d'intervention au moment précis où ils enfonçaient la porte de la maison à l'aide d'un bélier. Ils y pénétrèrent, arme au poing, prêts à faire face à toute éventualité. Mais aucun bruit ne se faisait entendre.

Tandis qu'une partie de ses hommes faisaient le tour

---

1. « SWAT » est l'acronyme de « Special Weapons and Tactics », en français « armes spéciales et tactiques ». (NdE)

du rez-de-chaussée, Kenneth suivit la seconde équipe, qui montait à l'étage d'où étaient partis les coups de feu.

Là, ils ne tardèrent pas à découvrir le corps de Ben Hoffman gisant dans une mare de sang dans la chambre à coucher. Un simple coup d'œil à la hâte à la blessure qu'il avait indiqua à Kenneth qu'il se l'était infligée. Le Luger de 9 mm avec lequel il avait tiré gisait à portée de sa main.

Kenneth commença par l'écarter du bout du pied avant de s'agenouiller auprès de Hoffman. Il constata aussitôt que ce dernier respirait toujours. Sortant son téléphone de sa poche, il demanda une évacuation médicale d'urgence. Il espérait de tout cœur que Hoffman tiendrait le coup jusqu'à l'arrivée des secours.

Car il savait mieux que quiconque combien il était insupportable de demeurer sans réponse lorsqu'on avait perdu un être cher. Et il espérait sincèrement éviter cette nouvelle épreuve aux proches des victimes de l'Étouffeur de Maui…

Daphné se gara devant le centre médical de Maui, sur Mahalani Street. Elle avait rendez-vous ce jour-là avec le Dr Francis Hiraga, l'amant de Jenny Takahashi. Ce dernier l'attendait dans le hall de l'hôpital. C'était un homme d'une petite quarantaine d'années, grand et très mince, qui avait des cheveux d'un noir de jais et des yeux bleu délavé. Il arborait une barbe de trois jours et portait une blouse froissée.

— Enchantée de faire votre connaissance, docteur Hiraga, lui dit-elle en serrant la main qu'il lui tendait.

— Appelez-moi Francis, répondit-il. Suivez-moi, je vous prie.

Elle lui emboîta le pas et le suivit le long d'un long couloir blanc éclairé de néons, jusqu'à un minuscule bureau. Hiraga fit signe à Daphné de s'asseoir et se dirigea vers la machine à café.

— Vous en voulez un ? proposa-t-il.

— Volontiers, répondit Daphné.

Il remplit deux tasses et lui en tendit une avant d'aller prendre place dans son fauteuil.

— Elle me manque tous les jours, vous savez, murmura-t-il après avoir avalé une gorgée de café. J'ai cru comprendre que vous aviez vécu une expérience similaire…

— Effectivement.

— Est-ce que la souffrance finit par disparaître avec le temps ?

— Elle s'atténue, répondit prudemment Daphné, qui se refusait à lui mentir. On apprend à vivre avec.

Hiraga secoua la tête d'un air résigné.

— Jamais je n'aurais imaginé que Norman Takahashi puisse commettre un acte aussi abominable, soupira-t-il. Il est devenu fou. Je ne vois pas d'autre explication…

— C'est ce que je m'efforce justement de déterminer, déclara Daphné.

Si elle comprenait le mécanisme psychologique qui avait pu pousser Takahashi à commettre l'irréparable, peut-être comprendrait-elle comment son propre père avait pu assassiner sa mère.

— Est-ce que Jenny était inquiète à l'idée de quitter son mari ? demanda-t-elle.

— Bien sûr, répondit Hiraga. Elle avait surtout

peur de lui faire du mal. Et elle était très angoissée à l'idée que cela pourrait affecter sa fille Sarah. Jenny ne voulait surtout pas qu'elle ait l'impression de devoir choisir entre ses deux parents.

— Et pourtant, elle était décidée à rompre.

Hiraga hocha la tête.

— La vérité, c'est que les choses n'allaient plus depuis très longtemps entre Jenny et Norman. Avant de me rencontrer, elle essayait de s'y résigner, de faire comme si de rien n'était. Mais je pense que, même si nos chemins ne s'étaient pas croisés, elle aurait fini par le quitter tôt ou tard.

Daphné ne put s'empêcher de penser à la façon dont sa relation avec Nelson s'était délitée. Fort heureusement, elle s'était terminée bien avant de dégénérer dans la haine et la violence.

— Comment vous sentez-vous, aujourd'hui ? demanda-t-elle à Hiraga.

Il haussa les épaules d'un air fataliste.

— Il y a de bons et de mauvais jours, répondit-il. Je me demande souvent si j'aurais pu faire quoi que ce soit pour éviter cela. Ne pas tomber amoureux de Jenny. Ne pas encourager les sentiments qu'elle avait pour moi. Mais je chéris beaucoup trop le peu de temps que nous avons eu tous les deux…

— Je suis certaine qu'elle le chérissait aussi, répondit gravement Daphné. C'est cela qui lui a donné le courage d'entamer une nouvelle page de son existence. Je sais que nous avons toujours tendance à nous sentir coupables après coup, dans ce genre de situation. Mais la réalité, c'est que personne ne peut jamais anticiper un tel drame. La seule chose que nous puissions faire, c'est d'essayer de reprendre le cours de notre vie du mieux que nous pouvons en chérissant la mémoire des êtres chers que nous avons perdus.

— Vous avez sans doute raison, reconnut Hiraga.

Il jeta un coup d'œil à sa montre et fronça légèrement les sourcils.

— Il va falloir que j'y retourne, lui dit-il. Est-ce que vous aviez d'autres questions à me poser ?

— Si j'en ai, je vous les enverrai par e-mail ou par SMS pour que vous puissiez y répondre tranquillement. Je voulais juste que nous fassions connaissance. Merci encore d'avoir accepté de me rencontrer.

— J'espère que votre livre pourra aider les différents protagonistes de cette tragédie à faire leur deuil, répondit Hiraga.

Tous deux quittèrent le bureau du médecin pour regagner le hall de l'hôpital. Mais comme Hiraga était sur le point de prendre congé d'elle, la porte principale s'ouvrit, laissant apparaître deux ambulanciers poussant un brancard sur lequel était étendu un homme dont le crâne était ceint de compresses imbibées de sang.

— Code bleu ! s'exclama l'un des urgentistes. Nous avons une blessure par balle auto-infligée.

— Je m'en occupe ! s'exclama Hiraga. Suivez-moi.

Il prit le temps de se tourner vers Daphné.

— Je suis désolé, mademoiselle Dockery, mais le devoir m'appelle.

Elle hocha la tête et le suivit des yeux tandis qu'il s'éloignait à grands pas, suivi par les deux ambulanciers. Lorsqu'ils eurent disparu derrière la porte battante menant au bloc opératoire, elle se détourna et se retrouva nez à nez avec Kenneth, qui venait de pénétrer à son tour dans le hall.

— Qu'est-ce que vous faites là ? s'exclama Kenneth, passablement surpris de rencontrer Daphné.

— Je suis venue interroger Francis Hiraga sur sa liaison avec Jenny Takahashi, expliqua-t-elle.

— Bien sûr, murmura-t-il, se rappelant brusquement que l'amant de la jeune femme travaillait à l'hôpital. Est-ce que ça s'est bien passé ?

— Aussi bien que possible, étant donné les circonstances, répondit-elle. Mais il est toujours très marqué par ce qui s'est passé et je crois qu'il mettra très longtemps à s'en remettre.

Kenneth hocha la tête. Il n'était pas du tout certain qu'on puisse jamais se remettre d'un tel drame. Mais ce n'était sans doute pas le genre de chose à dire à quelqu'un qui avait perdu ses deux parents dans des circonstances relativement similaires.

— Et vous ? lui demanda-t-elle alors. Qu'est-ce que vous faites ici ? J'imagine que ça a un rapport avec l'homme qu'on vient d'amener…

— En effet, répondit Kenneth. Il s'appelle Ben Hoffman. Nous étions sur le point de l'arrêter pour le meurtre d'Irene Ishibashi. Il s'est enfermé chez lui et, avant que nous ayons eu le temps de le capturer, il a tenté de se supprimer.

Daphné le considéra en fronçant les sourcils.

— Est-ce que vous pensez que ce Hoffman pourrait être l'Étouffeur de Maui ?

— À ce stade, c'est effectivement notre hypothèse de travail, répondit Kenneth.

Il préférait cependant demeurer très prudent. La réaction de Hoffman pouvait passer pour un aveu mais tant qu'ils n'auraient pas de preuves plus tangibles de sa culpabilité, ils ne pouvaient se permettre de baisser la garde.

Avant qu'il ait pu ajouter quoi que ce soit, ils virent le Dr Hiraga sortir des urgences pour se diriger vers eux. Sa blouse était à présent maculée de sang.

— Inspecteur Kealoha, j'imagine que c'est vous qui venez de nous amener le patient blessé par balle.

— C'est exact. Dans quel état se trouve-t-il ?

Hiraga secoua doucement ma tête.

— Je suis désolé, inspecteur, mais l'homme n'a pas survécu à ses blessures. Il n'y avait vraiment plus rien à faire…

6

— Alors, c'est vraiment fini ? s'enquit Daphné. L'Étouffeur de Maui ne fera plus de mal à personne ?

Kenneth ne répondit pas immédiatement, englobant du regard le parc Campbell, dans lequel ils se trouvaient ce soir-là. Comme chaque deuxième vendredi du mois, il était envahi de petits étals qui vendaient des objets artisanaux ou des œuvres d'artistes locaux.

Un groupe jouait de la musique et des gens dansaient. Il y avait aussi profusion de nourriture et de boissons. C'était le genre d'événement qui mettait parfaitement en valeur la douceur de vivre qui pouvait exister sur une île comme Maui. Mais ces réjouissances ne parvenaient pas à faire oublier à Kenneth la journée qu'il venait de vivre.

— On peut l'espérer, répondit-il prudemment. Nous avons identifié les empreintes digitales de Hoffman sur le sac avec lequel Irene Ishibashi a été étouffée. Nous avons retrouvé d'autres sacs du même acabit à son domicile, ainsi qu'un taser qui pourrait être celui utilisé pour étourdir les victimes…

Kenneth avait pourtant conscience du fait que ces indices n'étaient que circonstanciels et ne constituaient pas une preuve irréfutable de culpabilité. Ce qui le troublait le plus, c'était le fait que Hoffman se soit suicidé. La plupart des tueurs en série étaient fiers de leurs actes et n'éprouvaient aucun remords.

Bien sûr, il pouvait s'agir d'une façon particulièrement perverse d'entretenir l'incertitude, de continuer à manipuler la police par-delà la mort...

— Vous n'avez pas l'air totalement convaincu, remarqua Daphné.

Kenneth ne put réprimer un pâle sourire. La jeune femme avait vraiment le don troublant de lire en lui à livre ouvert. C'était peut-être parce qu'elle était habituée à interroger les gens, dans le cadre de son travail, et qu'elle avait développé un sens aigu de la psychologie. Mais il était convaincu qu'il y avait dans cette habileté une dimension plus personnelle. Il existait entre eux une étrange proximité, dont la soirée qu'ils avaient passée ensemble la veille lui avait déjà donné un aperçu.

— C'est vrai, reconnut-il. Je ne suis pas encore complètement persuadé que Hoffman soit l'Étouffeur. Tout semble l'accuser mais, avant de crier victoire, je compte bien m'assurer qu'il avait effectivement la possibilité de commettre l'ensemble de ces meurtres.

— J'imagine qu'il serait désastreux d'annoncer prématurément que vous avez arrêté le tueur, acquiesça Daphné. Si un nouveau meurtre venait à se produire, le choc serait plus terrible encore...

— Effectivement. En règle générale, je préfère ne laisser aucune place au doute avant de clore officiellement une affaire.

— Cela paraît sage, concéda Daphné. C'est aussi ce que je m'efforce de faire avant de rendre mon manuscrit à mon éditeur. Je ne tiens pas à ce que mes lecteurs puissent me reprocher par la suite d'avoir bâclé mes recherches.

— Si j'en crois le livre que j'ai eu entre les mains, il y a peu de risques pour que cela se produise, remarqua Kenneth. Les notes qui se trouvaient en fin de volume prouvent que vous n'avez rien laissé au hasard.

Elle hocha la tête.

— Les premiers temps, j'ai dû me battre avec mon éditeur pour qu'il accepte de les intégrer. Il m'assurait que personne ne les lirait. Et c'est peut-être vrai pour la majorité des gens. Mais ceux qui veulent aller plus loin et approfondir leurs recherches ont la possibilité de le faire. À une époque où l'esprit critique est battu en brèche de toutes parts, ça me paraît vraiment important.

— Je suis d'accord, approuva Kenneth.

Il s'interrompit en voyant Daphné jeter un coup d'œil inquiet aux alentours.

— Quelque chose ne va pas ? lui demanda-t-il.

— Ça va probablement vous sembler ridicule mais j'ai eu une fois de plus l'impression que quelqu'un m'observait…

— Une fois de plus ? répéta Kenneth en fronçant les sourcils. J'en déduis que c'est déjà arrivé.

— À deux reprises, précisa-t-elle. Une fois pendant que j'étais en train de me promener sur la plage, devant mon hôtel, et une autre fois encore alors que je nageais. Il y avait quelqu'un qui m'observait depuis le rivage…

— Est-ce que vous avez vu son visage ?

— Non, j'étais trop loin.

— Était-ce un homme ou une femme ?

Daphné hésita un instant avant de lui répondre.

— Sur le coup, je vous avoue que j'ai pensé à

l'Étouffeur parce que vous m'aviez dit que je correspondais au profil des victimes. Mais, a posteriori, j'imagine qu'il aurait tout aussi bien pu s'agir d'une femme…

Kenneth perçut le trouble qui l'habitait en cet instant. Il se rappela la réaction très vive qu'elle avait eue lorsqu'en plaisantant, il lui avait demandé si elle l'avait suivi.

— Avez-vous déjà été victime de harcèlement, Daphné ? lui demanda-t-il gravement.

— Oui, répondit-elle. Il y a quelques mois de cela, l'une de mes fans, Marissa Sheffield, a développé une véritable obsession à mon endroit. Elle a commencé par assister à tous les événements publics auxquels je participais, pas seulement à Tuscaloosa mais aussi à travers tous les États-Unis… J'avoue que je n'ai pas tout de suite compris à quel point elle était perturbée. Je me sentais même assez flattée par l'admiration qu'elle professait à mon égard. Et j'ai commis l'erreur de lui donner mes coordonnées. À partir de là, elle n'a cessé de m'appeler et de m'envoyer des messages à n'importe quelle heure du jour et de la nuit. Elle s'était persuadée qu'elle était ma meilleure amie et que je devais absolument l'engager comme assistante de recherches. Lorsque j'ai fini par lui dire que nous n'étions pas amies et que je n'avais pas besoin d'assistante, elle a commencé à me menacer. C'est à ce moment-là que j'ai prévenu la police…

— Que s'est-il passé ensuite ?

— Un juge a émis une injonction d'éloignement mais Marissa ne l'a pas respectée et s'est introduite chez moi par effraction. Elle a été arrêtée peu de temps avant que je parte en tournée.

— Est-ce que vous savez si elle est toujours en prison, à l'heure actuelle ?

— Je suppose. Mais je vous avoue que je n'en sais rien.

— Et j'imagine qu'elle n'aurait aucun mal à découvrir que vous vous trouvez actuellement à Hawaï.

— Il lui suffirait de jeter un coup d'œil à mon site Internet ou à celui de mon éditeur. Le programme de ma tournée est public. Évidemment, je n'ai pas précisé où je comptais séjourner à Maui. Mais j'imagine que ce ne serait pas très difficile à découvrir…

Kenneth hocha la tête et étudia les alentours avec attention. Il y avait beaucoup de monde dans le parc, ce soir-là, mais il ne repéra personne qui paraissait s'intéresser particulièrement à eux. Cela ne le rassura cependant pas complètement. Si par hasard Marissa avait suivi Daphné jusqu'ici, elle prendrait probablement garde à l'épier discrètement.

— Je vais appeler mes collègues de la police de Tuscaloosa pour leur demander où se trouve Marissa, déclara-t-il. En attendant, restez sur vos gardes et évitez les endroits isolés. D'accord ?

— C'est promis, lui assura-t-elle.

Cédant à une brusque impulsion, elle lui prit la main et la serra entre les siennes, le regardant droit dans les yeux.

— Merci, lui dit-elle gravement.

Il se força à sourire pour dissimuler le trouble que ce simple contact faisait naître en lui. En cet instant, il avait beaucoup de mal à résister à la tentation de l'embrasser.

— Il n'y a pas de quoi, répondit-il d'un ton faussement

léger. Vous pouvez compter sur moi pour veiller sur vous tant que vous séjournerez à Maui.

— Je sais, répondit-elle en souriant.

Sur ce, elle se dressa sur la pointe des pieds et effleura ses lèvres d'un baiser qui le fit frissonner de part en part. Cela ne dura qu'un instant mais, lorsqu'elle s'écarta de lui, il perçut dans ses yeux un trouble qui reflétait le sien.

— Bonne nuit, Ken, lui dit-elle d'une voix légèrement tremblante.

— Bonne nuit, Daphné.

Elle hocha la tête et, relâchant enfin sa main, elle se détourna pour s'éloigner. Il la suivit longuement des yeux, se demandant s'il n'était pas en train de tomber amoureux...

Le lendemain matin, Daphné partit courir de bonne heure sur la voie piétonne qui faisait le tour du golf de Kaanapali. Bizarrement, cet endroit lui rappelait un peu son parcours de jogging préféré à Tuscaloosa, dans le quartier d'Indian Hills. Et tandis qu'elle courait le long de cette vaste étendue d'herbe couleur émeraude, elle ne pouvait s'empêcher de repenser au baiser que Kenneth et elle avaient échangé, la veille.

Elle n'avait absolument pas prémédité ce geste, se contentant de céder à l'impulsion du moment. Et elle avait été surprise par l'intensité de sa propre réaction. En dépit de son caractère bien innocent, ce baiser avait éveillé en elle un irrépressible élan de désir.

Il était évident qu'il existait entre eux une véritable complicité, aussi bien physique qu'émotionnelle. La soirée qu'elle avait passée chez Kenneth lui avait permis de découvrir qu'en dépit des vies très différentes qu'ils menaient l'un et l'autre, ils avaient de nombreux goûts en commun.

Si elle n'avait pas été seulement de passage à Maui, elle aurait probablement succombé depuis longtemps à l'attirance qu'elle éprouvait envers Kenneth. Même en sachant qu'elle partirait très bientôt, il lui était très difficile d'y résister.

Après tout, quelles raisons avait-elle de se priver d'une telle aventure, dût-elle rester sans lendemain ? Elle n'était pas en couple et Kenneth ne l'était pas non plus. Tous deux étaient des adultes responsables, parfaitement capables de faire la part des choses…

Alors même qu'elle formulait cette idée, elle comprit que les choses n'étaient sans doute pas si simples. Elle sentait déjà confusément que, si elle s'engageait dans cette voie, il lui serait probablement très difficile de faire marche arrière. Or pouvait-elle réellement se permettre de tomber amoureuse d'un homme qui vivait à plusieurs milliers de kilomètres de chez elle ?

S'efforçant d'écarter cette question aussi exaltante qu'angoissante, Daphné se concentra sur son environnement immédiat. Sans même s'en apercevoir, elle avait gravi une petite colline d'où on pouvait apercevoir l'océan qui s'étendait au-delà des terrains de golf. La splendeur de ce paysage lui coupa le souffle et elle s'arrêta quelques instants de courir pour mieux en profiter.

L'île de Maui était bien plus belle encore qu'elle ne l'avait imaginé. Et une petite voix lui souffla qu'elle ne serait peut-être pas si malheureuse que cela au cas où elle déciderait un jour de s'installer ici…

Reprenant sa course, Daphné redescendit la colline à un rythme plus soutenu en direction de son hôtel. En y arrivant, vingt minutes plus tard, elle commença par vider une petite bouteille d'eau minérale avant d'aller prendre une douche.

Elle venait tout juste d'en sortir lorsqu'elle reçut un coup de téléphone de son éditeur.

— J'ai cru comprendre que la police de Maui avait identifié le fameux Étouffeur et qu'il avait mis fin à ses jours, lui dit-il après les salutations d'usage.

— Comment le sais-tu ?

— Ça fait les gros titres de la presse de Hawaï.

Daphné fronça les sourcils : la nouvelle ne réjouirait probablement pas Kenneth, qui aurait sans doute préféré que les médias fassent preuve d'un peu plus de discrétion, le temps que la police vérifie que Hoffman était bel et bien le tueur en série.

Mais elle savait d'expérience que, dans ce genre d'affaires, il était très difficile de garder un secret. N'importe lequel des voisins de Hoffman avait pu aller trouver le journal local pour raconter ce qui s'était passé.

— La police doit encore effectuer quelques vérifications d'usage mais il est très probable que l'Étouffeur soit définitivement hors de course, répondit-elle.

— Est-ce que tu comptes toujours écrire sur cette histoire ? s'enquit Gordon, curieux.

— Probablement, répondit-elle. Pourquoi cette question ?

— Eh bien, je me demandais juste si, dans ce cas, il ne serait pas plus pertinent de commencer par publier le livre sur l'Étouffeur.

Daphné comprenait effectivement que Gordon puisse

le penser. Il devait considérer qu'un sujet d'actualité brûlante serait probablement plus vendeur qu'un sombre drame familial qui remontait déjà à plus d'un an. Mais Daphné n'était pas une journaliste : la valeur ajoutée de son travail provenait justement du recul qu'elle pouvait prendre par rapport aux sujets sur lesquels elle enquêtait.

— Je préfère m'en tenir à mon projet initial, déclara-t-elle. D'autant que j'ai récupéré quasiment toutes les informations dont j'ai besoin pour me mettre à écrire.

— J'espère que tu as aussi pris le temps de visiter un peu l'île, lui dit Gordon.

— J'ai commencé et je compte bien en profiter encore un peu avant de rentrer, lui assura-t-elle.

Elle se demanda s'il ne serait pas opportun de prolonger son séjour pour prendre contact avec les acteurs de l'affaire de l'Étouffeur, qu'il s'agisse des différents policiers qui avaient été impliqués dans cette enquête ou des proches des victimes. Cela lui permettrait également de profiter un peu plus de la compagnie de Kenneth, ce qui était terriblement tentant…

— Tu me raconteras tout ça à ton retour, lui dit Gordon. Je me demandais justement si ça ne vaudrait pas le coup de faire un tour à Hawaï, un de ces jours…

— N'hésite pas, répondit-elle. C'est un endroit merveilleux.

Ils continuèrent un peu à discuter avant de raccrocher. Mais, avant même que Daphné ait eu le temps de reposer son téléphone pour s'habiller, il se mit de nouveau à sonner. Le numéro qui s'affichait à l'écran ne figurait pas parmi ceux de son répertoire.

— Allo ? fit-elle en décrochant.

— Bonjour. Est-ce que vous êtes bien Daphné Dockery ?

— Oui, répondit-elle. Qui est à l'appareil ?

— Nous ne nous connaissons pas. Je me nomme Roxanne Sinclair. J'ai cru comprendre que vous enquêtiez sur le meurtre-suicide commis par Norman Takahashi, l'an dernier ?

— C'est exact, répondit Daphné en se demandant comment cette femme avait bien pu obtenir son numéro de téléphone portable.

— À cette époque, j'avais une liaison avec Norman Takahashi, déclara son interlocutrice.

Daphné retint à grand-peine une exclamation de stupeur.

— Je pensais qu'il était amoureux de moi, reprit Roxanne. Mais lorsqu'il a découvert que sa femme avait un amant dont elle était enceinte, il a complètement perdu les pédales. Si mon témoignage vous intéresse, nous pourrions nous rencontrer…

Daphné hésita. Si cette femme disait vrai, il s'agissait d'un retournement fascinant. Un tel récit éclairerait d'une lumière totalement nouvelle le drame qui s'était déroulé un an plus tôt. Ce serait également une révélation captivante pour ses lecteurs.

Mais une telle découverte n'était-elle pas un peu trop belle pour être vraie ? Ne s'agissait-il pas d'un piège qu'on lui tendait ? Cela n'avait-il pas un rapport avec l'impression qu'elle avait d'être suivie ?

Roxanne parut sentir son hésitation.

— Je ne veux pas d'argent, précisa-t-elle. Je ne cherche pas non plus un quart d'heure de gloire à bon compte. Simplement, j'ai gardé ce secret pendant trop longtemps et j'aimerais que la vérité éclate enfin au grand jour. Mais si vous n'êtes pas intéressée, ça ne fait rien…

— Ce n'est pas cela, objecta Daphné. Mais il me faudrait une preuve du fait que Takahashi et vous aviez une liaison.

— Je comprends, soupira Roxanne.

Il s'écoula quelques instants avant qu'elle reprenne la parole.

— Je viens de vous envoyer deux photos de nous deux.

Daphné les ouvrit. Il s'agissait de selfies pris par un homme et une femme qui se tenaient dans les bras l'un de l'autre et paraissaient très proches. Elle reconnut aussitôt Takahashi. Elle avait vu suffisamment de photos de lui pour estimer que ces clichés avaient été pris durant les deux ou trois dernières années de sa vie.

La femme qui se trouvait à ses côtés était une Afro-Américaine qui devait avoir une vingtaine d'années. Elle était vraiment très jolie, avec de longs cheveux noirs, de grands yeux bruns et un sourire radieux.

— J'ai aussi des SMS que nous nous sommes envoyés, précisa Roxanne. Je pourrai vous les montrer.

— D'accord, répondit Daphné.

Elle n'avait pas vraiment le choix : si Roxanne disait vrai, ce qui paraissait de plus en plus probable, elle ne pouvait se permettre de négliger son témoignage. Il était bien trop explosif pour cela.

— Quand seriez-vous libre pour discuter de tout cela ? reprit-elle.

— Ce matin, si vous voulez…

Daphné chercha un lieu à la fois public et relativement discret où elle pourrait écouter le témoignage de Roxanne sans craindre que celle-ci ne tente quoi que ce soit à son encontre.

— Nous pourrions nous retrouver au Café crème, à Whalers Village, suggéra-t-elle.

— C'est parfait, répondit Roxanne. Je peux y être d'ici une heure si cela vous convient.

Une heure plus tard, Daphné se gara sur le parking du Whalers Village et rejoignit le café dans lequel elle avait donné rendez-vous à Roxanne. Elle n'eut aucun mal à reconnaître la jeune femme d'après les photos qu'elle lui avait envoyées. Rejoignant la table à laquelle elle était assise, elle prit place en face d'elle.

— Je suis Daphné Dockery, se présenta-t-elle.

— Bonjour, répondit Roxanne en lui décochant un sourire un peu nerveux.

Elle était vêtue de façon très simple, portant un T-shirt aux motifs hawaïens, un jean un peu fatigué et une paire de tongs. Ses longs cheveux noirs ondulés retombaient librement dans son dos.

— Merci d'avoir accepté de me rencontrer, lui dit-elle.

— Étant donné ce que vous venez de me révéler, je n'avais pas vraiment le choix, répondit Daphné. Mais puis-je savoir comment vous avez eu mon numéro ?

— Je suis étudiante en mathématiques à l'université de Maui, expliqua-t-elle. Je travaille aussi comme assistante du Pr Lynda Miyahira, qui a pris la suite du Pr Takahashi et à qui vous avez laissé votre numéro de téléphone.

— Est-ce que vous travailliez aussi comme assistante du Pr Takahashi ?

Roxanne hocha la tête.

— Je vois, murmura Daphné. Est-ce que vous voulez boire quelque chose ?

— Juste un café, répondit Roxanne, qui paraissait toujours aussi mal à l'aise.

Daphné commanda deux cafés et un assortiment de pâtisseries. Lorsqu'on les leur eut apportés, elle sortit son enregistreur et le posa sur la table entre elles.

— Dites-moi, commença-t-elle, pendant combien de temps êtes-vous sortie avec Norman Takahashi ?

— Pendant les six mois qui ont précédé sa mort, répondit Roxanne d'une voix légèrement tremblante.

— Il était pourtant nettement plus âgé que vous.

— C'est vrai mais je vous assure que ça n'était pas un problème pour moi. Dès que nous avons fait connaissance, nous avons compris l'un et l'autre que notre relation serait spéciale. Lorsque nous étions ensemble, nous oubliions complètement cette différence d'âge.

— Est-ce que Jenny, l'épouse de Norman, était au courant de cette liaison ?

Roxanne baissa les yeux.

— Oui, soupira-t-elle. Je lui en ai parlé.

— Pour quelle raison ? s'étonna Daphné.

— Parce que j'espérais que ça les éloignerait, Norman et elle… Mais, deux jours plus tard, il l'a tuée avant de se suicider. Et quatre innocents ont perdu la vie au passage…

Daphné considéra la situation sous ce nouvel angle. Elle avait vraiment du mal à comprendre comment Takahashi avait pu se montrer aussi inflexible envers son épouse, qui souhaitait divorcer, alors que lui-même la trompait allègrement.

Elle ne pouvait s'empêcher non plus de se demander si Roxanne avait été la première – s'il n'y avait pas eu d'autres étudiantes avant elle.

— Pouvez-vous me montrer les SMS dont vous m'avez parlé au téléphone ? demanda-t-elle à la jeune femme.

— Bien sûr, répondit Roxanne en sortant son portable de sa poche.

Elle ouvrit sa messagerie et le tendit à Daphné, qui passa rapidement en revue les échanges que Takahashi avait eus avec son assistante. Elle comprit rapidement que Roxanne lui avait dit la vérité : les SMS ne laissaient guère de doute quant à la nature de leur relation. Ils laissaient également entrevoir le fait que Takahashi avait sciemment laissé croire à la jeune femme que tous deux avaient un avenir ensemble.

Daphné rendit l'appareil à Roxanne et la considéra gravement.

— Il y a deux choses que je me demande. Tout d'abord, comment se fait-il que la police n'ait pas découvert votre histoire d'amour ? Et ensuite, pourquoi tenez-vous à la révéler au grand jour, maintenant que Takahashi est mort ?

— Norman utilisait un autre téléphone avec des cartes prépayées pour communiquer avec moi. Visiblement, la police ne l'a jamais retrouvé. Quant à la raison pour laquelle je veux dire toute la vérité, c'est très simple : je veux que les gens sachent que Norman n'était pas seulement un meurtrier.

Roxanne avala une gorgée de café avant de reprendre.

— Il a toujours été très gentil avec moi. Il n'a jamais levé la main sur moi, ne m'a jamais crié dessus. Je suis convaincue que c'était quelqu'un de bien. Simplement, il était déchiré entre sa famille et son amour pour moi…

Le fait que Takahashi se soit comporté de façon convenable vis-à-vis de sa maîtresse n'enlevait rien à l'énormité de son crime. Il avait assassiné non seulement sa femme mais aussi le bébé qu'elle portait, sa propre fille et deux autres personnes qui n'avaient aucun rapport avec l'adultère de Jenny.

— Je veillerai à ce que Norman Takahashi soit présenté de la façon la plus objective que possible, déclara Daphné. Je ne veux pas en faire un monstre. Au contraire, je tiens à rendre toute la richesse et la complexité de sa personnalité.

— *Mahalo*, répondit Roxanne, qui paraissait soulagée à cette idée.

Pendant une bonne heure, elle entreprit de brosser le portrait de l'homme qu'elle avait connu et aimé, et Daphné l'écouta avec attention, l'interrompant parfois pour lui poser une question ou lui demander une précision. Lorsque Roxanne arriva au bout de son récit, Daphné la remercia pour son courageux témoignage.

— Merci de m'avoir écoutée, lui dit encore la jeune femme. Et bonne chance pour votre livre.

— Merci à vous, répondit Daphné. J'espère que vous parviendrez rapidement à tourner la page et à reprendre le cours de votre vie.

— Je l'espère aussi, murmura Roxanne, qui ne paraissait pourtant guère convaincue.

En prenant congé d'elle, Daphné sentit son cœur se serrer. Elle aurait aimé lui dire que Takahashi ne méritait sans doute pas qu'elle chérisse sa mémoire de cette façon. Mais elle savait aussi que, bien trop souvent, l'amour était aveugle et sourd à la raison…

7

Martin Morrissey avait convoqué Kenneth dans son bureau pour que ce dernier lui fasse un rapport détaillé sur l'avancée de l'enquête. Son supérieur voulait surtout savoir si la mort de Ben Hoffman marquait la fin du cauchemar de l'Étouffeur pour les habitants de Maui.

Kenneth aurait bien voulu pouvoir lui affirmer que tel était le cas. Cela lui aurait nettement facilité la vie ainsi que celle de son équipe. Mais il se refusait à induire Morrissey en erreur. Car ils ne pouvaient vraiment pas se permettre de commettre la moindre erreur dans cette affaire.

Il était d'ailleurs furieux que les médias aient présenté Hoffman comme l'Étouffeur sans laisser la plus petite place au doute. À ses yeux, cela revenait à desservir la population de Maui qui risquait de baisser la garde au risque de s'exposer.

— Alors ? lui demanda Morrissey dès que Kenneth eut pris place en face de lui. Où en est votre enquête ?

— Nous sommes désormais convaincus que Hoffman a bel et bien étouffé Irene à l'aide de ce sac en plastique. La présence de ses empreintes sur l'arme du crime et son propre aveu quelques instants avant sa mort ne laissent que peu de doutes à ce sujet. Son suicide même fait figure de confession.

— Est-on certain qu'il s'agit bien d'un suicide ?

C'était une excellente question : Kenneth avait envisagé à un moment l'éventualité que Hoffman ait pu être assassiné par le véritable Étouffeur.

— C'est une quasi-certitude, répondit-il. La balle provient bien du pistolet qui se trouvait auprès de lui. Elle correspond aussi à celles qui ont été tirées dans notre direction depuis l'appartement. Les empreintes de Hoffman figurent sur la crosse et sur la détente. Il est peu probable qu'il s'agisse d'une mise en scène puisqu'il s'est écoulé très peu de temps entre l'échange de tirs et le suicide. De plus, nous cernions la maison, ce qui aurait rendu la fuite d'un éventuel assassin beaucoup trop risquée.

— Je vois, acquiesça Morrissey.

— Évidemment, il ne paraît pas illogique de penser que si Hoffman a tué Irene de cette façon, il a très bien pu assassiner les neuf autres victimes. Mais je vous avoue que je ne suis pas encore prêt à l'affirmer.

— Qu'est-ce qui vous en empêche ? lui demanda son supérieur.

Kenneth aurait pu lui répondre que c'était avant tout une question d'intime conviction. Mais il savait que cet argument ne suffirait pas.

— Tout d'abord, nous n'avons pas pu établir la présence de Hoffman dans les bars et les boîtes de nuit fréquentés par les victimes le soir où elles se sont fait tuer. Cela ne signifie pas qu'il ne s'y trouvait pas, bien sûr. Mais cela ne permet pas d'exclure la possibilité qu'il ait copié le mode opératoire de l'Étouffeur pour camoufler ce qui était en réalité un crime passionnel.

Morrissey ne put réprimer un soupir.

— Je comprends votre position, déclara-t-il. Et je ne peux vous reprocher votre prudence. Mais les familles des victimes attendent des réponses. Et nous ne pouvons les leur donner tant que nous demeurons nous-mêmes dans l'incertitude.

— Je le sais bien, répondit gravement Kenneth.

— Tâchez de trouver une preuve de la culpabilité de Hoffman dans l'un des autres meurtres. Nous aurons alors toute légitimité de penser qu'il a commis tous les autres.

— Je suis d'accord, déclara Kenneth.

Si Hoffman avait assassiné deux de ces femmes, la probabilité pour qu'il soit bel et bien l'Étouffeur s'accroissait de façon astronomique.

En quittant le bureau de Morrissey, alors qu'il regagnait le sien, Kenneth fut intercepté par Vanessa Ringwald. Ses yeux verts pétillaient de curiosité.

— Alors ? Comment ça s'est passé ? lui demanda-t-elle.

Kenneth haussa les épaules.

— Morrissey veut des résultats concrets et je ne peux pas le lui reprocher. Nous devons établir sans le moindre doute possible que Hoffman a commis au moins l'un des autres meurtres. Évidemment, si nous démontrons qu'il n'a pas pu commettre l'un d'entre eux, nous aurons aussi une réponse – même si ce n'est pas celle que nous espérons…

— Tu n'es toujours pas persuadé que Hoffman a été l'Étouffeur, n'est-ce pas ?

— J'aimerais l'être. Et ce n'est peut-être qu'un

excès de prudence de ma part mais non, je ne suis pas convaincu.

— Que suggères-tu, alors ?

— Commençons par essayer de vérifier si Hoffman a un alibi pour l'un de ces meurtres. Nous allons contacter ses amis, sa famille, ses voisins et tenter de reconstituer son emploi du temps.

— Compris, acquiesça Vanessa.

— Avant cela, j'aimerais que tu me rendes un service.

— Je t'écoute.

— Tâche de te renseigner sur une certaine Marissa Sheffield, originaire de Tuscaloosa en Alabama. Elle a récemment été arrêtée pour harcèlement.

— C'est assez loin de Maui, remarqua Vanessa, surprise.

— Je t'ai parlé de Daphné Dockery ?

— L'écrivaine que tu as rencontrée pour discuter de la psychologie des tueurs en série ?

Kenneth hocha la tête.

— C'est elle qui s'est fait harceler par Sheffield, sur le continent. Et, depuis qu'elle est à Maui, elle a eu à plusieurs reprises l'impression d'être observée.

Vanessa le considéra avec une franche curiosité, se demandant sans doute pourquoi il s'intéressait à une question aussi anecdotique alors qu'il était chargé de l'une des plus grosses affaires jamais traitées par la police de Maui. Un sourire entendu joua alors sur ses lèvres.

— Je m'en occupe, déclara-t-elle.

— Merci, répondit Kenneth avec une pointe d'embarras. En attendant, je crois que je vais aller rendre visite à la seule survivante de l'Étouffeur. Elle aura peut-être quelque chose à me dire au sujet de Ben Hoffman…

Kenneth remonta South Puunene Avenue en direction de Wailea, une station balnéaire très prisée située sur la côte sud-ouest de Maui. C'était là que Ruth Paquin vivait en compagnie de sa mère.

Depuis la tentative d'assassinat dont elle avait fait l'objet, elle avait été incapable de reprendre son travail de directrice d'école. Elle souffrait toujours de séquelles de l'hypoxie cérébrale dont elle avait été victime.

En quittant Piilani Highway, Kenneth s'engagea sur Wailea Alanui Drive pour rejoindre Wailea Heights, une copropriété formée de petites maisons coquettes qui entouraient une belle placette centrale ornée de palmiers et d'odorants frangipaniers.

Après s'être garé sur le parking destiné aux visiteurs, Kenneth suivit un petit sentier qui le mena au numéro sept. Il sonna et, quelques instants plus tard, la porte s'ouvrit, révélant une femme d'une soixantaine d'années aux cheveux gris-blanc coupés court. Il reconnut Ester Paquin, la mère de Ruth.

— Madame Paquin ? s'enquit-il.

— Oui, répondit-elle, surprise.

— Je suis l'inspecteur Kealoha, de la police criminelle de Maui, se présenta-t-il en lui montrant son badge. J'aimerais m'entretenir avec votre fille au sujet de l'attaque dont elle a été victime.

— Bien sûr, répondit Ester. Entrez, je vous en prie, inspecteur.

Kenneth la suivit jusqu'à un petit salon, dont le

plancher était en bambou et la plupart des meubles en rotin.

— Asseyez-vous, je vais la chercher.

— *Mahalo*, répondit-il en prenant place dans l'un des fauteuils.

Lorsque Ruth le rejoignit au salon, Kenneth sentit son cœur se serrer. Elle paraissait presque plus frêle encore que la dernière fois qu'il l'avait vue à l'hôpital. Ses grands yeux bruns étaient cernés et arboraient une expression éternellement inquiète.

— *Aloha*, inspecteur Kealoha, lui dit-elle.

Elle vint s'asseoir dans le fauteuil qui lui faisait face.

— Bonjour, Ruth, répondit Kenneth d'une voix très douce. Comment vous sentez-vous ?

— Un peu mieux. Ça n'a pas été facile de devoir renoncer à mon travail mais mon médecin me dit que je réponds plutôt bien au traitement et que je devrais bientôt pouvoir reprendre mon poste.

— Je suis heureux de l'apprendre, répondit Kenneth.

— Il paraît que vous avez réussi à identifier le coupable, remarqua alors Ruth.

— C'est à ce sujet que je suis venu vous voir. Vous avez dû entendre parler dans les médias de Ben Hoffman, un suspect qui s'est donné la mort alors que nous essayions de l'appréhender.

Ruth hocha la tête.

— Je voudrais être vraiment sûr qu'il s'agit bien de l'homme qui a tué toutes ces femmes et qui s'en est pris à vous.

— Je ne comprends pas, objecta Ruth en fronçant les sourcils. Je pensais que c'était un fait établi...

— Nous savons qu'il a assassiné Irene Ishibashi,

répondit Kenneth. Mais, pour le moment, nous ne pouvons pas affirmer que c'est bien l'Étouffeur. Il pourrait avoir utilisé ses méthodes pour tenter de déguiser son crime.

— Je vois, murmura Ruth, visiblement ébranlée par cette révélation.

— C'est la raison pour laquelle j'aimerais que vous regardiez la photo de Ben Hoffman et que vous me disiez si son visage vous évoque quoi que ce soit.

— D'accord.

Kenneth lui tendit son téléphone, sur lequel il avait affiché une photo de Hoffman. Ruth l'étudia longuement avant de secouer doucement la tête.

— Ma mémoire est encore un peu brumeuse, concéda-t-elle. Mais je n'ai vraiment pas l'impression qu'il s'agisse de l'homme qui m'a attaquée…

— En êtes-vous sûre ? s'enquit Kenneth.

— Je crois, répondit-elle. Le visage dont je me souviens était plus rond, les yeux plus rapprochés et surtout, ils étaient bruns, pas bleus… Évidemment, ajouta-t-elle d'une voix désolée, après ce qui m'est arrivé, je ne peux pas être complètement certaine que ce souvenir corresponde à la réalité…

— Votre description est nettement plus précise que la dernière fois que nous nous sommes parlé, remarqua Kenneth. Avec un peu de chance, la mémoire vous reviendra bientôt complètement et vous pourrez nous aider à dresser un portrait-robot de votre agresseur.

Le témoignage de Ruth n'était peut-être pas sans faille mais il n'avait fait que renforcer l'intime conviction de Kenneth.

— Je vous remercie infiniment pour votre aide,

Ruth, dit-il en se levant. Et je vous promets que je vous tiendrai au courant des évolutions de notre enquête.

— Merci, inspecteur, répondit-elle. Et si l'Étouffeur n'est effectivement pas ce Ben Hoffman, j'espère que vous le retrouverez rapidement.

Kenneth hocha la tête. Une chose était sûre : il n'était pas question pour lui de tirer un trait sur cette affaire tant qu'il existait la moindre chance pour que le tueur en série soit encore en liberté.

En ce début d'après-midi, Daphné avait entrepris de retranscrire les extraits les plus seyants de ses entretiens avec les différents protagonistes de l'affaire Takahashi. Elle était en plein travail lorsque son téléphone portable se mit à sonner. Constatant que l'appel émanait de Kenneth, elle décrocha sans attendre.

— J'ai des nouvelles de Marissa Sheffield, lui dit-il sans autre forme de procès.

— Est-ce qu'elle est toujours en prison ?

— J'ai bien peur que non. Elle a été relâchée pour bonne conduite, il y a quinze jours de cela.

Daphné sentit les battements de son cœur s'emballer dans sa poitrine.

— Est-ce que je dois m'en inquiéter, à ton avis ?

— D'après ce que nous avons pu déterminer, elle n'a pas quitté l'Alabama. Avec un peu de chance, elle a compris la leçon et te laissera tranquille, désormais.

— Espérons-le, murmura Daphné, qui n'en était pas totalement persuadée.

Elle essaya cependant de se convaincre que Marissa

n'avait probablement pas poussé le vice jusqu'à la poursuivre à l'autre bout du monde.

— Dis-moi, lui demanda alors Kenneth, est-ce que par hasard tu saurais monter à cheval ?

— Bien sûr, répondit-elle. Mes grands-parents avaient un ranch et, quand j'étais petite, je montais presque tous les jours. Pourquoi cette question ?

— Un ami à moi, Jared McDougall, possède un ranch à Makawao, dans l'intérieur des terres, expliqua Kenneth. C'est un expert en criminologie et j'ai quelques questions à lui poser au sujet de l'Étouffeur. Il se trouve qu'il a également travaillé sur l'affaire Takahashi et il aura peut-être des choses à te raconter à ce sujet. Je me suis dit que cela pourrait t'intéresser…

— Bien sûr ! s'exclama Daphné. Je serais ravie de t'accompagner. J'avais justement l'intention de visiter un peu l'intérieur de l'île. Ce sera l'occasion de joindre l'utile à l'agréable.

— Alors, c'est entendu ! s'exclama Kenneth. Je passe te prendre d'ici une heure, si c'est bon pour toi.

— C'est parfait.

— Est-ce que tu as une tenue pour monter à cheval ou est-ce que tu as besoin de t'arrêter quelque part en route ?

— Je dois avoir ce qu'il faut, lui dit-elle. Fort heureusement, ma tournée de promotion ne passait pas uniquement par Hawaï.

Après avoir raccroché, Daphné alla fouiller dans ses bagages pour en sortir un jean et une paire de bottines montantes ainsi qu'un chemisier. Elle attacha ses cheveux en queue-de-cheval et s'enduisit généreusement le visage et la nuque de crème solaire avant d'enfiler une casquette.

À l'heure dite, elle descendit pour retrouver Kenneth, qui l'attendait dans le parking de l'hôtel. En s'approchant de la voiture, elle sentit son cœur s'emballer. La veille au soir, ils s'étaient quittés sur un baiser. En parfait gentleman, Kenneth s'était abstenu d'y faire la moindre allusion. Mais elle se demandait à présent si cela ne risquait pas de transformer la nature de leur relation.

Le sourire enjoué que lui décocha Kenneth lorsqu'elle monta dans sa voiture la rassura quelque peu sur ce point.

— Salut, lui dit-il.

— Salut, répondit-elle.

Elle ne put s'empêcher de songer qu'il avait fière allure avec sa chemise en flanelle, son jean, ses bottes et le chapeau qu'il arborait crânement.

— Je ne savais pas qu'il y avait de véritables cow-boys à Hawaï, lui dit-elle malicieusement.

— Tu oublies les cow-girls, répliqua-t-il en se penchant vers la banquette arrière. Je t'ai acheté un petit cadeau.

Il lui tendit un chapeau de paille en forme de Stetson.

— Je ne voulais pas que tu te sentes laissée-pour-compte.

— Il est superbe, déclara Daphné en riant.

Elle ôta sa casquette et plaça le nouveau couvre-chef sur sa tête. Il lui allait à la perfection.

— Exactement comme je l'avais imaginé, approuva Kenneth d'un air appréciateur.

— *Mahalo*, lui dit-elle, consciente du fait que c'était le tout premier cadeau qu'il lui faisait.

— Tu es prête ?

— Parée ! s'exclama-t-elle joyeusement. En route pour l'intérieur !

Kenneth démarra et quitta le parking pour rejoindre l'A30, qui faisait le tour de la péninsule par le sud. Ils obliquèrent ensuite sur l'A380 pour rejoindre l'A37, qui partait droit vers l'est, en direction du centre de l'île. Durant le trajet, Daphné raconta à Kenneth son étonnante entrevue avec celle qui avait été la maîtresse de Norman Takahashi.

— Incroyable ! s'exclama Kenneth. Cette fille n'a pas donné signe de vie pendant notre enquête et voilà qu'elle surgit lorsqu'il est question d'écrire un livre…

— J'ai trouvé ça bizarre, au début, concéda Daphné. Mais ce qu'elle m'a raconté et les SMS qu'elle m'a montrés m'ont convaincue qu'elle disait bien la vérité.

— Mais qu'espère-t-elle accomplir en témoignant maintenant ?

— Elle tient à plaider la cause de Takahashi, expliqua Daphné. Elle veut que je ne le décrive pas comme un monstre sanguinaire mais comme un homme aimant mais torturé…

— Aimant au point d'abattre de sang-froid sa propre fille ? ironisa Kenneth. Sans compter que, s'il faut en croire cette Roxanne, il n'avait même pas l'excuse d'être un mari fidèle et dévoué qui se serait soudain senti trahi.

— Effectivement, concéda Daphné. Je crois que, contrairement à ce que je pensais initialement, il s'agit moins d'un accès de jalousie que de la manifestation d'une monstrueuse forme de narcissisme. Takahashi n'a tout simplement pas supporté que Jenny puisse lui préférer quelqu'un d'autre.

— Incroyable, commenta Kenneth en secouant doucement la tête.

— Et toi ? Où en es-tu dans l'affaire de l'Étouffeur ?

— Je suis allée voir Ruth Paquin, la seule à avoir survécu à sa rencontre avec le tueur. Elle m'a dit qu'elle ne pensait pas que Ben Hoffman soit l'homme qui a tenté de la tuer.

— Tu penses qu'il était peut-être innocent ?

— Certainement pas du meurtre d'Irene Ishibashi, précisa Kenneth. Hoffman a probablement imité l'Étouffeur en espérant dissimuler son crime. En revanche, je ne crois pas que ce soit lui qui ait assassiné les autres victimes.

— Ce qui signifie que le véritable Étouffeur est toujours en liberté, murmura Daphné. Voilà qui n'est guère rassurant.

Elle s'était laissée aller à espérer que Maui était bel et bien débarrassée de ce tueur en série.

— C'est la raison pour laquelle j'ai décidé d'aller trouver Jared. Il aura peut-être de bons conseils à me prodiguer.

Daphné l'espérait du fond du cœur. Paradoxalement, ce nouveau revirement, aussi funeste soit-il, l'avait convaincue qu'il y avait bien dans cette affaire matière à écrire un livre. Et elle était curieuse de découvrir en Jared un nouveau protagoniste de cette histoire…

Jared McDougall avait dix ans de plus que Kenneth et ce dernier le considérait un peu comme un modèle à suivre. Jared avait servi durant près de vingt ans au sein de la police, d'abord à San Antonio, au Texas, puis à Maui.

Il avait alors décidé de prendre une retraite anticipée et avait acheté un ranch pour y élever des chevaux, dispenser des leçons d'équitation et organiser des promenades et des randonnées à cheval.

Kenneth n'était pas encore prêt à raccrocher mais, le moment venu, il ne rechignerait certainement pas à s'installer à l'intérieur des terres. La vie y était plus tranquille, loin des stations balnéaires et des sites touristiques. C'était aussi un endroit idéal pour fonder une famille.

Jared habitait une belle maison de style colonial située sur Waiahiwi Road. Il les attendait sur son porche en sirotant un café. Lorsqu'il les vit arriver, il se leva et posa sa tasse pour venir à leur rencontre.

Il devait faire approximativement la même taille que Kenneth mais était un peu plus massif. Ses cheveux blonds avaient commencé à virer au gris. En voyant Daphné descendre de voiture, il porta galamment la main au chapeau qu'il ne quittait quasiment jamais.

— Mademoiselle Dockery, je suis enchanté de faire votre connaissance, lui dit-il. J'ai dévoré vos deux derniers livres et je compte bien mettre rapidement la main sur les autres.

— Appelez-moi Daphné, je vous en prie, répondit-elle, un peu embarrassée. Et merci pour le compliment. Cela me va droit au cœur, surtout venant d'un ex-policier.

— Franchement, j'ai été très impressionné par la justesse avec laquelle vous analysez notre travail et celui de la justice, déclara Jared. Mais nous pourrons en discuter en chemin. Kenneth m'a dit que vous montiez à cheval et j'ai sellé trois de mes bêtes. Vous êtes partante ?

— Avec plaisir, répondit Daphné.

Tous trois se dirigèrent vers les écuries. Les chevaux que Jared avait choisis pour ses hôtes étaient deux beaux Quarter Horses. Le sien était une impressionnante jument Clydesdale qu'il avait baptisée Grace en l'honneur de sa mère.

Kenneth admira la facilité avec laquelle Daphné s'installa sur la selle. Il était évident qu'elle était parfaitement à l'aise et ce nouveau talent ne fit qu'ajouter à l'admiration qu'elle lui inspirait.

Tous trois quittèrent le ranch et se mirent en route en direction de la forêt de Makawao.

— Si j'ai bien compris ce que m'a dit Kenneth, il y a pas mal de choses dont nous devons discuter, commença Jared. Commençons par l'affaire Takahashi, si vous voulez bien. Ken a dû vous dire que j'avais travaillé sur cette enquête.

— Effectivement, dit Daphné. Et je serais curieuse de savoir ce que vous pensez des motivations de Takahashi, dans cette histoire. Mais, avant tout, il faut que je vous raconte une chose que j'ai apprise ce matin même…

Elle résuma à Jared l'entrevue qu'elle avait eue avec Roxanne Sinclair et les révélations que celle-ci lui avait faites.

— J'avais entendu quelques allusions à l'infidélité de Takahashi, à l'époque des faits, mais je n'avais rien pu prouver, répondit Jared. Félicitations pour avoir réussi à faire sortir sa maîtresse du bois et pour avoir obtenu son témoignage.

— Je crois qu'elle avait besoin de parler pour se libérer de ce qui s'est passé, déclara Daphné.

— Elle a sans doute raison de le faire, déclara Jared. Dans ce genre de situation, il n'y a rien de pire que de garder ses émotions enfermées en soi. Cela finit par vous dévorer de l'intérieur. Mais pour en revenir à votre question au sujet de Takahashi, je pense qu'il a agi par orgueil. Il ne supportait pas l'idée que sa vie ne se déroule pas exactement comme il le voulait.

— C'est plus ou moins la conclusion à laquelle j'étais parvenue, acquiesça Daphné. Mais pourquoi avoir tué tous ces innocents, à votre avis ?

— Parce qu'à ses yeux, ce n'étaient pas des innocents mais des témoins de ce qu'il considérait comme une déchéance personnelle inacceptable. Je pense qu'en les tuant, il éliminait symboliquement tous ceux qui auraient pu le juger.

— Est-ce que Takahashi était fou, d'après toi ? s'enquit Kenneth, curieux.

— Il est toujours difficile de répondre à une telle question, déclara son ami. Mais il faut savoir que seule une infime proportion des tueurs souffre réellement d'une maladie mentale. De nombreux criminels cherchent à justifier leurs actes de cette façon mais agissent en réalité sous l'emprise de la colère, de la jalousie, de la rancœur ou d'autres sentiments qui ne doivent rien à la folie.

— Cela correspond effectivement à ce que j'ai pu observer, opina Daphné.

— Il ne faut surtout pas oublier que Takahashi était mathématicien, ajouta Jared. C'était un homme qui aimait la précision, la rigueur, quelqu'un qui, d'après tous ceux qui l'ont connu, avait un besoin de se sentir en contrôle. Lorsque Jenny lui a annoncé qu'elle comptait le quitter, c'est son monde tout entier qui a basculé. Et il n'a pas supporté de ne pas pouvoir garder la maîtrise de la situation…

Ils continuèrent à échanger leurs impressions sur Takahashi et les différents protagonistes du dossier avant d'en venir au cas qui préoccupait le plus Kenneth : celui de l'Étouffeur de Maui.

Jared avait suivi la macabre chronique de ses meurtres dans la presse mais ne connaissait pas les détails de l'affaire. Il commença donc par demander un résumé circonstancié de la situation. Kenneth s'exécuta, s'efforçant de ne rien omettre. Lorsqu'il eut terminé, Jared demeura longuement silencieux, plongé dans ses pensées.

— Il y a quelque chose qui ne colle pas, déclara-t-il enfin. Admettons que Hoffman soit votre coupable. Admettons que sur l'une des scènes de crime, il ait commis une erreur et laissé une empreinte. Admettons que, se sachant cerné par la police, il ait décidé de se supprimer, ce qui ne correspond pourtant pas à la psychologie typique d'un tueur en série… Pourquoi se serait-il contenté d'avouer un seul meurtre ? Sachant qu'il allait en finir, pourquoi ne pas les revendiquer tous ? Si nous avons vraiment affaire à un psychopathe, ces crimes ont un sens pour lui. Il doit en être fier…

— Je suis d'accord, acquiesça Kenneth. Ça fait partie des détails qui me chiffonnent.

— Il y a autre chose qui cloche, ajouta Jared. D'après ce que tu me dis, cette Irene Ishibashi est la seule des victimes avec laquelle Hoffman ait eu un lien personnel. Alors pourquoi n'a-t-il pas commencé par la tuer, elle ?

— Excellente remarque, approuva Daphné. D'ordinaire, les tueurs en série commencent par choisir leurs victimes dans leur cercle proche. Ce n'est que dans un deuxième temps qu'ils élargissent leur champ d'action en s'en prenant à des victimes qui leur rappellent leur crime initial.

— Je n'aurais pas mieux dit, acquiesça Jared d'un ton approbateur. Et je trouve aussi étrange que, comme par hasard, ce soit lors du meurtre de son ex que Hoffman ait commis une erreur. J'ai généralement tendance à me méfier des coïncidences et celle-ci me paraît vraiment trop énorme.

— Alors, tu penses comme moi que l'Étouffeur court toujours ? s'enquit Kenneth.

— La seule façon d'en être sûr, hélas, c'est qu'il se décide à frapper de nouveau – ou que vous trouviez une preuve qui vous avait échappé jusque-là. Mais si tu veux connaître mon intime conviction, je pense que ce Hoffman n'est pas le tueur en série. Il a juste voulu se servir de ce fait divers pour régler ses comptes avec son ex-petite amie.

Kenneth sentit confusément que Jared hésitait à ajouter quelque chose.

— À quoi penses-tu ? lui demanda-t-il.

— Si le tueur en série est fier de son œuvre comme le sont la plupart de ses semblables, il risque de frapper très rapidement pour prouver qu'il est toujours là, prêt à défier la police.

Kenneth et Daphné échangèrent un regard inquiet. À cet instant précis, le téléphone portable de Kenneth se mit à sonner. Pris d'une sombre prémonition, il le sortit de sa poche et décrocha.

— Ken ! s'exclama Vanessa au creux de son oreille. Il a recommencé ! L'Étouffeur vient de faire une nouvelle victime !

8

Kenneth aurait préféré raccompagner Daphné jusqu'à son hôtel avant de se rendre dans la petite ville côtière de Kihei, où on avait retrouvé le corps de la dernière victime. Mais cela aurait représenté un immense détour. Sentant son hésitation, elle insista pour venir avec lui.

— Ne t'en fais pas pour moi, lui dit-elle. J'ai l'habitude de ce genre de scènes. Et puis, si je dois vraiment écrire un livre sur l'Étouffeur, ce sera une expérience très instructive pour moi.

— Tu marques un point, j'imagine, reconnut Kenneth sans enthousiasme.

— Je suis heureuse de te l'entendre dire. Mais surtout, ne t'en fais pas, je ne resterai pas dans tes pattes.

— Très bien, se résigna-t-il enfin.

Après tout, il paraissait un peu vain de prétendre préserver une écrivaine qui s'était spécialisée dans les histoires de meurtres les plus violentes.

— En revanche, crut-il bon de lui signaler, en tant que civile, tu n'auras pas accès à la scène de crime proprement dite.

— Bien sûr ! s'exclama-t-elle. Je ne tiens surtout pas à la contaminer. Je sais que vous avez cruellement besoin de tous les indices que vous pourrez récupérer.

Ce n'était que trop vrai, hélas. S'ils avaient bien affaire à l'Étouffeur, ce que semblait indiquer le rapport préliminaire de Vanessa, cela signifiait qu'ils étaient une fois de plus de retour à la case départ, sans l'ombre d'une piste valable.

S'efforçant de réprimer les noires pensées qui l'assaillaient, Kenneth suivit la route de Haliimaile puis celle d'Uwapo avant d'arriver à Kihei. Suivant les indications de son GPS, ils ne tardèrent pas à atteindre le complexe résidentiel de Creekside et se garèrent près des nombreux véhicules de police déjà sur le parking.

Descendant de voiture, ils se dirigèrent vers l'agent en uniforme qui se trouvait en faction devant l'immeuble de la victime.

— Rappelle-toi, dit-il à Daphné, surtout, ne touche à rien.

— Promis, répondit-elle avec un demi-sourire. Je garderai les mains au fond de mes poches.

Après avoir présenté son badge à l'agent, Kenneth pénétra dans l'immeuble. Il lui suffit de se laisser guider par l'activité bourdonnante qui régnait à l'intérieur pour trouver l'appartement du premier étage où le meurtre avait été commis.

En les voyant entrer, Tad Newsome jeta un coup d'œil étonné en direction de Daphné.

— Qu'est-ce qu'elle fait là ? demanda-t-il à Kenneth.

Avant qu'il ait eu le temps de lui répondre, Vanessa s'avança en arborant un sourire teinté de malice.

— Je suppose que Mlle Dockery est venue prendre des notes pour un futur livre, n'est-ce pas ?

— Je suis en train d'y réfléchir, reconnut Daphné.

En attendant, je ne suis qu'une simple observatrice et je ne veux surtout pas vous ennuyer.

— Je lui ai déjà donné toutes les consignes nécessaires, précisa Kenneth.

— Étant donné son sujet de prédilection, je suis convaincu que Mlle Dockery sait à quoi s'en tenir, répondit Newsome d'un ton conciliant.

— Bien, conclut Vanessa, puisque c'est entendu, remettons-nous au travail.

Kenneth hocha la tête.

— À quoi avons-nous affaire, exactement ? demanda-t-il.

— La victime est une Afro-Américaine de vingt-trois ans. Elle a été découverte dans sa baignoire, entièrement habillée. Le sac en plastique qui recouvrait son visage est du même modèle que ceux utilisés par le tueur.

— Il n'y a aucune possibilité que le meurtre soit antérieur au suicide de Hoffman ? s'enquit Kenneth par acquit de conscience.

— Vu l'état du corps, cela paraît peu probable. Il nous faudra attendre le résultat de l'autopsie pour en être certains.

— Est-ce que nous connaissons le nom de la victime ?

— Nous avons retrouvé son permis de conduire et sa carte d'étudiante dans son portefeuille, répondit Vanessa. Elle s'appelait Roxanne Sinclair.

Daphné laissa échapper une exclamation de stupeur horrifiée et Kenneth se tourna vers elle.

— Roxanne Sinclair ? N'est-ce pas le nom de la jeune femme que tu as interviewée ce matin ?

— Si, approuva-t-elle d'une voix blanche. C'est elle,

l'ex-maîtresse de Norman Takahashi. Je n'arrive pas à croire qu'elle soit morte...

Kenneth fronça les sourcils : cela répondait au moins à la question de savoir si Hoffman avait pu commettre ce meurtre. Mais ce n'était pas ce qui le perturbait le plus, à vrai dire. Il ne pouvait en effet s'empêcher de penser à ce que lui avait dit Daphné : au cours de ces derniers jours, elle avait eu l'impression d'être épiée à plusieurs reprises.

Se pouvait-il que ce soit l'Étouffeur qui l'ait espionnée ? Était-ce de cette façon qu'il avait découvert Roxanne et qu'il avait décidé d'en faire sa nouvelle victime ? Pas plus que Jared, Kenneth ne croyait aux coïncidences et celle-ci paraissait bien trop énorme.

— Est-ce que je peux la voir ? demanda Daphné.

— Es-tu vraiment sûre que ce soit une bonne idée ? lui demanda-t-il d'un ton dubitatif.

— Si c'est elle, je pourrai l'identifier. Après tout, je suis probablement l'une des toutes dernières personnes à l'avoir vue en vie.

Kenneth faillit lui rappeler qu'ils disposaient déjà des papiers d'identité de la victime et n'avaient pas de raison de penser qu'ils puissent être contrefaits. Mais il songea alors que Daphné avait peut-être besoin de se confronter à la réalité de cette mort, que c'était certainement une expérience qui méritait de figurer dans son livre.

— D'accord, acquiesça-t-il enfin. Suis-moi mais ne touche à rien.

Elle marqua son accord d'un hochement de la tête et le suivit dans la salle de bains. La première chose que vit Kenneth en y pénétrant, ce fut l'inscription au marqueur rouge qui figurait sur le miroir.

Je suis toujours là. L'autre imbécile n'était qu'un vulgaire imitateur.

C'était la première fois que le tueur cherchait à communiquer directement avec eux et Kenneth tenta de se convaincre que ce faisant, il avait sans doute commis une erreur. Qui sait ? Un graphologue pourrait leur fournir une précieuse information sur celui qui avait rédigé ce message.

Jetant un coup d'œil en direction de Daphné, il vit qu'elle était en train de lire très attentivement le texte. Kenneth en profita pour s'approcher de la baignoire.

La victime était assise à l'intérieur, face aux robinets. Elle portait un T-shirt coloré et un short en jean mais n'avait pas de chaussures. Son visage était reconnaissable en dépit du sac en plastique qui était plaqué dessus.

— Est-ce bien la femme avec laquelle tu as discuté ce matin ? demanda Kenneth à Daphné, qui s'était rapprochée à son tour.

— Oui, c'est elle, confirma-t-elle d'une voix légèrement tremblante. C'est bien Roxanne.

Kenneth posa affectueusement une main sur son épaule et la sentit trembler légèrement.

— Sortons d'ici, proposa-t-il.

Elle hocha la tête et ils quittèrent la salle de bains.

— Je suis désolé que tu aies dû voir ça, lui dit-il lorsqu'ils furent de retour dans le salon.

— Il le fallait, déclara-t-elle. Celui qui a fait ça cherchait peut-être à m'envoyer un message.

— Quel genre de message ? demanda Kenneth, surpris.

— Quelque chose comme : « je t'ai à l'œil et tu es la prochaine sur la liste », répondit-elle.

Cette hypothèse fit naître entre les omoplates de Kenneth un frisson glacé qui dévala le long de son échine. Se pouvait-il que Daphné ait vu juste ? Que le tueur en ait vraiment après elle ? Que ce soit lui qui l'ait épiée ? Qu'il s'apprête à présent à s'en prendre à elle ? Cette seule idée l'emplissait d'un indicible effroi.

— Dans le doute, vous devriez redoubler de précautions, Daphné, lui conseilla Vanessa qui semblait presque aussi inquiète que Kenneth. Peut-être serait-il plus sage d'avancer la date de votre départ…

— Je refuse de laisser ce monstre me dicter ma conduite, répondit courageusement Daphné. Il n'est pas question que je lui donne la satisfaction de fuir. J'ai un travail à faire ici et je compte bien le terminer. Mais vous avez raison, Vanessa : je serai très prudente dans les jours qui viennent.

Le respect et l'admiration que Kenneth éprouvait envers elle ne firent que croître. Il se promit néanmoins de prendre une part nettement plus active à la protection de la jeune femme tant qu'elle séjournerait à Maui.

— Qui a signalé le crime ? demanda-t-il en se tournant vers Tad Newsome.

— Bonne question, répondit ce dernier. Apparemment, le central a reçu un appel anonyme.

Cela signifiait probablement que l'appel émanait du tueur en personne, qui tenait à ce qu'ils découvrent le corps de Roxanne et le message qui l'accompagnait.

— Commençons par vérifier si nous pouvons

identifier l'origine de ce coup de téléphone. Évidemment, je ne me fais pas beaucoup d'illusions : si c'est bien l'Étouffeur qui l'a passé, il a sans doute utilisé une carte SIM prépayée.

— Je me charge de vérifier ça, acquiesça Newsome.

— Vanessa, est-ce que tu peux charger une équipe de faire le tour de tous les appartements pour recueillir d'éventuels témoignages ? Quelqu'un a peut-être entendu quelque chose ou croisé un inconnu dans le couloir. Il faut aussi récupérer toutes les vidéos de surveillance des environs.

— Je m'en occupe, répondit Vanessa.

Comme elle s'éloignait, Rudy Samudio, le médecin légiste, arriva sur les lieux pour effectuer un premier examen clinique de la victime *in situ*. Lorsqu'il eut terminé, il chargea deux de ses assistants de la levée du corps et vint trouver Kenneth.

— J'espérais que nous en avions fini avec ce type mais, visiblement, je me trompais, soupira-t-il.

— Vous pensez que nous avons affaire au même tueur ?

— Eh bien... Nous avons affaire à une mort par asphyxie, on a utilisé la même marque de sacs en plastique et la victime avait préalablement été étourdie à l'aide d'un taser. J'ai relevé des marques de brûlure électrique au niveau du bras et du cou. Je vous dirais donc que, oui, nous avons probablement affaire au même tueur. Mais, pour mémoire, c'est aussi l'impression que j'avais lorsque nous avons retrouvé Irene Ishibashi et elle s'est avérée infondée...

— Nous nous sommes tous laissé avoir, doc, lui rappela Kenneth. C'était précisément ce qu'espérait

Hoffman. Mais dites-moi, que pensez-vous du message sur le miroir ?

— Qu'il confirme votre théorie : Hoffman a essayé de faire porter le chapeau de son meurtre au tueur et celui-ci l'a très mal pris. Je suppose qu'en nous efforçant de considérer la situation de façon optimiste, ce message indique que le tueur n'est pas dénué d'un certain orgueil. Avec un peu de chance, cela pourrait causer sa perte...

— Le ciel vous entende. À votre avis, à quand remonte la mort ?

— Je dirais entre deux et quatre heures, répondit le légiste.

— Merci, doc.

Kenneth se tourna vers Daphné, qui était demeurée légèrement à l'écart, fidèle à la promesse qu'elle lui avait faite de se faire discrète.

— Je vais te ramener à ton hôtel, lui dit-il.

Elle hocha la tête et lui emboîta le pas en silence.

Il se tenait au milieu de la petite foule de badauds qui s'étaient attroupés derrière le cordon de rubalise jaune qui délimitait la zone de crime. Un léger sourire flottait sur ses lèvres : les policiers avaient dû découvrir son petit message. Ils savaient à présent qu'ils ne se débarrasseraient pas de lui aussi facilement.

Cela rabattrait peut-être le caquet de ce Kenneth Kealoha, qui s'était sans doute cru très malin en identifiant ce pauvre Hoffman. Sur le moment, il s'était senti un peu vexé que quelqu'un se permette de contrefaire l'un de ses crimes. Mais, rétrospectivement, il avait compris que, comme l'avait un jour écrit Oscar Wilde, l'imitation était la forme de flatterie la plus sincère que la médiocrité puisse payer à la grandeur. Il se plaisait désormais à considérer le geste de Hoffman comme un hommage maladroit à son œuvre.

Et cette œuvre était loin d'être achevée. Il y avait tant de femmes qui avaient encore besoin de ses leçons, besoin d'apprendre l'humilité, de savoir ce qu'était la souffrance. Toute sa vie, il avait eu l'impression d'étouffer. Mais c'était leur tour, à présent. Et il ne laisserait personne l'arrêter en si bon chemin.

Il vit alors l'inspecteur Kealoha sortir de l'immeuble en compagnie de Daphné Dockery. Tous deux paraissaient être sous le choc de ce qu'ils avaient découvert à l'intérieur. Avaient-ils vraiment pensé que la mort de Hoffman signerait la fin de la carrière de l'Étouffeur ?

Il s'était pourtant attendu à mieux de la part de Daphné. Il avait lu attentivement tous ses livres et éprouvait une réelle admiration à son égard. Elle avait le don de percer à jour les ressorts les plus secrets de la psychologie criminelle. Et il la considérait réellement comme une source d'inspiration.

En lisant les exploits de ses devanciers, il avait été pris du désir non seulement de les imiter mais, surtout, de les surpasser. C'était ce qu'il avait voulu lui signifier en prenant Roxanne Sinclair comme victime.

Contrairement au message du miroir, celui-ci était adressé uniquement à Daphné. Tout grand homme avait besoin d'un bon biographe. Et il comptait bien écrire avec le sien en lettres de sang un récit que nul n'oublierait jamais.

Si elle s'imaginait que Kenneth Kealoha pourrait la

protéger, elle serait amèrement déçue. Rien ni personne ne pourrait entraver ses projets. Même si elle préférait prendre la fuite et retourner sur le continent, il comptait bien la suivre. Il lui prouverait qu'il était le tueur le plus redoutable dont elle ait jamais étudié la carrière.

Qui sait ? Peut-être se trouverait-il ensuite un autre auteur pour raconter son histoire et gloser sur l'ironie qu'il y avait pour une spécialiste des tueurs en série de connaître une telle fin…

Cette idée lui arracha un nouveau sourire qu'il ravala aussitôt : il ne tenait surtout pas à ce qu'on le remarque. Arborant une expression dûment préoccupée, il suivit des yeux Daphné et Kealoha qui se dirigeaient vers la voiture de ce dernier.

À voir la façon dont ils se comportaient l'un vis-à-vis de l'autre, il était prêt à parier que leur relation ne se limitait plus au seul plan professionnel. Ce constat ne fit qu'aviver l'animosité qu'il éprouvait à l'égard de l'inspecteur. Il ne connaissait que trop bien ce genre d'homme : Kealoha était de ceux qui avaient fait de sa vie un enfer.

Il se réconforta en songeant que, bientôt, il lui rendrait la pareille. La vengeance était un plat qui se mangeait froid et il entendait bien prendre tout son temps pour déguster la sienne. Mais en attendant ce moment, il avait encore fort à faire…

— Je n'ai pas trop envie de rentrer à l'hôtel, déclara Daphné en prenant place sur le siège passager de la voiture.

Kenneth lui jeta un coup d'œil étonné.

— Si tu veux, nous pourrions aller boire un verre quelque part, suggéra-t-il. J'ai un peu de temps devant moi avant que les résultats des différentes expertises atterrissent sur mon bureau.

Daphné hésita quelques instants à lui dire ce dont elle avait réellement envie. Le souvenir du corps sans vie de Roxanne lui revint alors. Elle prit soudain conscience de la fragilité de l'existence – de toute existence, y compris la sienne. D'un moment à l'autre, tout pouvait disparaître.

N'était-il pas absurde de refuser l'évidence de ce qu'elle éprouvait à l'égard de Kenneth au nom d'un avenir qui n'était qu'hypothétique ? Ne ferait-elle pas mieux d'embrasser l'instant présent, de profiter de cette magie qu'elle pressentait entre eux ?

— Nous pourrions aller chez toi, lui dit-elle en le regardant droit dans les yeux.

La surprise qui se lut dans son regard ne tarda pas à céder la place au désir et elle comprit qu'elle avait pris la bonne décision.

— D'accord, lui dit-il d'une voix légèrement rauque.

De toute évidence, il était aussi sensible qu'elle à l'alchimie qui les unissait. Peu importait combien de temps cela durerait. Peu importait le fait qu'elle doive bientôt repartir pour le continent. Tout ce qui comptait, en cet instant, c'était le besoin qu'elle avait de lui.

Ils n'échangèrent quasiment pas un mot sur le trajet qui les conduisait à Launiupoko, où se trouvait la maison de Kenneth. Daphné ne pouvait s'empêcher de repenser à Roxanne et de se demander avec une pointe d'angoisse si elle n'avait pas été choisie précisément à cause du rendez-vous qu'elles avaient eu le matin même.

L'Étouffeur était-il l'observateur invisible dont elle avait senti le regard peser sur elle à plusieurs reprises ? S'intéressait-il à elle parce qu'elle correspondait au profil de ses proies ? Ou bien parce qu'elle écrivait au sujet de gens comme lui ?

Lorsqu'ils arrivèrent enfin chez Kenneth, il lui demanda si elle voulait boire quelque chose.

— Est-ce que tu aurais du bourbon ? lui demanda-t-elle.

Daphné n'avait pas l'habitude de boire de l'alcool fort mais ce soir-là, elle avait besoin de faire passer le goût de l'horreur qu'elle avait éprouvé en découvrant le visage de Roxanne déformé par l'angoisse et la terreur. Elle voulait aussi oublier l'espace d'une soirée au moins l'idée qu'elle était peut-être la prochaine sur la liste de l'Étouffeur.

— Je dois en avoir une bouteille, répondit Kenneth en se dirigeant vers le bar qui séparait le salon de la cuisine.

Il remplit deux verres et en tendit un à Daphné, qui l'accepta avec reconnaissance.

— La journée a été longue, remarqua Kenneth après qu'ils eurent trinqué.

— C'est le moins qu'on puisse dire, soupira-t-elle.

Ils burent en silence. Daphné sentit la brûlure du bourbon s'écouler le long de sa gorge pour venir se nicher au creux de son œsophage. Cela l'aida à chasser la nervosité qui s'était emparée d'elle.

— Ken, déclara-t-elle, j'ai très envie de faire l'amour avec toi.

Un large sourire illumina le visage de Kenneth.

— Ça tombe très bien, Daphné, parce que moi aussi, j'ai très envie de faire l'amour avec toi.

Posant son verre, il couvrit la distance qui les séparait pour venir la prendre dans ses bras. Daphné leva son visage vers le sien et leurs lèvres se rencontrèrent, éveillant en elle un délicieux frisson qui la parcourut de part en part. Cela faisait vraiment très longtemps qu'elle n'avait pas désiré quelqu'un à ce point.

Leurs langues se mêlèrent, ajoutant encore à l'érotisme de ce moment. Elle sentit une douce chaleur se répandre en elle, prenant naissance au creux de ses cuisses pour se communiquer à l'ensemble de son corps. Elle pouvait distinctement sentir l'envie que Kenneth avait d'elle, en cet instant, et cela ne faisait qu'attiser la sienne.

— Que dirais-tu de poursuivre dans ta chambre ? suggéra-t-elle d'une voix rauque quand ils se séparèrent, le temps de reprendre leur souffle.

— Vos désirs sont des ordres, répondit-il.

La prenant par la main, il l'entraîna dans le couloir qui conduisait à sa chambre.

9

Jamais Kenneth n'avait ressenti un désir aussi impérieux que celui qui courait actuellement dans ses veines. Fasciné, il regarda Daphné se défaire de ses vêtements. Elle était plus belle encore qu'il ne l'avait imaginé.

Tout en elle était parfait : ses seins menus mais parfaitement dessinés, son ventre plat, ses longues jambes, sa taille flexible et ses longs cheveux, qu'elle libéra de leur carcan, les laissant retomber librement sur ses épaules.

Elle s'allongea sur son lit et le dévora des yeux tandis qu'il se déshabillait à son tour. Kenneth sortit un préservatif du tiroir de sa table de nuit et le posa près de l'oreiller avant de la rejoindre.

Il avait l'impression de vivre un rêve éveillé, de voir se réaliser un vœu qu'il n'avait même pas conscience d'avoir formulé, le jour où il avait fait la connaissance de Daphné. La prenant dans ses bras, il l'embrassa avec une infinie tendresse.

Le goût de ses lèvres si douces ne fit que décupler le besoin qu'il avait d'elle. Ses baisers se firent plus ardents, plus passionnés à mesure qu'il sentait vaciller son propre self-control. S'il avait écouté son instinct, il lui aurait fait l'amour sans attendre.

Mais il se força à ralentir le rythme, à prendre son temps pour mieux déguster ce moment merveilleux. S'arrachant à ses lèvres, il mordilla délicatement son cou avant de laisser sa bouche descendre au creux de son épaule puis jusqu'à sa poitrine gorgée de désir.

Happant l'un de ses tétons, il le caressa du bout de la langue, lui arrachant un gémissement sourd et rauque qui sembla résonner en lui. Elle plongea sa main dans ses cheveux tandis qu'il caressait ses seins.

Puis il descendit plus bas encore, le long de son ventre frémissant, qu'il constella d'une pluie de baisers. Ses doigts coururent le long de ses jambes avant que ses lèvres viennent se poser au creux de ses cuisses.

Un nouveau frisson la parcourut de part en part, bien plus violent que les précédents, et elle se cambra légèrement pour mieux s'offrir à son exploration. Encouragé par sa réaction, il se laissa guider par les petits cris de plaisir qui lui échappaient, se faisant toujours plus audacieux.

Daphné fut soudain parcourue d'un violent frisson tandis qu'une vague de plaisir la submergeait. Kenneth lui laissa le temps de recouvrer ses esprits et en profita pour enfiler le préservatif.

Lorsqu'elle eut retrouvé son self-control, il l'embrassa avec passion et pénétra en elle très lentement. Leurs gémissements se mêlèrent et il commença à bouger en elle, d'abord très doucement puis de plus en plus vite à mesure que l'envie qu'il avait d'elle se faisait irrépressible.

Cette étreinte dépassait toutes ses espérances.

Il semblait exister entre Daphné et lui une parfaite complicité physique, comme s'ils se connaissaient depuis toujours. Et leurs corps se mouvaient en un parfait accord.

Inexorablement, ils gravirent les degrés de la passion qui les possédait tous deux, s'élevant toujours plus haut. Puis, au même instant, ils parvinrent au faîte de leur plaisir et furent tous deux balayés par une extase plus intense que tout ce qu'ils avaient pu connaître jusqu'alors.

Kenneth n'aurait su dire combien de temps ils demeurèrent ensuite enlacés, haletants, le cœur battant à tout rompre, la peau encore parcourue d'incoercibles frissons.

— Incroyable, murmura-t-il enfin en roulant sur le dos.

— Je ne te le fais pas dire. C'était magique.

— Encore mieux que je ne l'avais imaginé...

Daphné se redressa sur un coude et effleura son bras du bout du doigt, lui arrachant un nouveau frisson voluptueux.

— Tu savais que cela finirait par arriver ? lui demanda-t-elle, curieuse.

— Disons que je l'espérais. Et j'étais convaincu que, si cela se produisait, ce serait extraordinaire. Mais la réalité a dépassé mes attentes. Je suis heureux que tu aies décidé de revenir ici avec moi.

— Moi aussi, déclara-t-elle sans hésiter.

Kenneth ne put s'empêcher de se demander comment elle voyait les choses. S'agissait-il pour elle d'une aventure sans lendemain ? D'une amourette qui ne durerait que le temps de son séjour à Maui ?

Ou bien était-elle prête à aller plus loin, maintenant qu'ils savaient à quel point ils semblaient faits l'un pour l'autre ?

— À quoi penses-tu ? lui demanda-t-il.

— Au fait que je me sens bien, avec toi, répondit-elle en le regardant droit dans les yeux. Ça semble si évident. Et pourtant, nous ne nous connaissons pourtant pas depuis très longtemps.

— C'est vrai, reconnut Kenneth en mêlant ses doigts à ceux de Daphné. Je ressens la même chose. Mais j'espère que nous aurons le temps de mieux faire connaissance.

Daphné se mordilla pensivement la lèvre.

— Je ne dis pas cela pour te mettre la pression, s'empressa d'ajouter Kenneth.

Elle secoua doucement la tête.

— Ne t'en fais pas pour ça, lui dit-elle. Ce qu'il y a entre nous est une chance et je compte bien en profiter.

Le soulagement qu'éprouva Kenneth en l'entendant prononcer ces mots fut si intense qu'il prit brusquement conscience de l'immense attachement qu'il éprouvait déjà à son égard. L'idée de la voir partir l'emplissait déjà d'une tristesse indicible.

— À ce propos…, reprit-elle alors en effleurant du bout des doigts la partie la plus sensible de son anatomie.

Instantanément, il sentit monter en lui un nouvel accès de désir. Daphné s'en aperçut et lui décocha un petit sourire malicieux.

— Que dirais-tu de profiter encore un peu de cette soirée ? lui demanda-t-elle.

— Vos désirs sont des ordres, répondit-il en la prenant dans ses bras pour l'attirer contre lui.

Kenneth se sentait totalement déprimé à l'idée de devoir diriger une nouvelle réunion de l'unité spéciale vouée à l'arrestation de l'Étouffeur. Il avait pleinement conscience du fait que l'enquête qu'ils avaient crue bouclée était à présent de retour à la case départ.

Il aurait vraiment préféré pouvoir demeurer auprès de Daphné et passer la matinée à faire l'amour et à discuter avec elle. Loin de satisfaire l'envie qu'il avait d'elle, la nuit qu'ils avaient passée ensemble n'avait fait que l'attiser. Et il était évident que Daphné partageait ce sentiment.

Évidemment, cette fabuleuse complicité physique et émotionnelle posait la question de ce que deviendrait leur relation lorsqu'elle devrait repartir pour l'Alabama…

Kenneth repoussa cette angoissante interrogation pour se consacrer à l'urgence du moment : retrouver au plus vite le tueur en série insaisissable qui terrifiait l'île de Maui. Prenant une profonde inspiration, il alla se placer derrière le podium qui trônait au fond de la salle de conférences du quartier général de la police.

— Je sais que la plupart d'entre vous pensaient que nous en avions terminé avec cette terrible affaire, déclara-t-il en guise de préambule. Nous espérions tous que le suicide de Ben Hoffman marquerait la fin de cette vague de meurtres et de la carrière de l'Étouffeur. Malheureusement, les derniers événements prouvent qu'il n'en est rien…

Kenneth fit apparaître à l'écran une image de Ben Hoffman et Irene Ishibashi.

— Nous sommes désormais convaincus que si Hoffman a bien tué Mlle Ishibashi, c'était par dépit amoureux. Il a tenté de camoufler ce crime en le faisant passer pour l'un de ceux de l'Étouffeur.

Kenneth afficha une image de la dernière victime en date.

— Hier après-midi, Roxanne Sinclair a été retrouvée assassinée dans son appartement à Kihei. Le mode opératoire correspond parfaitement à celui employé jusqu'ici par l'Étouffeur. La mort ne remontait qu'à quatre heures au maximum, ce qui exclut la possibilité que Hoffman ait commis ce meurtre. Nous avons d'ailleurs un témoin qui a passé une partie de la matinée en compagnie de Mlle Sinclair.

À l'écran, une photo du miroir de la salle de bains de Roxanne apparut.

— Ce message a probablement été rédigé par l'homme qui a assassiné la victime. Il semble confirmer que Hoffman n'était pas le tueur originel mais bien un imitateur. C'est la première fois que l'Étouffeur cherche à entrer en contact avec nous et cette marque d'orgueil pourrait l'amener à commettre des erreurs.

Kenneth fit apparaître la diapositive suivante qui représentait Roxanne Sinclair aux côtés de Norman Takahashi.

— Ce nouveau meurtre a fait apparaître une information qui concerne a priori une autre affaire. Mlle Sinclair semble effectivement avoir été la maîtresse de Norman Takahashi, l'homme qui a commis un meurtre-suicide qui avait fait grand bruit, l'an dernier. Mlle Sinclair a fourni à Daphné Dockery, une autrice qui travaille sur cette affaire, un certain nombre de photos et de messages qui confirment cette hypothèse. Nous ignorons encore s'il peut exister un lien entre les deux dossiers mais ce pourrait être une piste à creuser.

Kenneth hésita à ajouter que le principal lien qui existait entre les deux affaires, à ce stade, n'était autre que Daphné Dockery elle-même, qui s'intéressait aux deux enquêtes et qui s'était spécialisée dans l'étude des tueurs en série. Ce qu'il redoutait le plus, c'était la possibilité qu'à travers Roxanne Sinclair, ce soit Daphné qui ait été visée.

Contrairement aux autres victimes, Roxanne n'avait pas été repérée en discothèque ou dans un bar. Elle n'avait pas été tuée en pleine nuit. Et elle ne répondait pas aux critères physiques habituels que semblait affectionner l'Étouffeur.

Bien sûr, ce dernier n'avait pas fait explicitement référence à Daphné dans le message qu'il leur avait laissé. Mais le choix de Roxanne et le fait que Daphné se soit sentie espionnée à plusieurs reprises ne lui disaient rien de bon.

Il était bien décidé à défendre la jeune femme mais, faute de preuves suffisantes, il ne pouvait charger ses collègues d'assurer sa protection. D'autant qu'il aurait besoin de tout le personnel disponible pour tenter d'identifier le tueur en série…

Il ne pouvait pas non plus demander à Daphné de renoncer au travail de recherche qu'il lui restait à mener à Maui et de se claquemurer dans sa chambre d'hôtel. Sa seule chance de garantir sa sécurité, en réalité, c'était d'appréhender au plus vite l'Étouffeur.

Au moins, songea-t-il, tous les policiers présents partageaient cette motivation : la plupart d'entre eux étaient furieux de s'être laissé duper par le crime commis par Hoffman. Ils rivalisèrent de suggestions pour tenter de trouver de nouvelles pistes.

Ce parfait unisson était encourageant. Malheureusement, il ne présageait nullement de leur réussite. Jusqu'à présent, l'Étouffeur était parvenu à échapper à toutes leurs tentatives d'identification. Et s'ils voulaient avoir une chance de le capturer, ils allaient devoir redoubler d'efforts.

La branche de l'université de Hawaï sur Maui était située à Kahului, à deux pas du plus grand port de l'île. C'était un beau campus aux pelouses couleur émeraude, ornées d'arbres à l'ombre desquels des groupes d'étudiants s'installaient pour discuter ou étudier.

Daphné se dirigea directement vers le bâtiment central où elle devait retrouver Lynda Miyahira, la professeure de mathématiques qui avait pris la relève de Norman Takahashi et dont Roxanne était devenue l'assistante.

Lorsqu'elle avait indiqué à Kenneth qu'elle comptait la rencontrer, il avait proposé de se joindre à elle puisque Roxanne était la dernière victime en date de l'Étouffeur. Ils s'étaient donc donné rendez-vous sur place après la réunion de l'unité spéciale à laquelle il devait assister.

Il l'attendait dans le hall d'accueil et, l'ayant aperçue, il se fendit d'un sourire qui lui fit chaud au cœur.

— Salut, lui dit-il.
— Salut, répondit-elle en se sentant rougir légèrement.

Elle avait beaucoup de mal à faire abstraction de la nuit passionnée qu'ils avaient passée ensemble. Et ce simple souvenir suffisait à éveiller en elle un irrépressible élan de désir.

— Vous auriez pu commencer sans moi, ajouta-t-elle.

— Nous formons une bonne équipe, tous les deux, objecta Kenneth en la regardant droit dans les yeux.

Elle comprit qu'il ne parlait pas seulement de cet entretien.

— Je suis d'accord, répondit-elle en souriant.

Ensemble, ils se dirigèrent vers le bureau du Pr Miyahira.

— Entrez ! leur répondit celle-ci lorsque Kenneth frappa à la porte.

Lynda Miyahira se leva pour les accueillir. C'était une femme d'environ trente-cinq ans aux cheveux bruns coupés court. Ses yeux noirs étaient abrités derrière de fines lunettes rectangulaires.

— Asseyez-vous, je vous en prie, leur dit-elle.

Daphné perçut aussitôt la tension qui l'habitait. Cela n'avait rien d'étonnant en de telles circonstances.

— Je suis Daphné Dockery, dit-elle. Nous nous sommes parlé au téléphone. Je vous remercie d'avoir accepté de nous rencontrer.

— Inspecteur Kealoha, se présenta Kenneth à son tour.

— Je n'arrive pas à croire que Roxanne soit morte, soupira Lynda. Elle était si jeune... Elle avait la vie devant elle. Et c'était une excellente étudiante...

— Je suis vraiment désolée, murmura Daphné.

Elle jeta un coup d'œil en direction de Kenneth

qui, d'un hochement de la tête, lui fit signe d'entamer la discussion.

— J'ai rencontré Roxanne hier matin, déclara-t-elle. Elle voulait me parler de sa relation avec Norman Takahashi.

— Je lui avais parlé du livre que vous comptiez écrire au sujet de cette tragédie, acquiesça Lynda. J'ai mentionné le fait que vous cherchiez à réunir des témoignages au sujet de Norman…

— C'est la raison pour laquelle elle m'a contactée, expliqua Daphné. Elle m'a indiqué que le Pr Takahashi et elle avaient une liaison avant sa mort.

Lynda la considéra avec stupeur.

— Vous êtes sûre ? demanda-t-elle d'une voix interdite.

Visiblement, elle n'avait jamais eu connaissance d'une telle relation.

— Roxanne m'a fourni des preuves convaincantes de ce qu'elle avançait. Elle était très amoureuse de lui, apparemment, et pensait, à tort ou à raison, qu'il l'aimait aussi.

— Je ne sais vraiment pas quoi vous dire, murmura Lynda. J'ignorais complètement qu'il y avait eu quelque chose entre eux… Norman ne m'en a jamais parlé et Roxanne n'y a jamais fait allusion. Je savais qu'elle avait été très affectée par sa mort mais nous l'avons tous été. Personne n'aurait pu s'attendre à ce qu'une telle chose se produise…

— Que pouvez-vous nous dire au sujet du Pr Takahashi ? s'enquit Daphné.

— Eh bien… La plupart de ses collègues l'appréciaient beaucoup. C'était quelqu'un de sympathique qui adorait son métier et était très attaché à la réussite de ses étudiants.

— Avait-il fait l'objet de plaintes de la part de ses étudiantes ? A-t-il été question de harcèlement ou d'une attitude inappropriée à leur égard ?

— Pas que je sache, répondit Lynda. Vous devriez poser la question au doyen de l'université, le Pr Mitzi Yamane. Mais si j'en crois ce que vous venez de me dire au sujet de Roxanne, vous avez déjà la réponse à cette question. Je suis vraiment désolée qu'elle ait été mêlée à cette histoire. Et maintenant, voilà qu'elle s'est fait assassiner à son tour par ce monstre…

La voix de Lynda se brisa sous le coup de l'émotion.

— C'est la raison de ma présence ici, intervint Kenneth d'une voix grave. Je suis à la tête de la cellule chargée d'identifier et d'arrêter l'Étouffeur.

— Que puis-je faire pour vous, inspecteur ?

— Savez-vous si Roxanne fréquentait quelqu'un, ces derniers temps ?

— Nous ne parlions pas beaucoup de sa vie privée, répondit Lynda. Elle était plutôt secrète. Je sais qu'elle était très proche de Joshua Winningham un autre assistant de l'unité de formation en mathématiques.

— Est-ce que par hasard Roxanne vous aurait dit qu'elle se sentait suivie ou observée ? s'enquit alors Daphné.

— Jamais, lui assura Lynda. Mais vous pourriez interroger ses camarades à ce sujet. Je peux vous donner la liste des cours auxquels elle assistait et les étudiants qui y sont inscrits.

— Cela nous serait effectivement très utile, lui assura Kenneth.

Il jeta un coup d'œil interrogatif en direction de Daphné et elle secoua la tête, lui indiquant qu'elle n'avait plus d'autres questions. Il ne leur restait plus qu'à espérer que les pistes que leur avait indiquées Lynda se révéleraient payantes.

10

Par chance, Joshua Winningham assistait ce jour-là à un cours de comptabilité à l'université. En temps normal, Kenneth aurait probablement attendu la fin de la séance pour l'interroger mais, étant donné les circonstances, il jugea préférable de l'arracher un moment à ses études.

Tous trois se retrouvèrent donc dans le couloir devant la salle de cours.

— Je suis l'inspecteur Kealoha de la police criminelle de Maui, se présenta Kenneth.

Il était sur le point de présenter Daphné lorsque Joshua se tourna vers elle.

— Vous êtes Daphné Dockery, n'est-ce pas ? s'enquit-il.

— C'est exact.

— J'ai accompagné Roxanne à la séance de dédicace de votre dernier livre, expliqua-t-il.

— Vraiment ? s'étonna Daphné.

Joshua hocha la tête.

— Je suppose que vous enquêtez sur ce qui lui est arrivé, leur dit-il.

— Effectivement, acquiesça Kenneth.

— Je n'arrive toujours pas à croire qu'elle ait pu se faire assassiner de cette façon, soupira Joshua.

— Je suis vraiment désolé. Nous avons cru comprendre que Roxanne et vous étiez amis.

— C'est exact, reconnut Joshua. Nous sommes même brièvement sortis ensemble. Mais c'était avant qu'elle rencontre quelqu'un d'autre…

— Savez-vous qui ?

— Un homme plus âgé, répondit Joshua. Elle ne m'a jamais dit de qui il s'agissait exactement. Mais je peux vous dire qu'elle était très amoureuse de lui. Cela n'a pas dû marcher entre eux, par contre…

— Qu'est-ce qui vous fait dire cela ?

Joshua haussa les épaules.

— Elle a traversé un moment difficile, l'année dernière. Et depuis, elle ne faisait plus jamais allusion à ce type.

— Nous avons de bonnes raisons de croire que l'homme en question était Norman Takahashi, déclara Kenneth.

Cela ne parut pas surprendre Joshua outre mesure.

— Je m'en étais un peu douté, avoua-t-il. Je voyais bien la façon dont elle le regardait… Cela dit, elle ne me l'a jamais confirmé officiellement.

— Savez-vous si Roxanne est sortie avec quelqu'un d'autre, après la mort de Takahashi ? demanda Daphné.

— Je ne crois pas, répondit Joshua. Comme je vous l'ai dit, elle a été très secouée, ce que je peux comprendre, étant donné ce que vous venez de me confirmer. Elle ne m'a parlé de personne d'autre depuis. Mais ce n'était pas non plus quelqu'un qui se confiait facilement.

— Pensez-vous que si elle avait eu l'impression d'être suivie ou observée, elle vous l'aurait dit ?

Joshua considéra Daphné avec étonnement.

— J'imagine, répondit-il.

Il s'interrompit et fronça les sourcils.

— Ça me fait penser qu'elle m'a envoyé un message bizarre, hier.

— Est-ce que vous pouvez nous le montrer ? demanda Kenneth.

— Oui, bien sûr…

Joshua sortit son téléphone de sa poche et ouvrit sa messagerie avant de le leur tendre.

Je suis toujours là.

Kenneth lut le message avant de le montrer à Daphné, qu'il vit frissonner. Comme lui, elle devait penser que ce SMS avait été envoyé par le tueur plutôt que par Roxanne. L'heure du message correspondait d'ailleurs approximativement à celle du meurtre. Il se garda cependant de le dire à Joshua.

— Où étiez-vous, hier, entre midi et 16 heures ? lui demanda Kenneth.

Joshua le considéra avec un mélange de stupeur et de désapprobation.

— Vous ne pensez tout de même pas que c'est moi qui l'ai tuée ? protesta-t-il.

— À l'heure actuelle, nous ignorons qui a commis ce meurtre, répondit Kenneth. Et nous ne pouvons nous permettre de négliger aucune piste.

— Je comprends, soupira Joshua. Eh bien… Hier, j'étais à la fac. J'avais cours jusqu'à midi, ce que vous pourrez vérifier facilement. Puis j'ai mangé au restaurant universitaire avec des amis. Mes cours ont repris à 14 heures, jusqu'à 16 heures. Vous n'aurez aucun mal à trouver des gens pour vous le confirmer.

Kenneth comptait bien le faire par acquit de conscience. Mais il était déjà persuadé que Joshua n'était pour rien dans cette histoire.

Daphné suivit Kenneth jusqu'à un restaurant appelé le Grill de Loraine où ils avaient prévu de déjeuner ensemble. Une fois installés, ils commandèrent le plat du jour, un poulet teriyaki accompagné d'une salade de pommes de terre.

— Je ne comprends pas, déclara Daphné lorsque leur serveur se fut éloigné. Si le message envoyé à Joshua émane bien du tueur, que cherche-t-il à prouver ?

Kenneth avala une gorgée d'eau aromatisée au citron avant de lui répondre.

— Je crois qu'il a franchi un cap, déclara-t-il pensivement. Il ne se contente plus de tuer, à présent : il cherche à communiquer avec nous. Des tas de tueurs en série aiment ce petit jeu du chat et de la souris avec la police.

— Mais pourquoi maintenant ? s'enquit Daphné.

— À cause de Hoffman, à mon avis, déclara Kenneth. Je pense que l'Étouffeur n'a pas du tout apprécié de voir quelqu'un d'autre marcher sur ses plates-bandes. Il tient à nous faire savoir qu'il est différent.

— En d'autres termes, il fait preuve d'orgueil.

— Exactement. Et c'est peut-être ce qui nous permettra de lui mettre la main dessus, en fin de compte.

Le tueur est très sûr de lui et cela peut le conduire à commettre des erreurs.

— Mais d'autres femmes risquent d'en payer le prix, remarqua Daphné.

— C'est vrai, reconnut Kenneth. Malheureusement, nous n'avons guère le choix : nous n'avons pas assez de données pour anticiper ce que le tueur va faire ensuite. La seule chose que nous pouvons faire, c'est continuer à mettre en garde les femmes qui répondent au signalement des victimes et leur enjoindre à la plus grande prudence.

— Mais Roxanne ne correspondait pas au portrait-type des victimes de l'Étouffeur, objecta Daphné.

— Effectivement, concéda Kenneth. Et je reste persuadé que le choix de cette victime n'est pas anodin. Toute la question est de savoir si le tueur va désormais en revenir à son mode opératoire habituel ou s'il va étendre son champ d'action, ce qui rendrait notre tâche encore plus difficile.

Daphné hocha la tête. En tant que spécialiste en matière de criminologie, elle savait que la police parviendrait probablement à arrêter l'Étouffeur. La grande majorité des tueurs en série finissaient par être identifiés. Et le fait que Maui soit une île de taille relativement restreinte jouait en la faveur des autorités.

Toute la question était de savoir combien de femmes le paieraient encore de leur vie.

— Je ne veux pas te perdre, déclara alors Kenneth d'une voix nouée par l'émotion.

— Crois-moi, je ne veux pas me perdre non plus, répondit-elle avec une pointe d'humour pour tenter de détendre un peu l'atmosphère.

Un pâle sourire se dessina sur les lèvres de son compagnon.

— Ne crois-tu pas qu'étant donné les circonstances, il serait peut-être plus sage de retourner sur le continent ? lui demanda-t-il.

Daphné fronça légèrement les sourcils. C'était effectivement une éventualité qu'elle avait envisagée – tout particulièrement depuis qu'on avait découvert le corps de Roxanne.

— Ce serait un aveu de faiblesse, objecta-t-elle. Je crois que je ne pourrais pas me regarder en face si j'agissais de cette façon. Je refuse de me laisser dicter ma conduite par ce malade.

— Je comprends. Mais promets-moi que tu seras vraiment très prudente dans les jours à venir.

— Je te le jure, répondit-elle avec conviction. J'ai beaucoup trop à perdre aujourd'hui.

À commencer par toi, songea-t-elle sans oser le formuler à voix haute. Mais Kenneth dut le comprendre car il lui prit la main et la serra affectueusement dans la sienne.

Kenneth se sentait déchiré entre l'envie qu'il avait de convaincre Daphné de s'éloigner de Maui et celle de la garder à ses côtés. Une chose était sûre : il ne s'était jamais senti aussi proche de quelqu'un depuis la mort de Cynthia. Les sentiments que lui inspirait Daphné dépassaient la simple attirance physique et intellectuelle. Il existait entre eux une véritable complicité qui n'avait fait que se renforcer depuis qu'ils se connaissaient et, plus encore, depuis la nuit qu'ils avaient passée ensemble. Et il tenait à ce qu'elle le sache.

— Au sujet de ce qui s'est passé cette nuit…, commença-t-il.

À ces mots, Daphné rougit légèrement mais le considéra avec attention.

— Je voulais juste te dire que ça avait été un très beau moment pour moi, poursuivit-il un peu maladroitement.

— Pour moi aussi, acquiesça-t-elle.

— Je voulais aussi te dire que je ne suis pas le genre d'homme à collectionner les aventures sans lendemain.

— Moi non plus, répondit-elle gravement.

— Je tiens à ce que tu saches que si je n'avais pas cru qu'il pouvait y avoir un avenir pour nous, il ne se serait rien passé.

L'expression de Daphné refléta un mélange d'étonnement et d'incertitude.

— Mais nous vivons à des milliers de kilomètres, l'un de l'autre, Kenneth, lui rappela-t-elle.

— Je le sais bien, soupira-t-il. Mais cela ne veut pas dire que ça me plaise.

— À moi non plus. Mais c'est un fait et nous n'y pouvons pas grand-chose à moins d'opérer des changements drastiques dans notre existence. Et je ne pense pas que nous y soyons encore prêts, l'un et l'autre. Alors pourquoi ne pas prendre les choses comme elles viennent, pour le moment ?

— Tu as sans doute raison, reconnut Kenneth à contrecœur. J'aurais mieux fait de me taire…

— Au contraire, protesta Daphné. Je tiens à ce que tu te sentes libre de me dire ce que tu as sur le cœur.

Kenneth hocha la tête. Il savait pourtant qu'il n'était

pas totalement honnête envers elle : s'il l'avait été, il lui aurait dit qu'il était bel et bien en train de tomber amoureux d'elle et qu'il n'avait pas du tout envie de la perdre.

Simultanément, il avait bien conscience que le moment était sans doute mal choisi pour lui faire une déclaration de ce genre. L'Étouffeur était toujours en liberté, s'apprêtant probablement à frapper de nouveau, et Kenneth ne pouvait se permettre de se laisser distraire par les aléas de sa propre vie sentimentale.

— D'accord, acquiesça-t-il enfin. Je suppose qu'il n'y a pas d'urgence, pour le moment. Contentons-nous de garder l'esprit ouvert…

— Ça me convient parfaitement, approuva Daphné.

Alors même qu'elle prononçait ces mots, Kenneth ne put s'empêcher de se demander s'il serait réellement capable de se contenter d'une histoire de quelques jours, car Daphné incarnait à ses yeux tout ce qu'il avait toujours espéré trouver chez une compagne…

11

Le lendemain matin après une nouvelle nuit passée en compagnie de Daphné, Kenneth fut contacté de bonne heure par son supérieur hiérarchique, Martin Morrissey. Ce dernier avait reçu une requête émanant des services de police de Portland, Oregon. Leurs collègues du continent recherchaient un certain Rodney Okamoto qui avait renversé en voiture deux piétons, dont un adolescent qui avait été grièvement blessé.

À la suite de cet accident, le chauffard s'était enfui et avait probablement pris le premier vol pour Hawaï, où il avait de la famille. Ses proches vivaient à Kapalua, à l'ouest de Maui, et Okamoto lui-même avait été aperçu dans un supermarché de Napilihau Street, ce matin-là.

Kenneth rejoignit donc Vanessa Ringwald et Tad Newsome dans le parking du magasin pour faire le point sur la situation.

— Est-ce que le suspect se trouve toujours à l'intérieur ? s'enquit Kenneth.

— Oui, répondit Tad. Cela fait une heure qu'il est entré. On peut dire qu'il prend tout son temps…

— À moins qu'il n'ait repéré la présence de policiers et ne se soit enfermé à l'intérieur avec des otages, remarqua Vanessa. Dans le doute, j'ai demandé à Aiysha de nous rejoindre au plus vite.

Aiysha Nixon était l'une de leurs collègues, diplômée en psychologie et qui tenait lieu de négociatrice dans les situations de crise.

— Bonne idée, approuva Kenneth.

Il tenait absolument à éviter un bain de sang au cas où le suspect serait armé. Mais, alors qu'il s'apprêtait à aller discuter avec les hommes du SWAT qui avaient également été dépêchés sur place, Kenneth eut la surprise de voir Okamoto sortir du supermarché, les bras chargés de sacs de provisions.

Suivi de près par Vanessa et Tad, il s'avança vers leur suspect et dégaina son arme de service.

— Rodney Okamoto ! s'exclama-t-il. Vous êtes en état d'arrestation pour délit de fuite et non-assistance à personne en danger ! Posez ces sacs et levez les mains !

Okamoto le considéra avec une stupeur évidente : il ne semblait pas avoir imaginé qu'on puisse le poursuivre jusqu'à Maui pour un crime commis à des milliers de kilomètres de là. Il finit par poser ses sacs en observant les alentours comme pour estimer les chances qu'il avait de prendre la fuite. Il dut cependant se rendre compte qu'il était cerné et qu'il ne ferait qu'aggraver sa situation en agissant de la sorte.

— D'accord, répondit-il en levant les mains. Je me rends.

Kenneth s'approcha prudemment de lui et lui passa les menottes avant de lui lire ses droits.

— Il est rassurant de voir que certaines affaires peuvent se régler rapidement, constata Vanessa lorsque Okamoto eut été pris en charge par deux agents chargés de l'escorter jusqu'à la maison d'arrêt avant qu'il soit extradé vers l'Oregon.

— Si seulement ce pouvait toujours être aussi simple, soupira Kenneth. Est-ce que nous avons des nouvelles des investigations concernant le meurtre de Roxanne Sinclair ?

— Nous sommes en train de vérifier les caméras de surveillance aux environs du domicile de la victime, indiqua Tad. Avec un peu de chance, nous détecterons des allées et venues suspectes...

— Espérons-le, acquiesça Kenneth sans trop y croire.

Jusqu'ici, en effet, l'Étouffeur s'était toujours débrouillé pour échapper aux caméras.

— À ce propos, remarqua Vanessa, j'ai appris que Ruth Paquin, la seule survivante de l'Étouffeur, avait repris le travail.

— Vraiment ? s'enquit Kenneth, étonné.

— Oui. Son médecin lui a donné le feu vert.

— Voilà au moins une bonne nouvelle ! Cela l'aidera certainement à se remettre de cette agression. Lorsque je suis allé la voir, j'ai vraiment eu l'impression que le fait de se retrouver sans emploi lui avait coupé les ailes.

En regagnant sa voiture, Kenneth appela Patricia Boudreau, leur portraitiste robot.

— Pourriez-vous venir me rejoindre à l'école élémentaire Manikiki à Kihei ? Apportez votre tablette graphique.

— Bien sûr, répondit-elle. Est-ce que vous avez un nouveau témoin ?

— Peut-être, répondit Kenneth. La dernière fois que je me suis entretenu avec Ruth Paquin, il m'a semblé que ses souvenirs de l'agresseur étaient un peu plus distincts que lorsque nous l'avons interrogée à l'hôpital. Avec un peu de chance, vous pourrez l'aider à reconstituer une image plus précise encore...

— Très bien, acquiesça Patricia. Je vous retrouve là-bas d'ici une demi-heure.

Ils raccrochèrent. Kenneth espérait que cette expérience ne compromettrait pas les progrès que Ruth avait accomplis et ne fragiliserait pas son équilibre psychique recouvré. Mais il n'avait pas le choix : à ce stade, le moindre renseignement pouvait s'avérer décisif et sauver la vie d'autres femmes innocentes.

Il appela alors Daphné, qui répondit au bout de deux sonneries.

— Salut, lui dit-elle d'une voix encore enrouée de sommeil qu'il trouva irrésistiblement sensuelle.

— Salut, répondit-il. J'espère que je ne te réveille pas.

— Non, lui assura-t-elle. Je suis en train de prendre un café sur ton *lanai*. Je regrettais que tu n'aies pas pu rester avec moi.

— J'ai dû participer à la traque et à l'arrestation d'un fugitif, expliqua-t-il.

— Est-ce que tout s'est bien passé ?

— Aussi bien que possible. Sauf pour les deux adolescents que ce type a renversés à Portland avant de prendre la fuite.

— C'est horrible, soupira Daphné. Et maintenant ? Qu'est-ce que tu comptes faire ?

— Je vais aller réinterroger Ruth Paquin, la seule à avoir survécu à une rencontre avec l'Étouffeur. J'ai l'impression qu'elle s'est un peu remise du choc qu'elle a éprouvé et j'aimerais qu'elle nous aide à établir un portrait-robot.

— J'espère que ça marchera, répondit Daphné.

— Et toi ? Que comptes-tu faire de ta journée ?

— Figure-toi que mon éditeur a fait en sorte que je sois invitée à l'émission de télévision *Aloha, Maui* pour parler de mon livre.

— Félicitations ! s'exclama Kenneth.

— Merci. Ça doit avoir lieu cet après-midi même.

— Super ! Je tâcherai de faire un saut aux studios pour voir ça en direct.

— Si tu n'as pas le temps, ne t'en fais pas. Ils me donneront probablement un enregistrement de l'émission.

— J'essaierai d'être là. Bonne journée, Daphné.

— À toi aussi.

En raccrochant, Kenneth ne put s'empêcher de s'étonner de la facilité avec laquelle la jeune femme avait trouvé sa place dans sa vie. Et il sentait déjà qu'il lui serait très difficile de renoncer à elle, le moment venu.

Réprimant un soupir de résignation, il s'installa au volant de sa voiture et démarra. Il ne lui fallut que vingt minutes pour rejoindre l'école de Kihei où travaillait Ruth Paquin. Patricia Boudreau était arrivée plus vite que prévu et l'attendait déjà sur le parking. C'était une jeune femme d'une trentaine d'années aux cheveux roux coupés court. Elle avait des yeux verts rieurs et un charmant sourire qui avaient le don de mettre à l'aise les témoins.

Après s'être salués, ils pénétrèrent dans l'enceinte de l'école. À l'intérieur, ils furent accueillis par une surveillante qui, après s'être enquise de leur identité, les conduisit directement au bureau de la directrice.

Ruth Paquin les accueillit avec étonnement.

— Je suis désolé de ne pas vous avoir prévenue

avant de passer, s'excusa Kenneth. Mais comme vous le savez sans doute, les craintes dont je vous avais fait part se sont malheureusement vérifiées et l'Étouffeur est toujours en liberté. Pire, il a fait une nouvelle victime. Nous devons donc utiliser tous les moyens à notre disposition pour tenter de l'identifier avant qu'il frappe de nouveau.

— J'imagine, acquiesça Ruth. Mais je ne suis pas sûre de voir en quoi je pourrais bien vous aider.

— Lors de notre dernière entrevue, vous m'avez assuré que le portrait-robot que je vous ai montré n'était pas celui de votre agresseur. J'en déduis que vous avez désormais une image un peu plus précise de lui que lorsque nous en avons discuté à l'hôpital.

Ruth fronça légèrement les sourcils.

— C'est plus une impression diffuse, objecta-t-elle d'une voix pensive. Ce que je veux dire, c'est que je pense que je pourrais reconnaître cet homme si je le croisais dans la rue. Et j'ai pu vous dire que ce n'était pas celui du portrait-robot. Mais je n'ai pas vraiment une image exacte dans la tête.

— Patricia peut vous aider à mettre en forme ce souvenir, lui assura Kenneth.

— C'est vrai, ajouta la portraitiste. Nous pouvons procéder par étapes. Vous n'aurez qu'à me dire au fur et à mesure ce qui va et ce qui ne va pas.

— Je veux bien essayer, acquiesça Ruth. Si cela peut vous aider à coincer ce monstre.

— À ce stade, la moindre indication peut se révéler précieuse, déclara Kenneth.

Patricia alluma sa tablette graphique.

— Tâchez de vous rappeler la première fois où

vous avez vu votre assaillant. Dites-moi ce dont vous vous souvenez. Même les détails qui pourraient vous paraître insignifiants. Prenez tout votre temps.

Ruth se laissa aller contre son fauteuil et ferma les yeux pour mieux se concentrer.

— Il paraissait avoir environ trente-cinq ans, était plutôt grand et de stature moyenne. Ni mince ni gros, pas particulièrement athlétique.

— Parfait, l'encouragea Patricia. De quelle couleur étaient ses cheveux ?

— Sombres. Noirs, peut-être, ou brun foncé.

— Courts ? Longs ?

— Courts.

— Bouclés ? Raides ?

— Plutôt raides. Ils étaient plus longs sur le dessus et très courts sur le côté.

— Très bien, acquiesça Patricia qui avait commencé son croquis en se basant sur ces éléments. Comment était son visage ? Rond ? Ovale ?

— Plutôt oblong, répondit Ruth après réflexion. Avec des pommettes bien marquées.

— Et ses yeux ?

— Ils étaient noisette avec des reflets dorés.

— Plutôt écartés ? Rapprochés ?

— Écartés, je crois…

— Comme ça ? s'enquit Patricia en lui montrant sa tablette.

Ruth rouvrit les yeux et hocha la tête.

— Comme ça, mais ils étaient dessinés un peu plus en amande.

Patricia modifia son portrait avant de poursuivre.

— Et son nez ? Était-il long, court, droit, aquilin, en compote ? Avait-il les narines larges ou étroites ?

— Il avait le nez plutôt long et large, avec une bosse comme s'il avait été cassé autrefois.

— Bien. Est-ce qu'il avait de la barbe ? De la moustache ?

— Non. Juste une ombre de barbe d'un jour ou deux.

Patricia poursuivit son interrogatoire et son croquis. Fasciné, Kenneth voyait se préciser sous ses yeux l'apparence de son suspect. Puis vint le moment de vérité.

— Qu'est-ce que vous en pensez ? s'enquit Patricia en tendant la tablette à Ruth.

Celle-ci s'en empara et la considéra avec attention. Instantanément, ses yeux s'agrandirent, trahissant un mélange de stupeur et d'angoisse.

— C'est bien lui, conclut-elle d'une voix légèrement tremblante.

Elle reposa la tablette sur le bureau comme si son contact lui brûlait les doigts.

— Êtes-vous sûre que c'est bien l'homme qui vous a attaquée ? lui demanda Kenneth en s'efforçant de modérer son propre enthousiasme.

Il avait bien conscience que l'hypoxie dont Ruth avait souffert faisait d'elle un témoin peu fiable.

— En tout cas, c'est le visage que je me rappelle, répondit Ruth. Celui que j'associe à mon agression.

— Vous souvenez-vous l'avoir vu dans la boîte de nuit, ce soir-là ?

Ruth réfléchit longuement avant de lui répondre.

— Il me semble que oui. Mais je peux vous assurer qu'il ne m'a pas abordée, à ce moment-là. Il ne m'a pas adressé la parole avant que je vienne lui ouvrir la porte de mon appartement…

— Vous rappelez-vous ce qu'il vous a dit alors ? s'enquit Kenneth.

— Je lui ai demandé s'il avait besoin de quelque chose, murmura Ruth d'une voix mal assurée. Il a fait un pas vers moi et m'a juste dit : « Tu vas mourir, comme les autres. » J'ai voulu refermer la porte mais il l'a bloquée avec son pied. C'est à ce moment-là qu'il m'a électrocutée. Ensuite, je ne me souviens plus de rien…

La voix de Ruth se brisa et elle se mit à sangloter.

— Je suis désolée.

— Il n'y a vraiment pas de quoi, lui assura Kenneth d'une voix très douce. Vous avez été extraordinaire, Ruth. Votre témoignage va peut-être nous permettre d'identifier ce malade et de l'arrêter avant qu'il fasse du mal à d'autres femmes.

— J'espère, balbutia Ruth en lui décochant un pâle sourire au milieu de ses larmes.

Kenneth et Patricia passèrent encore quelques minutes aux côtés de la jeune femme, le temps qu'elle recouvre son calme. Puis ils prirent congé d'elle en la remerciant profusément pour son aide.

— Dès que tu auras mis la touche finale à ce portrait-robot, envoie-le-moi, demanda Kenneth à Patricia. Je vais faire en sorte qu'il soit diffusé le plus largement possible.

— Je m'en occupe immédiatement, acquiesça la dessinatrice.

— Si c'est vraiment ressemblant, quelqu'un parviendra peut-être à identifier le tueur, murmura Kenneth en priant pour que tel soit le cas.

Daphné était confortablement installée sur le sofa couleur crème sur lequel se succédaient les invités de l'émission *Aloha, Maui*. Elle avait choisi une robe-chemise jaune pâle munie d'une ceinture qui soulignait sa taille fine et ses longues jambes dorées par le soleil. Ses cheveux étaient attachés en chignon, mettant en valeur son visage très légèrement maquillé.

Comme chaque fois qu'elle passait à la télévision, en dépit de l'expérience qu'elle avait accumulée, elle se sentait terriblement nerveuse. Elle avait conscience du fait que le moindre de ses mots, la moindre de ses expressions seraient enregistrés.

Consciente de la tension qui l'habitait, Betsy Leimomi, la présentatrice, s'était montrée charmante, plaisantant avec elle avant le début de l'émission pour tenter de la mettre à l'aise. Le réalisateur leur indiqua enfin que l'enregistrement était sur le point de commencer et le silence se fit sur le plateau.

— Bonjour à toutes et à tous, commença Betsy en se tournant droit vers la caméra principale. Soyez les bienvenus pour ce nouvel épisode de *Aloha, Maui*. Nous avons aujourd'hui la chance de recevoir en exclusivité Daphné Dockery, autrice de nombreux best-sellers traitant d'affaires criminelles.

Elle se tourna vers son invité et lui décocha un sourire radieux.

— Bienvenue à *Aloha, Maui*, Daphné, lui dit-elle.
— Merci de m'avoir invitée.
— Vous nous faites l'honneur de passer par notre belle île à l'occasion de la tournée promotionnelle pour votre nouveau livre, *Tueur accidentel*, indiqua Betsy en présentant l'ouvrage en question face à la caméra.

Je peux vous dire qu'il se dévore comme un véritable roman policier. Mais peut-être pourriez-vous nous expliquer ce qu'il raconte, Daphné.

— Avec plaisir, répondit-elle.

Elle entreprit de faire un résumé de la carrière meurtrière d'Oscar Preston et de l'enquête qui avait conduit à son arrestation.

— Voilà pour les grandes lignes de cette affaire, conclut-elle. Le livre, lui, revient de façon beaucoup plus détaillée sur le déroulement des faits, les témoignages des proches des victimes, la psychologie de Preston, les différents rebondissements de l'enquête et, bien sûr, le procès qui a débouché sur l'incarcération du tueur.

— En tant qu'autrice spécialisée dans le documentaire criminel, j'imagine que vous avez une certaine expérience de ce genre d'affaires. Qu'est-ce qui vous a le plus marquée, dans celle-ci ? Qu'est-ce qui vous a donné envie d'y consacrer un livre entier ?

— Le mode opératoire de Preston, avant tout, répondit Daphné sans hésiter. En mettant en scène de faux accidents, il est longtemps parvenu à duper les autorités. Chacun de ses meurtres était ce qu'on appelle un crime parfait. Ce n'est que la multiplication de ces « accidents » qui a fini par paraître suspecte. Et même ensuite, la police avait parfois du mal à discerner les vrais des faux, ce qui a vraiment compliqué l'enquête. Preston s'est livré à un véritable jeu du chat et de la souris, ce qui, du point de vue de l'autrice que je suis, était captivant.

— Je confirme que ça l'est tout autant pour vos lecteurs, déclara Betsy. Et je ne saurais que trop le conseiller à toutes celles et tous ceux d'entre vous qui s'intéressent aux affaires policières.

Comme convenu avant l'émission, Betsy enchaîna alors avec l'actualité de Daphné.

— J'ai cru comprendre que vous comptiez profiter de votre passage à Maui pour enquêter sur une affaire qui a fait grand bruit, l'an dernier. Je veux parler du meurtre-suicide dans lequel a été impliqué Norman Takahashi, un professeur de mathématiques de l'université de Hawaï. Pouvez-vous nous en dire un peu plus à ce sujet ?

Daphné évoqua succinctement le dossier qui devait être connu de la majeure partie des téléspectateurs de la chaîne. Elle expliqua surtout ce qui avait éveillé sa curiosité dans cette histoire : le contraste entre l'environnement idyllique et la violence de l'acte de Takahashi, l'identité et la personnalité du tueur ainsi que la richesse et la complexité des émotions qui s'étaient trouvées mises en jeu.

— Et mes recherches m'ont permis de découvrir un élément aussi inattendu que fascinant sur le plan psychologique, conclut-elle. Cela prouve une fois encore que la réalité a souvent plus d'imagination que la fiction.

Pendant la pause publicitaire qui s'ensuivit, Daphné remarqua la présence de Kenneth sur le plateau. Il se tenait un peu en retrait mais n'avait visiblement pas perdu un mot de ce qu'elle avait raconté. Lorsque leurs regards se croisèrent, il lui adressa un hochement de tête approbateur.

Elle sentit son cœur se serrer dans sa poitrine. Elle avait conscience de l'attachement grandissant qu'elle éprouvait à son égard et savait déjà combien leur séparation serait douloureuse. Elle n'eut cependant pas le temps de s'appesantir sur cette sombre perspective : déjà, l'émission était sur le point de reprendre.

Le réalisateur fit signe à Betsy, qui se replaça face à la caméra pour lancer la séquence suivante.

— Nous sommes toujours en compagnie de Daphné Dockery, autrice de nombreux best-sellers relatant diverses affaires criminelles et qui vient tout juste de publier *Tueur accidentel*.

Betsy se tourna vers Daphné.

— Vous savez sans doute que l'île de Maui est en ce moment même en proie à un tueur en série surnommé l'Étouffeur qui a déjà assassiné une dizaine de femmes. En tant que spécialiste de ce genre de criminels, que pensez-vous de cette affaire ?

— Tout d'abord, je tiens à rappeler que je ne suis ni policière, ni criminologue, ni psychiatre. Je ne peux donc commenter ces événements dramatiques qu'en tant qu'amatrice éclairée.

— Justement, en tant qu'observatrice extérieure, que pensez-vous du travail de la police, dans cette affaire ? Certaines voix s'élèvent pour critiquer le manque d'efficacité des enquêteurs et leur incapacité à protéger la population locale.

Daphné ne s'était pas attendue à être prise ainsi à témoin – surtout de façon aussi polémique. Elle ne pouvait le reprocher à Betsy qui ne faisait que son travail mais cela la mettait dans une position particulièrement délicate. Jetant un coup d'œil en direction de Kenneth, elle le vit hausser les épaules d'un air fataliste. L'accusation de la présentatrice ne constituait sans doute pas une révélation pour lui.

— Je peux comprendre que les gens se sentent frustrés par le fait que le tueur n'ait toujours pas été arrêté, répondit-elle enfin. Il est terrible de voir les meurtres se succéder de cette façon. Mais j'ai étudié suffisamment d'affaires de ce genre pour vous dire qu'il est malheureusement très difficile d'identifier ces individus. Je suis certaine que la police fait tout ce qui est en son pouvoir pour tenter de l'interpeller au plus vite. En attendant, il appartient à chacun d'entre nous d'être vigilant. Lorsque vous sortez d'un bar ou d'une boîte de nuit, faites-vous raccompagner jusqu'à votre véhicule. N'ouvrez pas vos portes à des inconnus au beau milieu de la nuit. Et n'hésitez pas à signaler à la police les personnes qui ont une attitude suspecte. Je sais que cela peut paraître évident mais je vous assure qu'au quotidien, la plupart des gens négligent les consignes de sécurité les plus élémentaires. C'est ce qui a permis à l'Étouffeur d'agir en toute impunité.

Du coin de l'œil, Daphné vit Kenneth joindre les mains en signe de remerciement silencieux.

— Voilà d'excellents conseils, déclara Betsy. Je ne peux qu'enjoindre à toutes nos téléspectatrices de les mettre en pratique. *Mahalo*, Daphné, d'avoir pris le temps de venir discuter avec moi. Et tous mes vœux de réussite pour *Tueur accidentel* et tous les livres qui suivront.

— *Mahalo* à vous, répondit Daphné.

Tandis que la caméra se concentrait sur Betsy, qui introduisait le segment suivant de l'émission, une assistante fit signe à Daphné qu'elle pouvait regagner les coulisses. Après s'être fait rapidement démaquiller, elle alla rejoindre Kenneth et tous deux quittèrent le studio.

— Je suis contente que tu aies pu venir, lui dit-elle après avoir déposé un baiser sur ses lèvres.

— Et moi, je suis vraiment très fier de toi. Tu as été formidable. Et les conseils que tu as prodigués à la fin étaient tout simplement parfaits !

— Merci, répondit-elle, touchée par ce déluge de compliments. Malheureusement, je ne me fais pas trop d'illusions : je sais que ces recommandations sont rarement suivies d'effets. Et l'Étouffeur risque malheureusement de faire d'autres victimes…

— Peut-être pas, répondit Kenneth.

— Vous avez une nouvelle piste ? s'enquit Daphné d'une voix pleine d'espoir.

— C'est possible, acquiesça-t-il. Je t'avais dit que Ruth Paquin avait commencé à se remettre du traumatisme physique et psychologique qu'elle avait subi. Par acquit de conscience, je suis retourné la voir avec une dessinatrice qui travaille régulièrement avec nos services. Et cette fois-ci, Ruth et elle sont parvenues à élaborer un portrait-robot de l'agresseur. Je viens de le faire diffuser un peu partout. Avec un peu de chance, cela nous permettra de l'identifier.

— Excellente nouvelle ! s'exclama Daphné avec enthousiasme. Est-ce que je peux jeter un coup d'œil ?

— Bien sûr, répondit Kenneth en sortant son téléphone de sa poche.

Il afficha à l'écran le portrait du suspect et lui tendit l'appareil. En découvrant cette photo, Daphné sentit les battements de son cœur s'emballer dans sa poitrine.

— Je le connais, murmura-t-elle d'une voix légèrement tremblante.

12

Kenneth considéra Daphné avec stupeur.

— Tu es sûre ? demanda-t-il enfin.

— Certaine, répondit-elle sans la moindre hésitation. Il faisait partie des gens qui ont assisté à la dédicace lors de laquelle je t'ai rencontré.

Passablement ébahi, Kenneth comprit que, si ce que Daphné disait était vrai, lui-même avait probablement dû croiser l'Étouffeur.

— C'était bien lui. Je me rappelle qu'il m'a mise mal à l'aise, sur le moment, sans que je sache vraiment pourquoi. Il avait une drôle de façon de me regarder…

— Tu m'en as parlé, acquiesça Kenneth. Mais tu m'as dit que tu ne te rappelais plus très bien à quoi il ressemblait.

— Je t'ai dit aussi que je le reconnaîtrais probablement si je le croisais, remarqua-t-elle. Et je peux te dire que c'est bien ce type-là. Enfin, peut-être pas tout à fait, mais la ressemblance est frappante.

Kenneth fronça les sourcils. Jusqu'alors, il n'avait pas été totalement convaincu que les souvenirs de Ruth Paquin étaient réellement fiables. Mais si Daphné avait bel et bien vu le même individu, il devenait *de facto* leur suspect numéro un.

— Tu ne te souviens toujours pas de son nom ? lui demanda-t-il.

— Tommy ou Tony, répondit-elle. Je ne crois pas qu'il m'ait donné de nom de famille.

— Il ne va pas être simple de le retrouver.

— Nous devrions peut-être retourner à la librairie, suggéra Daphné. Avec un peu de chance, ils ont des caméras de surveillance.

— Ça vaut le coup d'essayer, acquiesça Kenneth.

— Je te suis en voiture, déclara Daphné.

Kenneth se garda de soulever la moindre objection : si la piste qu'elle venait de lui soumettre se révélait payante, elle aurait plus que mérité de l'accompagner. Tous deux quittèrent les studios de télévision pour aller récupérer leurs véhicules respectifs dans le parking. Il ne leur fallut que dix minutes pour rallier la librairie Aloha Land.

Là, ils furent accueillis par Mireille Lacuesta, la gérante de la boutique. C'était une femme énergique d'une quarantaine d'années aux cheveux brun-roux coupés court.

— Je suis ravie de vous revoir, Daphné ! s'exclama-t-elle en voyant entrer la jeune femme.

— Moi aussi, même si j'aurais souhaité que ce soit en de meilleures circonstances.

Mireille lui lança un coup d'œil étonné.

— Je vous présente l'inspecteur Kealoha, de la police criminelle de Maui.

— Enchantée de faire votre connaissance, inspecteur, déclara Mireille en serrant la main qu'il lui tendait. Que puis-je faire pour vous ?

— Je voulais savoir si la librairie était équipée de caméras de surveillance, lui demanda-t-il.

Mireille hocha la tête.

— Est-ce que par hasard, vous auriez toujours les enregistrements de la séance de dédicace ? s'enquit-il encore.

— Oui, répondit Mireille, surprise. Je conserve les vidéos pendant un mois avant de les effacer. Puis-je savoir ce que vous cherchez ?

— Pas quoi mais qui, précisa Kenneth. Je m'intéresse à l'une des personnes qui ont assisté à la dédicace dans le cadre d'une enquête en cours…

— Très bien, acquiesça Mireille, visiblement très curieuse. Suivez-moi.

Elle les conduisit dans une petite pièce située dans l'arrière-boutique. Dénuée de fenêtre, celle-ci contenait juste un petit bureau sur lequel trônait un ordinateur. Mireille prit place sur la chaise et activa l'écran avant de rechercher le répertoire dans lequel étaient conservés les enregistrements des vidéos de surveillance.

Elle trouva celui qui correspondait au jour de la signature et double-cliqua dessus. Une fenêtre vidéo apparut.

— Voyons voir, murmura-t-elle en cherchant l'heure de l'événement.

— C'était après la lecture, juste au début de la séance de dédicace proprement dite, précisa Daphné.

Mireille avança rapidement jusqu'au moment qu'elle lui avait indiqué.

— Stop ! lui dit Daphné. C'était juste avant la vieille dame…

Mireille rembobina légèrement avant de passer en lecture.

— C'est lui ! s'exclama Daphné en désignant un homme qui se tenait près de la table derrière laquelle elle était installée.

— Tu en es sûre ? s'enquit Kenneth.

— Certaine. Je reconnais ses vêtements.

L'angle ne permettait pas d'apercevoir le visage de l'inconnu. Au bout d'un moment, il se détourna pour se diriger vers la caisse enregistreuse et payer le livre qu'il venait de se faire dédicacer. Kenneth remarqua alors qu'il évitait de regarder en direction de la caméra. S'agissait-il d'un hasard ou d'un acte délibéré de sa part ?

— Revenez un peu en arrière, s'il vous plaît, demanda Kenneth à Mireille. Au moment où il se détourne de Daphné.

La libraire s'exécuta.

— Tâchez de figer l'image au moment où il se retourne, lui demanda encore Kenneth. Nous devrions apercevoir brièvement son visage.

En s'y reprenant à deux fois, Mireille parvint effectivement à obtenir une image. Malgré la piètre résolution et un léger flou de bougé, la ressemblance avec le portrait-robot établi par Patricia était indéniable.

— Tommy ! s'exclama alors Daphné.

Kenneth l'interrogea du regard.

— Il voulait que je dédicace le livre à l'intention de Tommy, précisa-t-elle. J'en suis sûre, à présent.

Kenneth hocha la tête. Rien ne leur permettait d'affirmer qu'il s'agissait bien de son véritable prénom.

— Pouvez-vous effectuer une capture d'écran ? demanda-t-il à Mireille.

— Bien sûr, répondit-elle.

Kenneth lui dicta son adresse e-mail pour qu'elle lui envoie l'image. Elle en imprima aussi quelques exemplaires.

— Qui est cet homme, au juste ? lui demanda-t-elle.

Kenneth ne tenait pas à terrifier la libraire en lui laissant entendre qu'un tueur en série était venu à sa boutique – du moins, pas tant qu'il ne serait pas certain que cet homme soit bel et bien l'Étouffeur.

— C'est un suspect dans une affaire sur laquelle j'enquête actuellement, indiqua-t-il de façon délibérément évasive.

Mireille parut se contenter de cette réponse.

— Serait-il possible de jeter un coup d'œil aux enregistrements de la caméra située à l'extérieur de la librairie ? demanda-t-il.

— Certainement.

Mireille ouvrit un autre fichier vidéo et se cala sur le timecode correspondant à la sortie du suspect. Malheureusement, il n'apparaissait à l'image que de dos et quittait rapidement le champ de la caméra. Ils revinrent en arrière pour chercher quand il était entré.

Les images qu'ils découvrirent alors confirmèrent l'intuition initiale de Kenneth : l'homme avait délibérément fait en sorte de ne pas exposer son visage à l'objectif de la caméra. De toute évidence, cette attitude était plus que suspecte.

Kenneth se promit d'envoyer des policiers relever les images des caméras de sécurité des autres boutiques du voisinage.

— Pourriez-vous vérifier si cet homme a payé mon

livre à l'aide d'une carte bleue ? demanda alors Daphné. Au nom de Tommy, Tom ou Thomas…

— Je vais jeter un coup d'œil, acquiesça Mireille.

Kenneth doutait fort qu'elle découvre quoi que ce soit. L'Étouffeur, si c'était lui, avait redoublé de précautions et il y avait une faible probabilité qu'il ait commis une erreur aussi grossière que de régler à l'aide d'une carte de crédit qui aurait permis de remonter jusqu'à lui. Mireille ne parvint d'ailleurs à retrouver aucun paiement correspondant au timecode de la vidéo.

Ce qui intriguait Kenneth, en revanche, c'était la décision que l'Étouffeur avait prise d'assister à cette lecture et de se faire dédicacer un livre. Admirait-il lui aussi Daphné en tant qu'écrivaine ? Ou bien s'était-il agi pour lui d'une mission de reconnaissance avant de l'assassiner à son tour ? Évidemment, avec ce genre d'individus, l'un n'empêchait pas l'autre.

— Alors ? Comment comptes-tu procéder, à présent ? s'enquit Daphné lorsqu'ils quittèrent finalement la librairie.

— Je vais demander à nos techniciens d'analyser la photo et de la nettoyer. Nous la diffuserons ensuite très largement pour tenter d'établir l'identité de cet homme. Dès que nous l'aurons identifié, nous procéderons à un interrogatoire approfondi en nous concentrant notamment sur ses alibis aux moments où les meurtres ont été commis.

— J'espère que vous parviendrez rapidement à le retrouver, soupira Daphné. C'est vertigineux, le fait qu'il ait pu se rendre à cette dédicace sans que personne puisse se douter de rien…

— Vois le bon côté des choses : en définitive, c'est peut-être ce qui le perdra.

De retour à son hôtel, Daphné travailla sur les notes préparatoires de *Massacre au paradis*. Elle passa en revue les différents témoignages qu'elle avait recueillis et commença à établir un plan détaillé de l'ouvrage.

En se plongeant dans cette dramatique affaire, elle ne pouvait s'empêcher de penser à ce qui était arrivé à ses propres parents et aux conséquences que le geste de son père avait eues sur sa propre existence.

Elle avait conscience du fait que ce traumatisme avait eu de profondes répercussions sur sa psyché. Et elle se demandait avec une pointe d'angoisse si elle serait capable, le moment venu, de fournir à ses propres enfants la stabilité dont elle avait cruellement manqué.

Était-ce pour cette raison qu'elle était toujours célibataire ? Était-elle sortie avec Nelson parce que, inconsciemment, elle savait qu'ils avaient peu de chance de former un jour une famille ? Était-ce pour cela qu'elle était en train de tomber amoureuse d'un homme qui vivait à des milliers de kilomètres de chez elle ?

Cette idée éveilla en elle une angoisse diffuse. Elle ne pouvait nier la réalité de ses sentiments pour Kenneth. Mais si elle s'était autorisée à y céder, n'était-ce pas justement parce qu'elle ne courait que peu de risques ?

Peut-être était-il temps pour elle de s'engager vraiment ? De s'investir dans une véritable relation ? Et, qui sait, d'envisager peut-être enfin de fonder une famille ?

Certes, cela demanderait certains aménagements

de son existence. Mais l'avantage d'être écrivaine était qu'elle pouvait exercer son métier de n'importe où. Elle n'avait nul besoin de se trouver en Alabama. D'ailleurs, rien ne l'empêchait de retourner régulièrement en vacances là-bas...

Évidemment, avant de prendre une telle décision, elle devrait s'assurer que Kenneth était bien sur la même longueur d'onde, qu'il était prêt lui aussi à s'impliquer dans cette relation...

Comme elle se faisait cette réflexion, elle entendit frapper à sa porte.

— Qui est là ? demanda-t-elle, surprise.
— La femme de chambre, lui répondit-on. Je viens faire le ménage.

Daphné se leva et traversa la pièce pour aller ouvrir. Au moment même où elle le faisait, elle prit conscience du fait qu'elle allait à l'encontre des conseils qu'elle avait prodigués aux téléspectatrices de *Aloha, Maui*. Et l'identité de la personne qu'elle découvrit sur le seuil de sa chambre lui confirma qu'elle venait de commettre une terrible erreur.

Marissa Sheffield n'avait pas changé : quoique plus jeune qu'elle de cinq ans, elle ressemblait beaucoup à Daphné. Grande, mince, avec de longs cheveux noirs et des traits assez fins. La principale différence résidait dans ses yeux, qui étaient d'un bleu de porcelaine et non verts comme ceux de Daphné. Peut-être était-ce cette ressemblance qui l'avait poussée à développer une telle obsession à son égard.

Ce jour-là, elle portait un jean élimé, un chemisier beige aux manches retroussées et une paire de baskets en toile blanches.

— On dirait que tu es surprise de me voir, Daphné, lui dit-elle avec un large sourire.

— Comment as-tu fait pour me retrouver ? s'enquit Daphné en s'efforçant vainement de dominer l'angoisse qu'elle sentait monter en elle.

Avant que Daphné ait pu réagir, Marissa s'avança dans la pièce, la bousculant légèrement au passage. Daphné hésita un instant à s'élancer hors de la chambre pour courir jusqu'à la réception de l'hôtel et demander de l'aide. Mais, en fin de compte, ce fut la curiosité qui l'emporta et elle demeura à proximité de la porte ouverte, prête à fuir au moindre signe d'agression.

— C'est vraiment très joli, ici, déclara Marissa en observant avec curiosité la pièce dans laquelle elles se trouvaient. Ton éditeur ne te refuse rien, on dirait.

— Tu n'as pas répondu à ma question, remarqua Daphné.

— C'est vrai, reconnut Marissa. À vrai dire, ce n'était pas très compliqué. Il m'a suffi de consulter ton blog pour savoir que tu étais à Maui. Alors j'ai pris le premier avion pour te rejoindre. J'ai eu plus de mal à trouver ton hôtel. J'en ai appelé une bonne dizaine avant que quelqu'un me réponde que tu étais sortie… Mais cela n'a pas d'importance : tout ce qui compte, à présent, c'est que nous sommes de nouveau réunies.

Daphné soupira intérieurement : de toute évidence, le séjour de Marissa en prison n'avait pas suffi à la guérir de son obsession malsaine.

— Qu'est-ce que tu attends de moi, exactement ? lui demanda-t-elle.

Marissa haussa les épaules d'un air presque désinvolte.

— Je te l'ai déjà dit : considère-moi comme ton

assistante. Tu n'as qu'à me dire ce dont tu as besoin et je m'en chargerai…

— Tout ce que je veux, c'est que tu me laisses tranquille, lui répondit Daphné. Je pensais avoir été suffisamment claire à ce sujet, à Tuscaloosa. Je n'ai pas besoin d'une assistante. Alors, va-t'en et je te promets que je n'appellerai pas la police pour signaler que tu as enfreint l'injonction d'éloignement dont tu fais l'objet.

Marissa croisa les bras sur sa poitrine et lui jeta un regard réprobateur.

— Il n'est pas question que je retourne en prison, déclara-t-elle. C'était horrible. Si tu essaies de me renvoyer là-bas, je te promets que tu le regretteras amèrement.

Daphné regrettait déjà amèrement de lui avoir ouvert. Mais le mal était fait et elle n'avait d'autre choix que de tenir tête à Marissa sous peine d'encourager encore un peu plus le délire de la jeune femme.

— Je ne veux pas que tu retournes en prison, lui dit-elle. Mais je pense vraiment que tu as besoin d'aide. Tu ne peux pas continuer à me suivre de cette façon juste parce que tu aimes mes livres. Ça n'a aucun sens.

— Tu ne comprends pas, protesta Marissa d'un ton blessé. Ce n'est pas seulement de tes livres qu'il s'agit. Nous sommes faites pour être ensemble, toutes les deux. J'espérais que tu aurais fini par le comprendre. Crois-tu vraiment que ce flic puisse t'apporter ce que moi, je peux te donner ?

Daphné lui jeta un regard sidéré.

— J'ai bien vu comment tu te comportais avec lui, déclara Marissa en se rembrunissant. Je suppose qu'il veut que tu viennes habiter ici avec lui, ajouta-t-elle d'une voix vibrante de colère.

Son expression se modifia brusquement et deux grosses larmes roulèrent le long de ses joues.

— Il n'a pas le droit de faire ça, murmura-t-elle. Ta place est à mes côtés, en Alabama. Pas à Hawaï...

Alors même que Marissa prononçait ces mots, Daphné prit brusquement conscience du fait qu'elle se sentait bel et bien prête à faire le grand saut et à venir s'installer ici, aux côtés de Kenneth – du moins s'il était partant lui aussi.

Mais, pour le moment, sa priorité était de se défaire de Marissa. Or celle-ci semblait n'avoir tiré aucune leçon de ce qui s'était passé sur le continent. Son séjour en prison n'avait visiblement pas suffi à la dissuader de poursuivre Daphné à l'autre bout du monde.

— J'ai besoin de temps pour réfléchir, déclara Daphné en songeant que cela laisserait peut-être à la police la possibilité d'arrêter Marissa.

Celle-ci passa pensivement la main dans ses longs cheveux noirs.

— Je comprends, répondit-elle. Mais ne prends pas trop longtemps.

— C'est promis, lui assura Daphné. Peux-tu me dire où je dois te contacter ?

Si elle avait une adresse à donner à la police, cela leur ferait gagner un temps précieux.

— C'est moi qui reprendrai contact avec toi, déclara Marissa. À plus tard, Daph.

Sur ce, elle sortit de la chambre à grands pas. Daphné referma précipitamment la porte à clé derrière elle et s'efforça de chasser la nervosité qui l'habitait. Pour le moment, elle était parvenue à éviter une confrontation. Mais Marissa n'en resterait pas là et elle ne tarderait pas à revenir à la charge. Or il paraissait évident que Daphné n'avait aucune chance de la raisonner.

Réprimant un soupir, elle alla chercher son téléphone portable et composa le numéro de Kenneth.

— Daphné ? fit-il en décrochant. Est-ce que tout va bien ?

— Tu ne devineras jamais qui est venu me rendre visite, lui dit-elle.

— Qui ça ?

— Marissa Sheffield.

— La fille qui t'a harcelée sur le continent ?

— En personne. Apparemment, elle a décidé de me suivre jusqu'à Maui. Et elle semble toujours résolue à devenir ma meilleure amie et plus si affinités, ce qui fait qu'elle ne semble pas non plus te porter dans son cœur…

— Je vois. Crois-tu qu'elle soit réellement dangereuse ?

— Je ne sais pas, avoua Daphné. Mais je peux au moins te dire qu'elle est très déterminée.

13

En apprenant ce qui était arrivé à Daphné, Kenneth avait sauté dans sa voiture pour la rejoindre à son hôtel. Là, il demanda à la jeune femme de lui réexpliquer en détail ce qui s'était passé.

— Je suis vraiment désolé, lui dit-il lorsqu'elle eut terminé son récit. Je savais qu'elle avait été libérée mais j'espérais que cette arrestation l'aurait dissuadée de te suivre.

— Tu m'avais pourtant dit qu'elle n'avait pas quitté l'Alabama, remarqua Daphné.

— Officiellement, ce n'est pas le cas, admit-il. Mais les vols pour Hawaï sont des vols intérieurs et ils sont nettement moins sécurisés que les vols internationaux. Elle a pu voyager sous une fausse identité.

— Cela ne fait que conforter ma conviction qu'elle est potentiellement dangereuse, Kenneth. Notre brève discussion m'a convaincue qu'elle était vraiment borderline. Je pense qu'elle peut basculer à tout moment.

— Dans ce cas, nous allons devoir procéder à son arrestation, déclara Kenneth. Après tout, elle a enfreint l'injonction d'éloignement à laquelle elle est soumise et il s'agit d'une récidive. Sans parler du fait qu'en quittant l'état de l'Alabama, elle a probablement enfreint les clauses de sa libération conditionnelle.

— Toute la question est de savoir où elle se trouve, soupira Daphné. Ce ne sont pas les hôtels qui manquent, sur cette île.

— Effectivement, cela peut nous prendre un peu de temps, notamment si elle a réservé une chambre sous une fausse identité. En attendant, je serais plus tranquille si tu venais t'installer à la maison.

Le domicile de Kenneth était sécurisé et muni d'un système d'alarme efficace. Cela contribuerait à protéger Daphné non seulement contre Marissa mais aussi contre le tueur en série qui rôdait toujours sur l'île.

Daphné hésita longuement avant de lui répondre. Sans doute songeait-elle qu'il était trop tôt pour emménager avec lui. D'autant qu'ils ne savaient ni l'un ni l'autre jusqu'où leur relation pourrait bien les mener.

— J'ai une chambre d'amis qui est à ta disposition, s'empressa-t-il d'ajouter, ne tenant surtout pas à ce que Daphné puisse penser qu'il entendait profiter de la situation. Je te fais cette proposition en tout bien, tout honneur. Tout ce qui m'importe, c'est que tu sois en sécurité.

— D'accord, acquiesça-t-elle enfin. Je t'avoue que je me sentirai nettement plus en sécurité à tes côtés que dans un hôtel ouvert à tout le monde. Mais ne nous faisons pas d'illusions : si Marissa sait que nous sortons ensemble, elle n'aura sans doute pas beaucoup de mal à découvrir où tu habites.

— J'espère que d'ici là, le mandat d'amener que je vais lancer contre elle aura porté ses fruits, déclara Kenneth.

Évidemment, cela ne résoudrait pas la question à long terme : même si Marissa était condamnée à un nouveau séjour en prison, elle ne tarderait pas à en sortir et redeviendrait une menace pour Daphné. Et si celle-ci retournait s'installer chez elle à Tuscaloosa, il ne pourrait plus faire grand-chose pour la protéger.

— *Mahalo*, lui dit Daphné en passant ses bras autour de la taille de Kenneth.

Elle posa doucement sa tête contre son épaule et soupira.

— J'espère que ce cauchemar sera bientôt terminé et que vous parviendrez rapidement à capturer Marissa et l'Étouffeur.

— Moi aussi, répondit Kenneth en se promettant qu'une fois que ce serait fait, il aurait une longue conversation avec Daphné au sujet de leur avenir.

Le lendemain matin, Vanessa Ringwald se présenta de bonne heure chez Kenneth. Daphné et lui étaient en train de prendre leur petit déjeuner et si l'inspectrice fut surprise de la trouver là, elle s'abstint de le montrer, ce dont Daphné lui fut reconnaissante.

— Est-ce que tu veux un café ? lui proposa Kenneth.

— Avec plaisir, répondit Vanessa en prenant place à la table de la cuisine.

— Est-ce que vous avez des nouvelles de Marissa ? s'enquit Daphné.

— Pas encore. Nous avons transmis sa photo aux gérants de la plupart des hôtels locaux en leur demandant de nous contacter si elle séjournait chez eux. Même si elle loge chez l'habitant ou qu'elle a loué un appartement, tous les policiers en service ont reçu le mandat d'amener la concernant. L'île n'est pas si grande et, tôt ou tard, quelqu'un finira bien par l'apercevoir.

— Je l'espère, acquiesça Daphné.

Elle avait cependant conscience du fait que l'autre mandat qui avait été émis à l'encontre du mystérieux Tommy n'avait toujours pas porté ses fruits. Or sa capture devait être une priorité absolue pour la police de Maui.

— Vanessa a raison, renchérit Kenneth en posant une tasse fumante devant sa collègue. Ce n'est plus qu'une question de temps avant que nous mettions la main sur Sheffield. En attendant, je vais charger un agent de faire le guet devant la maison. Et si tu dois sortir, que ce soit dans le cadre de ton travail ou de tes loisirs, il t'escortera et gardera un œil sur toi.

— Tu penses vraiment que c'est nécessaire ? s'enquit Daphné.

L'idée de vivre ainsi sous surveillance rapprochée ne lui plaisait pas beaucoup.

— Très franchement, je ne souhaite courir aucun risque inutile, déclara Kenneth. Si nous ne prenions pas ce genre de précautions et que Sheffield te faisait du mal, je ne me le pardonnerais jamais.

— Il a raison, vous savez, insista Vanessa. Ce ne serait malheureusement pas la première fois qu'un admirateur déséquilibré s'en prendrait à son idole.

Daphné connaissait trop l'histoire de la criminalité pour soulever la moindre objection. De nombreux artistes avaient vu l'un de leurs fans se muer en tueur.

Et elle n'avait aucune envie d'ajouter son nom à la liste de ceux qui avaient été assassinés.

— Très bien, s'inclina-t-elle. Fais ce que tu penses être sage.

Kenneth hocha la tête d'un air approbateur et lui décocha un sourire empli de tendresse. Daphné sentit son cœur se serrer dans sa poitrine. Chaque jour qui s'écoulait paraissait renforcer la complicité qui existait entre eux. Et elle avait de plus en plus de mal à s'imaginer renoncer un jour à leur relation.

Comme elle s'apprêtait à reprendre la parole, la sonnerie du téléphone de Vanessa se fit entendre. Après avoir jeté un coup d'œil au numéro, elle décrocha aussitôt.

— Ringwald, j'écoute.

Daphné la vit se rembrunir à mesure que son interlocuteur lui parlait.

— Très bien, dit-elle enfin. Nous arrivons tout de suite.

Elle raccrocha et se tourna vers Kenneth.

— On vient apparemment de retrouver une nouvelle victime de l'Étouffeur, lui indiqua-t-elle. Elle se situe au Lei Motel, sur Wharf Street, à Lahaina.

Daphné fut parcourue d'un violent frisson à l'idée que, tout comme elle, Marissa Sheffield correspondait parfaitement au profil type des victimes de l'Étouffeur.

Kenneth n'aurait su dire s'il se sentit soulagé en découvrant que la dernière victime en date de l'Étouffeur n'était pas Marissa Sheffield. Il était en effet convaincu que, dans le cas contraire, Daphné se serait probablement sentie coupable à l'idée d'avoir attiré la jeune femme sur cette île.

La ressemblance de la défunte cliente du Lei Motel avec Marissa et Daphné était cependant indéniable : elle avait la même silhouette svelte et élancée et les mêmes longs cheveux noirs.

— D'après les papiers d'identité qui se trouvaient dans son sac à main, elle s'appelait Ashley Gibson, lui indiqua Vanessa. Elle était âgée de vingt-cinq ans et originaire de Westport dans le Connecticut.

— Qui a découvert le corps ?

— La femme de ménage, lorsqu'elle est venue faire la chambre.

Kenneth considéra attentivement la minijupe, le haut et les chaussures à talons que portait la victime.

— Elle rentrait probablement de soirée, remarqua-t-il.

Vanessa hocha la tête.

— D'après le réceptionniste, Ashley Gibson sortait presque chaque soir depuis qu'elle avait pris ses quartiers à l'hôtel. Et elle rentrait souvent très tard.

— Seule ou accompagnée ?

— La réception n'est ouverte que jusqu'à minuit, répondit Vanessa. Ensuite, les clients peuvent utiliser leur clé pour entrer.

— Je vois, acquiesça Kenneth.

Il désigna la marque de brûlure qui apparaissait sur la gorge d'Ashley.

— Qu'il soit revenu avec elle ou qu'il l'ait suivie de près, son agresseur l'a électrocutée à l'aide d'un taser avant de l'étouffer avec un sac en plastique.

— Ce type n'arrêtera jamais, murmura Kirk Guilfoyle, qui était jusqu'alors demeuré silencieux.

— J'ai bien peur que non, soupira Vanessa.

— En tout cas, il n'hésite pas à courir de plus en plus de risques, remarqua Kenneth. Cette fois, il ne s'agit pas d'un domicile privé mais d'un hôtel. Les chances de se faire surprendre étaient beaucoup plus importantes mais ça ne l'a pas arrêté.

— Sans parler du fait que la fréquence de ses crimes va croissant, remarqua Guilfoyle. Je suis d'accord : il est en phase d'accélération et il risque d'accumuler les erreurs. À nous de ne pas les rater.

Kenneth hocha la tête et s'approcha de la victime pour soulever l'une de ses mains de ses doigts gantés.

— À propos d'erreur, Ashley semble s'être débattue, probablement avant que le tueur parvienne à utiliser le taser. Il y a de légères traces de sang sous ses ongles et il y a de fortes probabilités qu'il appartienne à l'Étouffeur.

— Tu crois que ça nous permettra d'extraire un échantillon d'ADN ? s'enquit Vanessa.

— Je pense que oui. Et, avec un peu de chance, s'il a été fiché, nous connaîtrons enfin l'identité de notre tueur.

Sur ces entrefaites, ils furent rejoints par Rudy Samudio, le médecin légiste, qui considéra le corps d'un air désolé.

— Encore une, soupira-t-il. Ça commence vraiment à devenir déprimant.

Il enfila à son tour une paire de gants en latex et entreprit d'effectuer les premiers constats. Quand il eut terminé, il fit part au policier de ses espoirs.

— Les traces de sang sous les ongles pourraient effectivement nous permettre d'identifier l'agresseur, déclara-t-il. C'est la première fois que l'examen du corps de la victime est susceptible de nous fournir un indice.

Lorsque le médecin légiste eut ensaché les mains de la victime et supervisé la levée du corps, les techniciens de la police scientifique passèrent au crible la chambre d'hôtel tandis que les inspecteurs allaient interroger le personnel et les autres occupants de l'établissement.

Après avoir pris toutes les dépositions et recueilli les coordonnées des différents témoins, Kenneth appela Daphné pour lui indiquer que, contrairement à ce qu'elle avait pu craindre, Marissa n'était pas la dernière victime de l'Étouffeur.

— Tant mieux ! s'exclama-t-elle. Je ne la porte pas dans mon cœur mais personne ne mérite de mourir de cette façon.

— Elle n'en demeure pas moins une victime potentielle, tout particulièrement si le tueur s'intéresse à toi comme semblent le prouver sa présence à ta dédicace et l'assassinat de Roxanne Sinclair. J'espère que, lorsque nous la retrouverons, nous pourrons la convaincre qu'il est dans son intérêt de quitter l'île au plus vite.

— La connaissant, je ne me fais pas beaucoup d'illusions à ce sujet, avoua Daphné.

— Si elle refuse d'entendre raison, je me ferai une joie de la renvoyer à mes collègues d'Alabama qui se chargeront de l'inculper pour avoir contrevenu aux conditions de sa libération conditionnelle.

— Cela aura au moins le mérite de la mettre à l'abri, approuva Daphné.

— Bon, je vais devoir te quitter. Reste bien sur tes gardes et ne cours aucun risque inutile.

— C'est promis, lui assura-t-elle. À ce soir, Ken.

Au moment précis où Daphné raccrocha, son téléphone se remit à sonner. Croyant que Kenneth avait oublié de lui dire quelque chose, elle décrocha aussitôt.

— Daphné Dockery ? C'est Francis Hiraga.

— *Aloha*, répondit-elle, surprise.

Elle ne s'était pas attendue à ce que l'ex-amant de Jenny Takahashi reprenne contact avec elle.

— Je ne sais pas si cela vous intéresse mais je compte me rendre sur la tombe de Jenny. Cela fait un an qu'elle est morte, aujourd'hui.

Le premier réflexe de Daphné fut de décliner cette invitation. Elle ne tenait pas à imposer sa présence en un moment aussi intime. Puis elle songea que si Hiraga le lui avait proposé, c'était justement parce qu'il désirait partager cette expérience – non seulement avec elle mais aussi et surtout avec ses lecteurs. C'était probablement une façon pour lui de préserver le souvenir de la femme qu'il avait aimée.

— Je serais très honorée de vous accompagner, lui dit-elle.

Sans doute verrait-elle aussi les tombes de la mère de Jenny, de sa fille et du petit ami de celle-ci. Qui sait ? La sépulture de Norman Takahashi lui-même se trouvait peut-être dans ce même cimetière.

— *Mahalo*, répondit Hiraga.

Il lui donna toutes les indications pour se rendre sur place. Lorsqu'elle eut raccroché, Daphné envoya un message à Kenneth pour lui faire part de ses projets. Elle alla ensuite trouver l'agent Jose Menendez, que Kenneth avait affecté à sa protection rapprochée.

C'était un homme d'une quarantaine d'années au physique de lutteur. Grand, solidement bâti, il arborait une moustache en guidon de vélo. En discutant avec lui, elle avait appris qu'il avait récemment perdu son épouse.

Elle lui relata le coup de téléphone de Hiraga et lui indiqua qu'elle comptait se rendre au cimetière.

— Je vous accompagne, lui dit-il. Nous pouvons prendre ma voiture.

Daphné accepta sa proposition. Sur le chemin de Wailuku, ils s'arrêtèrent chez un fleuriste où elle acheta un bouquet qu'elle comptait déposer sur la tombe de Jenny. Puis ils rejoignirent le cimetière de l'église Saint-Antoine, sur Waiale Road.

— Je vous attends près de la voiture, déclara Menendez. Je serai à portée de voix. Si vous avez besoin de moi, n'hésitez surtout pas à m'appeler.

Daphné hocha la tête et s'avança sur la pelouse du cimetière. Elle pouvait apercevoir Hiraga agenouillé devant une tombe et elle se dirigea vers lui. En la voyant approcher, il se redressa.

— Merci d'être venue, lui dit-il lorsqu'elle l'eut rejoint.

— Merci de m'avoir invitée, répondit-elle en se penchant pour déposer son bouquet sur la tombe, à côté de la brassée de roses rouges que Hiraga y avait placée.

Elle remarqua que les sépultures de Sarah Takahashi, Donna Duldulao et Lucas Piimauna se trouvaient effectivement juste à côté de celle de Jenny. Il n'y avait en revanche pas trace de celle de Norman Takahashi.

— Je sais combien ce doit être difficile pour vous, déclara-t-elle.

Encore aujourd'hui, après toutes ces années, elle ne pouvait se rendre sur la tombe de ses parents sans fondre en larmes en songeant à toutes les années avec eux qu'elle avait perdues.

— Ç'aurait été un garçon, lui dit alors Hiraga. Nous voulions l'appeler Makoa, ce qui signifie « courageux » ou « sans peur » en hawaïen.

— C'est un très beau nom, opina Daphné.

— Je le pense aussi, acquiesça Hiraga.

Il prit une profonde inspiration et détourna les yeux de la tombe pour la regarder.

— Comment avancent vos recherches ? s'enquit-il.

— J'ai quasiment terminé, répondit-elle. En tout cas, celles que je devais réaliser sur l'île. Le reste, je devrais pouvoir le faire de chez moi.

— Si vous voulez, vous pouvez prendre une photo de la tombe de Jenny, lui suggéra-t-il.

— C'est gentil, répondit-elle. Mais j'évite généralement de le faire. Je préfère qu'on se souvienne des victimes telles qu'elles étaient de leur vivant.

Hiraga hocha la tête.

— Vous avez peut-être raison, lui dit-il.

Il marqua une pause avant de reprendre.

— Je vous ai vue à la télévision, vous savez, lui dit-il. J'ai trouvé très intéressante la façon dont vous parliez de vos livres mais aussi du tueur en série qui sévit à Maui.

— Merci, répondit-elle. Je vous avoue que je ne pensais pas me retrouver au beau milieu d'une telle affaire en venant ici.

— Est-ce pour cela qu'un policier vous accompagne ?

— En partie, répondit-elle. Il se peut que le tueur s'intéresse à mes écrits.

Elle se garda d'ajouter qu'en plus, elle était poursuivie par une fan un peu trop zélée.

— Et moi qui pensais avoir vu l'Étouffeur mourir sous mes yeux…

— Nous le pensions, tous, reconnut Daphné. À ce stade de l'enquête, il était le suspect numéro un. Mais des investigations complémentaires ont démontré qu'il s'était contenté d'imiter le mode opératoire de l'Étouffeur pour dissimuler son propre forfait.

— Cela ne lui a pas réussi, observa Hiraga.

— C'est le moins qu'on puisse dire.

— Le plus étrange, dans cette affaire, c'est que, le jour où Roxanne Sinclair s'est fait tuer, elle m'a laissé un message.

— Vraiment ? s'étonna Daphné.

Hiraga hocha la tête.

— Elle voulait me rencontrer. Elle prétendait qu'elle avait été la maîtresse de Norman Takahashi. Avant que j'aie pu la rappeler, j'ai appris qu'elle s'était fait assassiner par l'Étouffeur.

— Est-ce que vous en avez parlé à la police ? s'enquit Daphné, sidérée par cette révélation.

— Non. Je me suis dit que cela n'avait sans doute aucun rapport avec leur enquête. Vous pensez que j'ai eu tort ?

— Bien sûr ! s'exclama Daphné. La police cherche à savoir tout ce que les victimes ont pu faire, le jour de leur mort.

— Dans ce cas, je contacterai l'inspecteur qui est chargé de l'affaire.

— Kenneth Kealoha, précisa Daphné. N'hésitez pas à lui faire suivre le message, si vous l'avez toujours.

— C'est le cas, acquiesça-t-il.

Un doute s'insinua brusquement en Daphné. Se pouvait-il que Hiraga soit en train de lui mentir ? Qu'il ait rencontré Roxanne, ce jour-là, et qu'il l'ait tuée ? Que, tout comme Hoffman, il ait employé la même méthode que l'Étouffeur afin de régler des comptes personnels ? Cela expliquerait qu'elle ne corresponde pas au profil type des victimes du tueur en série...

— Au cas où vous me soupçonneriez de l'avoir tuée, lui dit Hiraga, qui semblait avoir deviné ses doutes, sachez que j'ai passé ma journée entière aux urgences. C'est d'ailleurs pour cela que je n'ai pas eu le message de Roxanne avant qu'il soit trop tard.

— Je suis désolée, s'excusa Daphné avec un sourire embarrassé. Depuis ce qu'il s'est passé avec Hoffman, j'en viens à soupçonner tout le monde...

Elle repensa au message qui avait été inscrit sur le miroir de la salle de bains de Roxanne et qui semblait bel et bien indiquer que son meurtre était l'œuvre de l'Étouffeur. Bien sûr, il aurait pu s'agir d'une fausse piste mais elle en doutait. De plus, si Francis Hiraga avait réellement passé la journée aux urgences, ils n'auraient aucun mal à vérifier son alibi.

14

Kenneth et Vanessa ne s'étaient pas attendus à avoir des nouvelles de Zack Lawrence, le coach sportif qui, un temps, avait été soupçonné d'être l'Étouffeur de Maui. Pourtant, il les contacta en leur assurant qu'il disposait d'informations susceptibles de les intéresser.

Sans attendre, ils quittèrent donc le poste de police pour le rejoindre à la salle de sport Wailuku sur Kolu Street.

— Est-ce que tu crois que Casanova a vraiment des révélations à nous faire ou bien qu'il cherche juste à se rendre intéressant ?

— Très franchement, s'il ne pensait pas avoir quelque chose à nous raconter, il se serait probablement gardé de nous appeler. Il ne tient sans doute pas à réveiller nos soupçons.

— J'espère que tu as raison. Parce que nous n'avons vraiment pas de temps à perdre.

Kenneth ne pouvait le nier : la tension qui pesait sur les enquêteurs chargés de l'affaire était à son comble. Et il n'osait imaginer celle qui devait s'exercer sur Martin Morrissey. S'ils n'obtenaient pas très rapidement des résultats, des têtes risquaient de tomber – à commencer par celle de Kenneth qui dirigeait l'équipe.

Après s'être garés à proximité, ils gagnèrent la salle de sport. C'était un établissement plutôt élégant qui se dressait au milieu d'un joli jardin planté de nombreux palmiers. À l'intérieur, ils découvrirent une immense salle emplie d'appareils de fitness dernier cri.

De nombreux clients s'entraînaient sur les tapis de course, les vélos elliptiques et les stations de musculation. Ils repérèrent aussitôt Zack Lawrence, qui flirtait avec une jolie brunette dont le justaucorps en lycra soulignait les formes généreuses. Avisant la présence des deux policiers, il s'excusa auprès de la jeune femme et se dirigea vers eux.

— Merci d'être venus aussi vite, leur dit-il.

Il décocha à Vanessa un sourire qui se voulait irrésistible.

— Je suis ravi de vous revoir, inspectrice Ringwald, ajouta-t-il.

— J'aimerais pouvoir en dire autant, rétorqua-t-elle durement.

— Expliquez-nous plutôt pourquoi vous nous avez fait venir jusqu'ici, demanda Kenneth.

— Bien sûr, acquiesça Zack. Si vous voulez bien me suivre, nous serons plus à l'aise dans mon bureau.

Ils lui emboîtèrent le pas et il les conduisit jusqu'à un vaste bureau au design ultramoderne.

— Asseyez-vous, je vous en prie, leur dit-il en désignant le confortable canapé tendu de velours rouge.

— Nous ne resterons pas longtemps, déclina Kenneth. Nous sommes très occupés, ces temps-ci, comme vous pouvez l'imaginer.

— Oui, bien sûr, admit Zack.

Il alla chercher une feuille qui était posée sur sa

table de travail et la leur montra : il s'agissait d'une impression du portrait-robot et de la photo du suspect qu'ils avaient diffusés récemment.

— J'ai suivi avec attention l'affaire de l'Étouffeur depuis que vous m'avez interrogé à ce sujet et j'ai vu votre avis de recherche. Eh bien, figurez-vous que je connais ce type.

— Vraiment ? fit Kenneth.

— Enfin, « connaître » est un bien grand mot, se reprit Zack. Disons plutôt que je l'ai croisé à plusieurs reprises dans des bars et des boîtes de nuit que je fréquente.

— Vous êtes sûr que c'était lui ? demanda Vanessa.

— En tout cas, ce portrait lui ressemble beaucoup. Je lui ai parlé, une fois. À vrai dire, c'est lui qui est venu me trouver. Il voulait savoir comment je faisais pour avoir autant de succès avec les femmes. Je lui ai répondu qu'il n'y avait pas de secret, qu'il suffisait de prendre soin de son apparence.

— Toutes les femmes ne sont pas aussi superficielles, ne put s'empêcher d'objecter Vanessa.

Zack lui adressa un sourire amusé.

— On ne peut pas gagner chaque fois, déclara-t-il d'un ton ironique.

— Comment a-t-il réagi lorsque vous lui avez dit ça ? intervint Kenneth.

— Ça l'a mis en colère, répondit Zack. Il m'a dit que je rendais les choses encore plus difficiles pour les gens comme lui. J'ai essayé de le convaincre qu'il se trompait, que tout ce qu'il lui fallait, c'était avoir en confiance en lui. Mais il n'a pas eu l'air d'apprécier ce conseil…

— Est-ce qu'il vous a donné son nom ? s'enquit Kenneth.

— Il m'a dit qu'il s'appelait Tommy.

Kenneth jeta un coup d'œil à Vanessa. Pour le moment, ils s'étaient abstenus de diffuser le prénom que leur avait donné Daphné. Jusqu'alors, Kenneth était d'ailleurs convaincu qu'il s'agissait d'un nom d'emprunt. Mais le témoignage de Zack semblait indiquer qu'il était authentique.

— J'imagine qu'il ne vous a pas donné son nom de famille…

Zack secoua la tête.

— Est-ce que par hasard, il fréquenterait votre salle de sport ?

— Non. À mon avis, ce n'est pas le genre de personne à entretenir son physique. Mais je lui ai donné ma carte. Je crois que tout le monde devrait pratiquer un minimum d'activité.

— Si jamais il se décide à venir, faites-le-nous savoir immédiatement.

— Vous pouvez compter sur moi, acquiesça Zack. Vous pensez vraiment que ce type pourrait être l'Étouffeur de Maui ?

— C'est possible, répondit Kenneth. Pour le moment, c'est juste un suspect. Mais nous comptons bien l'interroger dès que nous serons parvenus à le retrouver.

— Je resterai vigilant, leur assura Zack. Et je vous préviendrai si j'apprends quoi que ce soit à son sujet.

— Merci d'avance, répondit Kenneth.

Lorsque Vanessa et lui quittèrent la salle de sport, il se sentait nettement plus optimiste : le témoignage de Zack corroborait celui de Daphné, et leurs chances d'identifier l'Étouffeur s'en trouvaient nettement renforcées.

— Tu n'as pas été tendre avec ce pauvre Zack, remarqua Kenneth d'un ton amusé.

— C'est vrai, reconnut Vanessa. Mais c'est parce qu'il me rappelle mon ex…

Kenneth savait que l'homme en question l'avait abandonnée alors qu'elle était enceinte et n'avait plus jamais donné signe de vie, la laissant élever seule leur enfant.

— Au moins, ce qu'il nous a dit confirme le témoignage de Daphné. L'étau se resserre.

— D'autant que ce que nous a dit Lawrence nous donne un aperçu de la psychologie du tueur. Ses crimes sont probablement une façon de compenser ce qu'il ressent comme une inaptitude personnelle vis-à-vis des femmes.

Kenneth ne put réprimer un frisson de dégoût. Il avait du mal à concevoir que quelqu'un puisse en arriver à de telles extrémités. Mais force était de reconnaître que la théorie de Vanessa se tenait parfaitement.

— Visiblement, cela doit fonctionner, ajouta-t-elle. Sinon, il aurait déjà cessé de tuer…

— Sans doute, reconnut Kenneth. Malheureusement, ces meurtres ne semblent plus l'apaiser très longtemps. Ils sont de plus en plus fréquents.

— Nous ne tarderons pas à l'identifier, déclara Vanessa avec une conviction qu'il lui envia.

À cet instant, son téléphone se mit à sonner et il constata que c'était Daphné qui cherchait à le joindre. Il décrocha aussitôt.

— Salut, lui dit-il. Comment ça s'est passé, au cimetière ?

— J'ai appris quelque chose d'intéressant.

— Je suis tout ouïe.

— Figure-toi que Francis Hiraga a reçu un message vocal de Roxanne Sinclair entre le moment où je l'ai vue et celui où elle s'est fait tuer. Elle voulait le rencontrer pour discuter de la mort de Norman et de Jenny Takahashi.

— Est-ce qu'ils se connaissaient déjà ?

— Non. D'après Francis, il ne l'a jamais rencontrée. J'ai envisagé la possibilité qu'il ait pu la tuer et camoufler son meurtre comme l'a fait Hoffman mais il semble avoir un alibi. Apparemment, il a passé toute la journée aux urgences de l'hôpital, ce qui ne devrait pas être difficile à vérifier.

— Effectivement. Et je compte bien le faire aussi vite que possible.

— J'ai demandé à Francis de t'envoyer une copie du message, à toutes fins utiles.

— Merci, Daphné. Ton aide nous est précieuse. À ce propos, nous venons d'interroger un témoin qui confirme l'existence du mystérieux Tommy dont tu nous as parlé. Apparemment, il fréquente régulièrement les bars et les boîtes de nuit de l'île.

— C'est là que le tueur choisit ses victimes.

— Effectivement. Inutile de te dire que je compte bien avoir au plus vite une discussion avec ce Tommy.

— J'espère que vous le retrouverez rapidement. À ce propos, est-ce que vous avez des nouvelles de Marissa ?

— Elle a été repérée dans un supermarché de Kahului

mais, le temps que les agents arrivent sur place, elle avait déjà disparu.

— J'espère que vous aurez plus de chance la prochaine fois.

— Nous finirons par la coincer, lui assura Kenneth.

Il était nettement plus confiant sur leurs chances d'attraper Marissa dont ils connaissaient l'identité et qui n'était pas originaire de Maui. L'Étouffeur, au contraire, était sur ses terres et ils ne connaissaient toujours que son prénom, qui n'était peut-être même pas le vrai.

— Est-ce que ta cohabitation avec l'agent Menendez se passe bien ? demanda-t-il à Daphné.

— Très bien. Il est très sympathique et il veille sur moi comme un faucon.

— Tant mieux, approuva Kenneth, rassuré.

Il avait toute confiance en Menendez pour assurer la sécurité de Daphné. Mais il savait aussi que la seule façon de la garantir définitivement était d'arrêter au plus vite Marissa et l'Étouffeur.

— Je vais devoir te laisser, lui dit alors Daphné. Mon éditeur cherche à me joindre.

— Bien sûr, répondit Kenneth. À bientôt, Daphné.

— Est-ce que tout va bien ? s'enquit Vanessa, curieuse.

Il lui rapporta ce que Daphné venait de lui dire.

— Étrange coïncidence, tout de même, remarqua-t-elle.

— Ce n'en est pas forcément une, objecta-t-il. Si l'Étouffeur est venu à la séance de dédicace de Daphné, c'est probablement qu'il s'intéresse à ses écrits. Il doit savoir qu'elle enquête sur le meurtre-suicide de Takahashi et probablement qu'elle a eu rendez-vous avec sa maîtresse. Cela peut expliquer qu'il s'en soit pris à Roxanne, qui ne correspond pourtant pas à son profil habituel.

Vanessa se rembrunit.

— Je comprends mieux pourquoi tu as insisté pour lui allouer un agent en guise de garde du corps, déclara-t-elle en ouvrant la portière de la voiture du côté passager.

Kenneth prit place au volant et ils reprirent la direction du poste de police.

— Dis, je sais que cela ne me regarde pas vraiment, remarqua alors Vanessa. Mais j'ai l'impression qu'il se passe quelque chose de fort entre Daphné et toi.

— C'est vrai, reconnut-il. Nous nous sommes beaucoup attachés l'un à l'autre en très peu de temps.

— Je trouve que vous faites un très joli couple, tous les deux, déclara Vanessa.

— *Mahalo*.

— Mais j'imagine que ça ne va pas être très facile pour vous. L'Alabama, ce n'est pas précisément la porte à côté.

— Je sais, soupira Kenneth. Et j'imagine que ce genre de relation à longue distance n'est pas forcément simple.

— Tu sais, je crois qu'il n'y a pas de relations simples, déclara Vanessa. Mais ce n'est pas une raison pour renoncer, lorsqu'on a la chance d'avoir rencontré quelqu'un de spécial.

— Tu es sans doute dans le vrai, concéda Kenneth. Tu sais que, si tu décides un jour de quitter la police, tu pourras te reconvertir en psychologue.

Vanessa se fendit d'un large sourire.

— Je crois que je préférerais opter pour le travail de ta nouvelle petite amie. Je me vois bien écrire des livres de criminologie – peut-être même un roman policier, qui sait ? Mais en attendant, je compte bien rester dans la police pendant encore quelques années.

Cela n'étonna pas Kenneth outre mesure : tout comme lui, Vanessa avait la passion de son métier chevillée au corps. Mais si lui-même ne se voyait pas non plus y renoncer dans l'immédiat, il commençait de plus en plus sérieusement à envisager la possibilité d'aller l'exercer ailleurs. Peut-être bien quelque part du côté de l'Alabama…

15

Après s'être entretenu avec Francis Hiraga et avoir vérifié son alibi, Kenneth était convaincu que le médecin n'était pas directement impliqué dans le meurtre de Roxanne Sinclair. Malheureusement, cela ne faisait que renforcer sa conviction : le lien entre ces deux affaires n'était autre que Daphné. Et l'idée que l'Étouffeur puisse s'intéresser à elle le rendait malade.

L'angoisse qui l'habitait prouvait s'il en était besoin l'intensité de ses sentiments pour la jeune femme. En l'espace de quelques jours, elle avait pris une place centrale dans son cœur et dans sa vie. Et il était terrifié à l'idée de la perdre.

Bien décidé à identifier et à arrêter le tueur en série au plus vite, Kenneth se rendit au laboratoire de la police de la rue Wili Pa Loop. Là, il rejoignit Tad Newsome et Farrah Ueto, la spécialiste des analyses médico-légales qui avait été chargée d'examiner le sang trouvé sous les ongles de la dernière victime de l'Étouffeur.

— *Aloha*, dit-elle aux deux inspecteurs lorsqu'ils pénétrèrent dans son laboratoire.

— *Aloha*, répondit Kenneth. J'espère que vous avez de bonnes nouvelles pour nous, Farrah. Est-ce que vous avez pu relever un échantillon d'ADN ?

— Oui, répondit-elle, à son grand soulagement. Il est probable qu'Ashley Gibson se soit défendue contre son agresseur. L'ADN que nous sommes parvenus à isoler ne correspondait pas à celui de la victime.

— Est-ce que vous avez réussi à identifier la personne à qui il appartenait ?

— Nous avons transmis l'empreinte au CODIS pour qu'ils le comparent avec leurs bases de données mais malheureusement, cela n'a rien donné pour le moment.

— Je sais qu'on ne peut pas gagner à tous les coups mais là, ça commence à devenir vraiment très frustrant, soupira Kenneth.

— J'imagine, concéda Farrah. Mais ne désespérez pas, inspecteur. L'identification de l'ADN prend parfois du temps. Il y a des tas de bases de données à consulter. Si le tueur se trouve dans l'une d'elles, nous finirons par obtenir son nom.

— Espérons que ça ne prendra pas trop longtemps, dit alors Newsome. Parce que ce tueur ne semble pas décidé à lever le pied. D'autres femmes risquent de mourir, le temps que nous obtenions cette réponse.

— J'en ai bien conscience, soupira Farrah. Malheureusement, nous ne pouvons pas faire grand-chose pour accélérer le processus. J'ai bien insisté pour qu'on donne la priorité absolue à cette recherche. Et je peux vous promettre qu'à l'instant précis où nous recevrons une réponse, vous en serez immédiatement informés.

— Merci, répondit Kenneth, qui avait beaucoup de mal à réprimer l'agacement qu'il éprouvait en cet instant.

Le pire, c'était le fait de ne pas savoir si le suspect figurait bien parmi les personnes fichées.

— Je suis convaincue que nous le trouverons, déclara alors Farrah, qui semblait avoir deviné son inquiétude. Je ne peux pas croire qu'un tueur en série qui a fait onze victimes n'ait pas d'antécédents judiciaires.

Kenneth hocha la tête. Il espérait effectivement qu'elle avait raison. Car dans le cas contraire, il ne leur restait plus qu'à espérer que quelqu'un finirait par reconnaître le portrait-robot qui avait été diffusé. Or, pour le moment, seuls Daphné et Zack s'étaient manifestés…

Kenneth fut tiré de ses pensées par la sonnerie de son téléphone portable. Le numéro qui s'affichait était celui de Jared McDougall.

— Excusez-moi, dit-il à Farrah et Newsome avant de s'écarter un peu. Jared ? Quoi de neuf ?

— Il s'est passé quelque chose de très bizarre, répondit son vieil ami.

— Je t'écoute.

— Une randonneuse qui traversait ma propriété vient de tomber sur ce qui semble être des restes humains à demi enterrés. D'après les vêtements, il doit s'agir d'une femme.

Kenneth ne put réprimer une exclamation de stupeur.

— Inutile de te dire que ça m'a fait un choc, reprit Jared.

— J'imagine, acquiesça Kenneth. Ne touche à rien. Nous arrivons tout de suite.

Il fallut moins d'une heure à Kenneth pour rassembler une équipe et se rendre au ranch de Jared. Ce dernier les conduisit jusqu'à l'endroit où la promeneuse avait retrouvé le cadavre. C'était une clairière au beau milieu de la forêt. Les précipitations récentes avaient causé un affaissement du terrain, faisant émerger une partie du corps qui avait visiblement été enterré à cet endroit.

Après avoir photographié la scène sous tous les angles, les agents de la police scientifique entreprirent de dégager les restes humains. Ils purent alors constater que la tête de la victime était recouverte d'un sac en plastique qui ne leur était que trop familier.

En dépit des dégradations subies par le corps, il était évident qu'il s'était agi d'une femme plutôt svelte mesurant environ un mètre soixante-dix et arborant de longs cheveux noirs.

— On dirait bien que nous avons affaire à une victime de l'Étouffeur, remarqua Stefanie Chadwick, le médecin légiste qui était de service ce jour-là.

— Depuis combien de temps est-elle morte, à votre avis ? s'enquit Kenneth.

— Plusieurs mois, répondit Stefanie. Je ne peux pas être plus précise sans une étude approfondie.

— Est-ce que cela pourrait faire plus de huit mois ?

— C'est possible.

Si tel était le cas, cela signifiait que cette femme avait été assassinée avant Venus Delgado, considérée jusqu'alors comme la toute première victime de l'Étouffeur. Cette éventualité éveilla en lui un frisson d'angoisse.

Car si les meurtres avaient commencé avant la période actuelle, qui sait combien de corps pouvaient être cachés sur l'île ? Combien de disparitions inquiétantes s'avéreraient être des victimes du tueur en série ?

Kenneth rejoignit Gail Broderick, la jeune randonneuse qui avait fait cette macabre découverte. Elle paraissait être toujours sous le choc, ce qu'il pouvait parfaitement comprendre.

— C'est horrible, murmura-t-elle d'une voix tremblante. Je passe par ici plusieurs fois par semaine, avec la permission de M. McDougall. Jamais je n'aurais pu imaginer qu'il y avait un corps enterré dans cette clairière…

— Est-ce qu'il y a beaucoup d'autres randonneurs qui passent par ici ? lui demanda Kenneth d'une voix très douce.

Gail secoua la tête.

— Non, répondit-elle. Je ne croise quasiment personne. Je vis juste à côté d'ici et ce n'est pas un coin très fréquenté. En tout cas, c'est ce que je croyais… Qui a pu faire une chose pareille, d'après vous ?

Kenneth croyait connaître la réponse à cette question mais il préféra garder le silence. Il n'aurait servi à rien d'ajouter à l'inquiétude de la jeune femme en lui parlant de l'Étouffeur – d'autant que le meurtre avait été commis des mois auparavant.

— J'ai bien l'intention de le découvrir, répondit-il.

Après avoir pris les coordonnées de Gail, Kenneth lui indiqua qu'elle pouvait rentrer chez elle. Il alla ensuite trouver Jared McDougall, qui venait de répondre aux questions des agents spéciaux Noelle Kaniho et Kirk Guilfoyle.

— J'ai l'impression que tes collègues du FBI me considèrent comme un suspect, dit-il à Kenneth.

— Ils font juste leur travail, tenta de le rassurer Kenneth. Le corps a été retrouvé sur tes terres et tu es donc suspect par défaut. Tu connais comme moi la procédure.

— Tu as raison, soupira Jared.

— Je suis vraiment désolé que ça te soit tombé dessus.

— Je suis surtout désolé pour cette pauvre fille. Et je suis furieux contre celui qui l'a enterrée sur mes terres.

— Il y a de fortes présomptions pour que ce soit l'Étouffeur de Maui, lui révéla Kenneth.

Jared le considéra avec stupeur.

— À combien de victimes en est-il ?

— Douze avec celle-ci. Et c'est compter sans toutes celles qu'il a pu enterrer…

— Mon Dieu, murmura Jared d'une voix blanche. Il faut vraiment que vous l'arrêtiez…

— Crois-moi, nous faisons tout ce qui est en notre pouvoir pour cela, répondit Kenneth en s'efforçant de ravaler le sentiment de frustration qui semblait ne plus devoir le quitter, ces derniers temps.

Daphné avait été aussi surprise que choquée d'apprendre la macabre découverte faite sur la propriété de Jared McDougall.

— Est-ce qu'on sait à quand remonte la mort ? demanda-t-elle à Kenneth.

À son retour, ils s'étaient servi une bière avant d'aller s'installer sur le *lanai* de sa maison. Kenneth avala une longue gorgée avant de lui répondre.

— Le médecin légiste qui l'a examinée estime que cela fait plusieurs mois mais il est encore trop tôt pour donner une date exacte.

— Est-ce que vous avez une idée de qui il s'agit ?

Kenneth secoua la tête. L'expression qui se lisait

dans son regard trahissait un mélange d'impuissance et de colère.

— Est-ce qu'on vous a signalé des disparitions inquiétantes, ces derniers temps ? demanda encore Daphné.

— Il y en a régulièrement, répondit-il. Le plus souvent, il s'agit de simples malentendus ou de disputes familiales. Mais j'ai repéré un signalement de disparition inquiétante qui remonte à un an. On n'a jamais retrouvé cette femme.

— Est-ce que la description pourrait correspondre ?

— Potentiellement, répondit prudemment Kenneth. Mais après tout ce temps, le corps était dans un triste état, tu t'en doutes. Cela pourrait nous prendre un certain temps avant d'obtenir une identification définitive.

— Et vous êtes certains que c'est bien l'Étouffeur qui a commis ce meurtre ?

— Il est trop tôt pour l'affirmer avec certitude. Mais il faut bien avouer que tout semble correspondre : le mode opératoire, le physique de la victime et même la marque du sac en plastique…

Daphné s'efforça de considérer le problème en professionnelle de la criminologie.

— S'il s'agit bien de notre tueur, il travaillait peut-être au ranch, à cette époque ? Ce pourrait être un ancien employé de Jared.

— Possible, reconnut Kenneth. Je lui poserai la question. Avec un peu de chance, il a conservé la liste des travailleurs saisonniers qui travaillaient pour lui à ce moment-là.

Ils demeurèrent quelques instants silencieux, plongés dans leurs pensées respectives.

— Est-ce que tu as eu l'occasion de parler avec Francis Hiraga ? s'enquit alors Daphné.

— Oui et j'ai pu vérifier que son alibi tenait la route. Il ne peut avoir tué Roxanne Sinclair.

— Voilà qui est rassurant, opina-t-elle. Je t'avoue que cet homme m'est plutôt sympathique.

— À moi aussi, acquiesça Kenneth.

— Et Marissa ? Est-ce que quelqu'un l'a revue depuis son passage au supermarché ?

— Non. Et cela tendrait à indiquer qu'elle fait profil bas. Mais dès qu'elle refera surface, nous l'arrêterons. Tu n'as rien à craindre.

Daphné essaya de s'en convaincre. Mais Marissa était dotée d'une personnalité borderline et pouvait basculer à tout moment. Il était difficile de prévoir comment elle réagirait si elle se savait acculée – d'autant que son séjour en prison l'avait visiblement traumatisée.

Percevant probablement son inquiétude, Kenneth prit la main de Daphné et la porta doucement à ses lèvres. Ce simple contact fit naître en elle un frisson de désir. Il dut le lire dans ses yeux car il posa sa canette de bière. Couvrant la distance qui les séparait, il la prit dans ses bras et l'embrassa.

Ce soir-là, ils firent l'amour avec un mélange de tendresse et de passion qui acheva de convaincre Daphné qu'elle était bel et bien tombée éperdument amoureuse de Kenneth Kealoha.

Le lendemain matin, Kenneth était de retour dans les bureaux du coroner pour entendre les conclusions de l'autopsie de la victime retrouvée au ranch. C'était Rudy Samudio qui s'en était chargé.

— Je vous épargnerai les détails macabres concernant la décomposition du corps et les dommages causés par les prédateurs, lui dit-il. Ce que je peux vous confirmer, en revanche, c'est que cette femme a bien été asphyxiée à l'aide d'un sac en plastique.

— Quel âge avait-elle au moment de sa mort ?

— Je dirais entre vingt-cinq et trente ans.

— Pouvez-vous me dire si elle a fait l'objet de violences à caractère sexuel ?

— Il faudrait faire des études plus poussées. Tout ce que je peux vous dire, c'est que je n'ai rien remarqué qui puisse le laisser penser. En revanche, elle semble s'être débattue contre son assaillant et j'ai retrouvé une fois encore du sang sous les ongles. Je l'ai envoyé au labo pour qu'ils l'analysent. Avec un peu de chance, nous saurons rapidement s'il s'agit bien du même tueur.

— Depuis combien de temps a-t-elle été tuée, d'après vous ?

— D'après l'état du corps et les insectes qui l'ont colonisé, je dirais que cela fait entre dix mois et un an.

— Donc entre deux et quatre mois avant celle que nous considérions jusqu'alors comme la première victime de l'Étouffeur…, murmura pensivement Kenneth.

— Effectivement, acquiesça Samudio. Il se pourrait que cette femme soit la véritable première victime. Or le tueur l'a enterrée au lieu de l'abandonner au vu et au su de tous comme il le fait depuis. J'ignore si c'est significatif.

— Peut-être craignait-il qu'en identifiant cette victime, nous puissions remonter jusqu'à lui. Si c'est bien son premier meurtre, il s'agissait peut-être de quelqu'un qui était proche du tueur, de quelqu'un qu'il connaissait personnellement…

Évidemment, il se pouvait aussi qu'elle ne soit pas la première victime de l'Étouffeur, que d'autres l'aient précédée et que le tueur en série ait juste décidé de changer de méthode au bout d'un moment. Mais, pour le moment, Kenneth préférait considérer l'hypothèse la plus optimiste.

— C'est possible, concéda le médecin légiste. En tout cas, nous devrions pouvoir identifier cette femme en nous basant sur son ADN, sur ses empreintes digitales et dentaires, sur ses vêtements et sur la bague qu'elle portait. Évidemment, cela risque de prendre un peu de temps. Mais je vous préviendrai dès que nous serons fixés.

— *Mahalo*, docteur, répondit Kenneth.

Il espérait sincèrement qu'ils découvriraient très vite qui était cette femme et qu'ils pourraient établir un lien avec celui qui l'avait assassinée.

16

Une fois de plus, Kenneth avait réuni son équipe au grand complet dans la salle de conférences du poste de police pour exposer les dernières avancées de l'enquête.

— Je n'irai pas par quatre chemins, commença-t-il en considérant la mine préoccupée qu'arboraient la plupart de ses collègues. Ces trois derniers mois ont été très éprouvants pour nous tous. Mais j'ai enfin de bonnes nouvelles à vous annoncer. Nous ne sommes peut-être pas encore tout à fait au bout de nos peines mais nous avons désormais de vraies raisons d'être optimistes.

Il fit apparaître le portrait d'une séduisante jeune femme aux yeux bleus et aux longs cheveux noirs.

— Nous sommes enfin parvenus à identifier la victime dont on a retrouvé le corps dans le ranch de Jared McDougall, annonça-t-il. Elle se nommait Willow Hudson et était âgée de vingt-cinq ans. Au moment de sa disparition, il y a dix mois de cela, elle était employée par l'Administration de la sécurité des transports et travaillait à l'aéroport Kahului. J'y reviendrai ultérieurement.

Kenneth laissa quelques instants à ses collègues pour

commenter entre eux cette information tant espérée depuis maintenant près d'une semaine.

— Entre-temps, nous avons inspecté la propriété de Jared McDougall en détail et nous n'avons découvert aucun autre corps. Nous avons également comparé le sang retrouvé sous les ongles de Willow à celui recueilli sous les ongles d'Ashley Gibson. C'est bien le même homme qui les a assassinées toutes les deux. Nous avons tout lieu de supposer qu'il a également tué toutes les autres victimes en dehors d'Irene Ishibashi.

Tout en parlant, Kenneth avait fait apparaître sur l'écran situé juste derrière lui les visages de toutes les femmes assassinées.

— Le nombre de victimes de celui que la presse a baptisé l'Étouffeur de Maui s'élève à présent à douze. Et malheureusement, son ADN ne figure pas dans nos registres. Il semble qu'il n'ait jamais été arrêté ou condamné préalablement. Pour tenter de l'identifier, nous nous sommes donc concentrés sur Willow Hudson, car nous soupçonnons qu'elle était sa toute première victime. Et nous avons découvert que, quelques semaines avant qu'elle disparaisse, elle avait accusé l'un de ses collègues de harcèlement sexuel.

Kenneth fit apparaître la photo de ce dernier.

— Emerson Thomas Gladstone est âgé de trente-sept ans. Il travaillait à l'aéroport comme agent de piste. Il a été renvoyé à la suite des accusations de Mlle Hudson. Avant d'être employé à Kahului, il avait travaillé pour le précédent propriétaire du ranch de Jared McDougall. Nous avons tout lieu de penser que Gladstone a assassiné Willow Hudson pour se venger. Puis il a enterré son corps dans la forêt qu'il connaissait bien.

Kenneth fit apparaître le portrait-robot dessiné sur les indications de Ruth Paquin et la photo du suspect tirée des vidéos de surveillance de la librairie. La ressemblance avec Gladstone était frappante.

— Nous pensons que ce premier meurtre a éveillé chez Gladstone une pulsion homicide incontrôlable. Les victimes qu'il a ciblées par la suite ressemblent toutes à Willow Hudson. Nous savons que Gladstone fréquente les bars et les boîtes de nuit de l'île et qu'il se fait appeler Tommy, ce qui est le diminutif de son deuxième prénom. Trois témoins ont aperçu cet homme : Daphné Dockery à qui il a demandé une dédicace, Zack Lawrence qui lui a prodigué des conseils en matière de séduction et Ruth Paquin qui est la seule à avoir survécu à l'Étouffeur.

Kenneth marqua une nouvelle pause, le temps que les murmures de l'assistance s'estompent.

— Nous avons aujourd'hui suffisamment d'éléments pour obtenir un mandat d'arrêt et de perquisition. Si ce dont je suis convaincu se révèle exact, l'ADN d'Emerson Gladstone correspondra à celui retrouvé sous les ongles des victimes. Et, dans ce cas, nous tiendrons enfin notre tueur.

— À ce propos, j'ai une bonne nouvelle, intervint Martin Morrissey. Le juge à qui j'ai présenté le faisceau d'indices que vous avez recueillis a accepté de signer sans attendre les mandats dont vous aurez besoin. Et mes supérieurs tiennent à ce que nous intervenions sans attendre. Gladstone a suffisamment terrorisé Maui et il ne faut pas lui laisser le temps de faire une autre victime.

— Nous sommes bien d'accord, acquiesça Kenneth.

C'est la raison pour laquelle j'ai pris la liberté de mettre au point l'opération qui devra conduire à l'arrestation de Gladstone et à la fouille de sa maison.

Tandis que Kenneth faisait apparaître un plan du quartier où se trouvait le domicile de leur suspect, il sentit monter en lui un mélange d'exaltation et d'impatience. Après des mois d'échecs et de frustration, ils allaient enfin pouvoir arrêter l'Étouffeur et ramener la paix et la sérénité à Maui.

La présence sur l'île de l'Étouffeur et de Marissa suffisait à dissuader Daphné de sortir. Et, quitte à demeurer cloîtrée chez Kenneth, elle avait décidé de se mettre à écrire. Au cours de la semaine qui venait de s'écouler, elle avait rédigé un premier jet des trois premiers chapitres de *Massacre au paradis*.

C'était la première fois qu'elle écrivait loin de chez elle. Comme la plupart des écrivains, elle était plutôt casanière et avait des rituels bien établis. Elle avait donc craint d'être déstabilisée par ce changement d'environnement. Mais, curieusement, il n'en avait rien été. Elle se sentait bien, chez Kenneth. Sa maison était une oasis de calme et de sérénité.

Bien sûr, elle savait que ce moment suspendu ne pourrait durer indéfiniment. Tôt ou tard, elle devrait bien se résigner à rentrer chez elle. Mais Kenneth ne paraissait pas plus pressé qu'elle de voir ce moment arriver. Et tous deux s'étaient bien gardés de faire allusion à ce qui se passerait ensuite.

L'idée de le perdre l'emplissait d'un profond désarroi. En l'espace de deux semaines, elle s'était attachée à lui bien plus qu'elle ne l'aurait cru possible. Mais seraient-ils réellement capables de poursuivre cette relation lorsqu'ils seraient séparés par des milliers de kilomètres ? Voudraient-ils seulement hypothéquer leurs vies respectives de cette façon ?

Évidemment, il existait une autre possibilité : l'un d'eux pouvait déménager. Mais elle avait bien conscience du bouleversement que cela constituerait pour celui qui franchirait le pas. Maui et Tuscaloosa étaient incontestablement des endroits très différents.

Se voyait-elle vivre à Maui ? Certes, l'endroit était paradisiaque par bien des aspects. Mais c'était aussi une île minuscule et éloignée de tout. Kenneth envisagerait-il éventuellement de retourner vivre sur l'île de O'ahu, où se trouvait la capitale Honolulu ?

Un bruit provenant de l'intérieur de la maison la tira brusquement de sa rêverie. Il devait probablement s'agir de Menendez, se dit-elle en tendant l'oreille. Malgré elle, elle se sentait nerveuse. Et elle avait hâte que Kenneth l'appelle pour lui confirmer qu'il avait bien arrêté Emerson Gladstone, l'homme qui était désormais soupçonné d'être l'Étouffeur de Maui.

Elle espérait aussi qu'on finirait par localiser Marissa Sheffield, qui semblait bel et bien s'être volatilisée. Daphné aurait voulu se convaincre qu'elle s'était finalement décidée à rentrer en Alabama mais elle en doutait. Marissa n'était pas le genre de personne à se laisser décourager aussi facilement.

Un nouveau bruit se fit entendre – un choc sourd, quelque part du côté de la cuisine.

— Jose ? appela Daphné. Est-ce que tout va bien ?

Aucune réponse ne lui parvint, ce qui ne contribua

guère à la rassurer. La lampe de son bureau s'éteignit brusquement et un message apparut sur l'écran de son ordinateur, lui signalant qu'il fonctionnait désormais sur batterie. Apparemment, le courant avait été coupé.

Inquiète, Daphné chercha des yeux son téléphone portable avant de se rappeler qu'elle l'avait laissé se recharger dans la chambre de Kenneth, ce matin-là. S'efforçant de réprimer l'angoisse croissante qui montait en elle, elle se leva et se dirigea vers la porte du bureau.

Mais avant même qu'elle ait pu l'atteindre, celle-ci s'ouvrit, laissant apparaître une silhouette familière. À sa vue, Daphné ne put réprimer un cri d'angoisse.

Entouré des agents de l'unité spéciale qui avait été formée pour enquêter sur l'Étouffeur et accompagné d'une équipe d'intervention du SWAT, Kenneth observait avec attention l'immeuble situé sur Lower Honoapiilani Road à Lahaina dans lequel se trouvait l'appartement d'Emerson Gladstone.

L'absence du SUV rouge appartenant à leur suspect sur la place de parking qui lui était réservée ne lui disait rien de bon. Mais il ne pouvait courir le risque d'attendre, alors que Gladstone se trouvait peut-être chez lui. Il était bien trop dangereux pour cela.

Ajustant son gilet pare-balles, Kenneth sortit son Glock 17 de son holster et fit signe à ses hommes de le suivre. Ils pénétrèrent au pas de course dans l'immeuble et gagnèrent le premier étage où se situait l'appartement. Tandis que les policiers sécurisaient le couloir, Kenneth frappa à la porte.

— Emerson Thomas Gladstone ! appela-t-il d'une

voix forte. Inspecteur Kealoha de la police criminelle de Maui ! Ouvrez cette porte. J'ai un mandat de perquisition.

Aucune réponse ne lui parvint et il renouvela son appel. N'obtenant toujours aucune réaction, il fit signe aux deux hommes du SWAT qui portaient un bélier d'enfoncer la porte. Arme au poing, ils pénétrèrent ensuite dans l'appartement. Il s'agissait d'un petit studio qui était désert.

Kenneth remarqua que l'endroit était chichement meublé et assez mal entretenu. Sur la table basse, il repéra un exemplaire de *Tueur accidentel*, probablement celui que Daphné avait dédicacé au nom de Tommy. Sa vue ne fit qu'ajouter à son inquiétude. Il avait vraiment espéré pouvoir mettre la main sur Emerson le plus rapidement possible.

— Aucune trace de Gladstone, lui annonça Vanessa qui avait jeté un coup d'œil à la chambre et à la salle de bains.

— Il n'ira pas loin, déclara Tad Newsome avec conviction.

— Regardez ce que j'ai trouvé, leur dit alors l'agente spéciale Kaniho.

Elle avait enfilé une paire de gants pour commencer à inspecter l'appartement et était tombée sur une boîte contenant trois pistolets automatiques.

— Les numéros de série ont été limés, précisa-t-elle.

— Cela prouve au moins que Gladstone n'a rien d'un citoyen modèle.

— C'est le moins qu'on puisse dire, s'exclama Kirk Guilfoyle, qui se trouvait toujours dans la chambre.

Il venait d'ouvrir une armoire, révélant trois fusils à

pompe et une impressionnante collection de boîtes de munitions. Il y avait aussi plusieurs couteaux militaires.

— Ce type se prépare à une guerre, on dirait.

Cela ne disait rien de bon à Kenneth. Un tel arsenal indiquait en effet clairement que Gladstone ne se laisserait pas arrêter sans réagir et qu'il comptait bien se défendre jusqu'au bout.

— Je veux qu'on lance immédiatement un avis de recherche en indiquant que le suspect est présumé armé et dangereux, déclara-t-il.

— Et potentiellement sous l'emprise de produits stupéfiants, ajouta Guilfoyle en leur montrant deux sachets en plastique.

L'un d'eux contenait une grande quantité de marijuana, l'autre de la méthamphétamine sous forme cristalline.

— Il y a aussi pas mal de cachets, précisa l'agent du FBI.

— Au moins, nous allons pouvoir comparer son ADN avec celui du tueur, déclara Farrah Ueto, qui avait récupéré une brosse à dents, un rasoir et une brosse à cheveux dans la salle de bains.

— Parfait, approuva Kenneth. Je n'ai plus vraiment de doutes quant aux résultats que vous obtiendrez mais faites les tests au plus vite. Je ne veux pas que ce salopard puisse être libéré sous caution une fois que nous aurons mis la main sur lui.

— Je m'en occupe tout de suite, acquiesça Farrah.

Tandis qu'elle quittait les lieux pour regagner le laboratoire, l'équipe inspecta l'appartement de fond en comble. Moins d'une demi-heure s'était écoulée lorsque Vanessa vint le trouver pour lui signaler que le véhicule du suspect avait été repéré.

— Où ça ? s'enquit Kenneth, plus impatient que jamais de mettre Gladstone hors d'état de nuire.

Le regard inquiet de Vanessa ne lui disait rien de bon.

— Sur l'autoroute 30, pas très loin de chez toi, répondit-elle.

Kenneth sentit les battements de son cœur s'emballer dans sa poitrine tandis qu'un frisson glacé courait le long de son échine. Il essaya de se rassurer en se disant que, s'il s'était passé quoi que ce soit, Menendez n'aurait pas manqué de l'appeler.

D'une main légèrement tremblante, il composa le numéro de ce dernier et tomba sur son répondeur. Réprimant un juron, il appela sans attendre Daphné. Cette fois-ci, la sonnerie se fit entendre mais personne ne décrocha.

— Menendez et Daphné ne répondent pas, dit-il à Vanessa. Je fonce à la maison. Réunis une équipe et suivez-moi. Appelle aussi une ambulance, au cas où…

Sans attendre sa réponse, Kenneth sortit en courant de l'appartement et dévala l'escalier. Quittant l'immeuble, il courut jusqu'à sa voiture et démarra en trombe pour prendre la direction de chez lui. L'idée qu'il puisse être arrivé quelque chose à Daphné le rendait malade. Et il était bien décidé à tout faire pour protéger la femme qu'il aimait.

Avant que Daphné ait pu esquisser le moindre geste, Gladstone s'avança vers elle en brandissant un taser. Il le plaqua contre son cou et elle hurla de douleur en sentant une violente décharge d'électricité la traverser de part en part.

Instantanément, il lui sembla perdre le contrôle de ses membres et elle se serait probablement écroulée si Gladstone ne l'avait pas soutenue. Il l'entraîna jusqu'au canapé qui occupait un coin de la pièce et l'assit dessus sans qu'elle puisse esquisser le plus petit geste.

— Je suis ravi de vous revoir, Daphné, lui dit son agresseur sur le ton de la conversation. Au cas où vous l'auriez oublié, nous nous sommes rencontrés lors de votre séance de dédicace. Je suis Tommy.

Il marqua une pause et lui décocha un sourire teinté d'ironie cruelle.

— Au fait, je préfère vous épargner de faux espoirs. Ne comptez pas sur l'agent Menendez, votre garde du corps attitré, pour voler à votre secours. Il est… disons, indisposé…

Gladstone éclata d'un rire mauvais et Daphné sentit une terreur glacée s'insinuer en elle. Jamais elle ne s'était sentie aussi impuissante de toute sa vie. Gladstone s'agenouilla alors de façon à pouvoir la regarder droit dans les yeux.

— Vous savez, depuis que j'ai lu votre livre, j'ai compris que, le moment venu, vous formeriez la pièce maîtresse de ma collection. Quoi de plus ironique qu'une spécialiste des tueurs en série assassinée par l'un d'entre eux ? Qui sait ? L'un de vos confrères écrira peut-être un livre sur nous…

Gladstone laissa échapper un nouveau rire malsain. Daphné aurait voulu pouvoir lui répondre mais elle en était incapable. Son corps tout entier était comme paralysé. Son esprit était également embrumé mais elle comprenait parfaitement que Gladstone avait l'intention de la tuer, que Menendez n'était pas en état de la protéger et qu'elle n'avait aucun moyen d'appeler à l'aide.

— Vous n'allez pas tarder à rendre votre dernier souffle, Daphné, la menaça Gladstone en sortant de sa poche un sac en plastique. Et, croyez-le ou non, ce sera plus douloureux encore que ce que vous êtes en train de vivre en ce moment même. Mais rassurez-vous : au moins, cela ne durera pas très longtemps. Vous ne tarderez pas à rejoindre toutes celles qui vous ont devancée. Je regrette juste de ne pas pouvoir rester là pour voir la tête que fera l'inspecteur Kealoha en découvrant votre cadavre dans sa propre maison. Saluez Willow et Roxanne de ma part, Daphné…

Sur ce, Gladstone plaça le sac en plastique sur sa tête et l'attacha autour de son cou à l'aide d'un élastique. En l'espace de deux bouffées, Daphné épuisa l'oxygène contenu dans le sac. Celui-ci se plaqua sur son visage tandis qu'elle tentait désespérément d'inspirer.

Ses poumons étaient en feu et elle éprouva une brusque sensation de vertige. Une indicible panique la submergea mais elle n'était toujours pas capable de se débattre. D'irrépressibles convulsions agitèrent ses membres tandis qu'elle luttait désespérément contre les ténèbres qui menaçaient à tout moment de l'engloutir.

Mais comme elle se croyait perdue, une silhouette apparut brusquement derrière Gladstone. Celle-ci brandit une bombe lacrymogène dont elle aspergea copieusement le visage du tueur, qui se redressa en hurlant de douleur, les mains plaquées sur les yeux.

Son agresseur se pencha pour ramasser le taser qu'il avait laissé tomber et le plaqua contre la gorge de Gladstone avant de l'activer. Il s'effondra sur le sol, comme foudroyé. Alors que Daphné était sur le point de perdre connaissance, son sauveur se précipita vers elle pour arracher le sac en plastique qui l'empêchait de respirer.

Éperdue de reconnaissance, elle avala une grande goulée d'air qui lui brûla les poumons, la faisant tousser convulsivement. Pendant ce qui lui parut durer de longues minutes, elle s'efforça de recouvrer un semblant de self-control et de maîtriser le rythme de sa respiration.

Elle retrouva enfin l'usage de ses membres et essuya ses yeux brouillés de larmes.

— Je suis désolée, Daphné, fit une voix familière. Si j'avais su ce qui se passait, je serais venue plus tôt…

Daphné contempla avec sidération Marissa Sheffield qui la regardait avec une inquiétude évidente.

— Ce salaud a failli te tuer ! s'exclama-t-elle d'une voix vibrante de fureur. S'il l'avait fait, je ne me le serais jamais pardonné…

— Marissa…, balbutia Daphné d'une voix rauque.

— C'est bien moi, répondit la jeune femme en s'agenouillant à son tour devant elle pour caresser doucement ses cheveux. Je sais que tu ne voulais plus que je t'approche mais je n'ai pas pu résister.

Daphné ne parvenait pas à croire que Marissa ait pu lui sauver la vie. Alors même que cette idée faisait son chemin en elle, elle prit conscience du fait que Gladstone était en train de se redresser péniblement derrière elle. Mais, avant même qu'elle ait pu prévenir Marissa, qui tenait toujours le taser, il braqua sur elles un pistolet automatique de gros calibre.

— Vous allez le regretter amèrement, conclut-il d'une voix pâteuse.

En arrivant chez lui, Kenneth se précipita vers la maison dont la porte était grande ouverte. Pénétrant dans l'entrée, il aperçut le corps de Jose Menendez étendu sur le sol du salon dans une mare de sang. S'approchant de lui, il constata que le policier était inconscient. Il s'était fait poignarder à plusieurs reprises au niveau de l'abdomen.

— Les secours ne devraient pas tarder, murmura Kenneth en s'efforçant de ravaler la culpabilité qui l'assaillait en cet instant.

Car il savait qu'il ne pouvait demeurer auprès de son collègue blessé : en cet instant même, Gladstone était peut-être en train d'assassiner la femme qu'il aimait. Et l'idée de la perdre lui était tout bonnement insupportable.

Tirant son arme de son holster, Kenneth s'avança vers le fond de la maison. À cet instant, la voix de Daphné parvint jusqu'à lui.

— Vous ne vous en tirerez pas, cette fois, Tommy, disait-elle.

Le soulagement qu'il éprouva en comprenant qu'elle était toujours vivante se doubla d'une angoisse nouvelle. Car la voix de Daphné était étrangement pâteuse, ce qui semblait indiquer que Gladstone avait déjà utilisé son taser contre elle. Pressant le pas, il se dirigea vers la pièce dans laquelle Daphné avait installé son bureau.

Une autre voix de femme se fit alors entendre.

— Laissez Daphné tranquille ! Si vous tenez absolument à assassiner quelqu'un, tuez-moi !

Par l'embrasure de la porte, Kenneth aperçut Gladstone qui braquait un pistolet automatique de calibre .45 en direction du canapé sur lequel Daphné était affalée. Une femme aux cheveux noirs s'était interposée entre eux. Stupéfait, il reconnut Marissa Sheffield.

— Laissez-la partir, protesta alors Daphné. C'est moi que vous voulez, n'est-ce pas ?

Gladstone éclata d'un rire mauvais.

— Vous êtes mignonnes, toutes les deux, leur dit-il, moqueur. Mais je ne vois pas pourquoi je serais obligé de choisir une victime alors que je peux en avoir deux d'un coup.

— Je n'y compterais pas, à votre place ! s'exclama Kenneth en s'avançant dans la pièce, l'arme au poing. Lâchez cette arme, Gladstone ! Vous êtes en état d'arrestation pour le meurtre d'au moins douze personnes.

En guise de réponse, Gladstone tourna son arme en direction de Kenneth et fit feu. Mais ce dernier s'était préparé à ce genre de réaction et s'était rejeté à l'abri de l'encadrement de la porte. En temps normal, il aurait probablement répliqué par un tir létal en direction de la tête de Gladstone. Mais il ne voulait pas que le tueur s'en sorte à si bon compte.

Il tira donc deux balles coup sur coup. La première fracassa l'omoplate de Gladstone, qui en lâcha son arme. La seconde le toucha au genou, lui faisant perdre l'équilibre, et il s'effondra au sol en hurlant de douleur. Sans attendre, Kenneth se rua dans la pièce et se jeta sur son adversaire, lui arrachant son arme.

— Vous êtes en état d'arrestation ! répéta-t-il avant

d'abattre la crosse de son arme sur la tempe de son adversaire.

Gladstone perdit connaissance. Mais Kenneth ne comptait prendre aucun risque et lui passa les menottes avant de se redresser.

— Est-ce qu'il est toujours vivant ? s'enquit Daphné d'une voix tremblante.

— Il devrait s'en sortir, répondit-il d'une voix haletante. Il n'est pas question qu'il meure avant d'avoir été jugé et condamné pour tous les crimes qu'il a commis.

— Tant mieux, murmura Daphné en se redressant péniblement.

Kenneth s'avança vers elle pour la prendre doucement dans ses bras. Il avisa alors la marque de brûlure à son cou et comprit qu'il ne s'était pas trompé : Gladstone l'avait bien électrocutée.

— Est-ce que ça va ? lui demanda-t-il, inquiet.

— Déjà mieux, répondit-elle avec un pâle sourire. Mais sans vous deux, je ne serais plus là à l'heure actuelle.

Kenneth jeta un coup d'œil en direction de Marissa, qui considérait Gladstone avec un mélange d'effroi et de détestation.

— Elle m'a sauvé la vie, lui indiqua Daphné en désignant le sac en plastique déchiré qui gisait au pied du canapé.

À sa vue, Kenneth sentit un frisson d'angoisse rétrospective le parcourir. Avant qu'il ait pu ajouter quoi que ce soit, Vanessa et Newsome pénétrèrent dans le bureau, pistolets en main, bientôt suivis des agents spéciaux Guilfoyle et Kaniho.

— Dieu merci, vous n'avez rien ! s'exclama Vanessa.

Newsome s'était approché de Gladstone pour prendre son pouls.

— Il est toujours vivant, indiqua-t-il.

— Je vais prévenir les urgentistes, déclara Guilfoyle. Ils s'occuperont de lui dès qu'ils auront fini de stabiliser Menendez.

— Comment va-t-il ? s'enquit Daphné d'une voix tremblante.

— Il a reçu plusieurs coups de couteau mais il devrait s'en tirer, répondit Noelle Kaniho.

Newsome jeta alors un coup d'œil hésitant à Marissa.

— Est-ce que je dois l'arrêter ? demanda-t-il à Kenneth.

Ce dernier interrogea Daphné du regard et elle secoua la tête.

— Elle m'a sauvé la vie, répéta-t-elle. Gladstone était en train de m'étouffer comme ses autres victimes mais elle l'a mis hors de combat.

— Il semblerait que je vous doive des remerciements, dit Kenneth à Marissa. Vous avez sauvé la femme que j'aime.

Marissa s'empourpra et lui décocha un pâle sourire.

— Drôle de moment pour une déclaration, remarqua Daphné d'un ton mi-amusé, mi-ému.

— Au contraire, lui dit gravement Kenneth. J'ai bien failli te perdre. Et je sais maintenant que je ne veux pas vivre sans toi, que ce soit ici, à Maui, ou bien chez toi, en Alabama. À vrai dire, je suis prêt à te suivre en Alaska si tu décides d'aller t'installer là-bas…

Daphné éclata de rire.

— Pourquoi irais-je m'installer en Alaska alors que je peux vivre à Maui avec l'homme que j'aime ?

Kenneth la considéra avec un mélange d'étonnement et d'adoration.

— Tu es sérieuse ? lui demanda-t-il.

— Tout à fait sérieuse, lui assura-t-elle. Moi aussi, je veux vivre avec toi, Kenneth. Aussi longtemps que tu le voudras.

— Dans ce cas, prépare-toi à passer le reste de ta vie avec moi, Daphné, répliqua-t-il avec un large sourire.

— J'y compte bien, acquiesça-t-elle avant de l'embrasser tendrement.

Épilogue

Il s'écoula encore trois mois avant que l'unité spéciale pilotée par Kenneth puisse être enfin dissoute, marquant ainsi la fin du règne de terreur qu'Emerson Gladstone avait imposé sur l'île de Maui. Ce soir-là, Kenneth et Daphné retrouvèrent Vanessa Ringwald, Noelle Kaniho, Tad Newsome, Kirk Guilfoyle et Martin Morrissey au Ngozi Bar pour fêter dignement l'événement.

— Je n'ai jamais douté que vous finiriez par capturer ce salopard, déclara Morrissey en levant la pinte de bière qu'il avait commandée.

— Jamais, vraiment ? ironisa Kenneth.

— Jamais, lui assura son supérieur avec emphase. Comme vous, j'aurais préféré que nous le retrouvions plus vite. Mais j'étais convaincu d'avoir réuni la meilleure équipe pour arrêter ce monstre.

— Sur ce point, je suis d'accord, déclara Kenneth en levant à son tour son verre. Je ne pouvais rêver meilleurs partenaires.

Ils trinquèrent.

— Je partage l'opinion de Martin, déclara alors Guilfoyle. Gladstone était condamné à plus ou moins brève échéance. C'est ce que je n'ai cessé de vous répéter, d'ailleurs : tôt ou tard, les tueurs comme lui finissent toujours par commettre une erreur.

— Je regrette juste que nous n'ayons pas retrouvé plus tôt le corps de Willow Hudson, remarqua Tad Newsome. Cela nous aurait mis plus vite sur la voie.

— En tout cas, c'est grâce à Daphné que nous sommes remontés jusqu'à lui, déclara Vanessa. C'est elle qui a reconnu Gladstone et confirmé le témoignage de Ruth Paquin.

— Tu oublies ton grand ami Zack Lawrence, ironisa Kenneth.

Vanessa lui lança un regard noir.

— Alors ? demanda Noelle Kaniho à Daphné. Est-ce que vous comptez raconter cette histoire, en fin de compte ?

— Si je ne le fais pas, c'est mon éditeur qui va me tuer, répondit-elle en souriant. Ce n'est pas tous les jours qu'une autrice spécialisée en criminologie se retrouve aux mains d'un tueur en série. Au moins, on ne pourra plus jamais m'accuser de ne pas savoir de quoi je parle, ajouta-t-elle avec un léger frisson.

Comme chaque fois qu'il repensait à ce qui s'était passé ce jour-là, Kenneth sentit son cœur se serrer dans sa poitrine. Il ne parviendrait probablement jamais à oublier ce qu'il avait ressenti lorsqu'il avait cru avoir perdu Daphné. Mais cette angoisse rétrospective ne faisait que renforcer les sentiments qu'elle lui inspirait.

Jour après jour, l'amour qu'ils se vouaient l'un à l'autre semblait s'intensifier. Jamais il n'avait éprouvé de tels sentiments, auparavant.

— L'affaire n'est pas terminée, pour moi, reprit Daphné. Il reste encore un chapitre important : le procès.

— C'est vrai, reconnut Morrissey. Mais, à moins que Gladstone n'avoue d'autres meurtres, il ne devrait pas y avoir beaucoup de surprises. Les preuves que nous avons transmises au procureur sont accablantes.

Effectivement, l'analyse ADN avait confirmé que c'était bien le sang de Gladstone qui se trouvait sous les ongles de Willow Hudson et d'Ashley Gibson, la première et la dernière victime de l'Étouffeur. Ils avaient aussi recueilli les témoignages de Ruth Paquin, de Jose Menendez, de Marissa Sheffield et de Daphné, qui avaient tous survécu à une tentative d'assassinat.

À cela s'ajoutaient de nombreux délits de moindre importance, dont la détention d'armes et de drogues. C'était plus qu'il n'en fallait pour l'envoyer en prison jusqu'à la fin de ses jours.

Kenneth était d'ailleurs prêt à parier que Gladstone revendiquerait haut et fort les autres meurtres pour lesquels il n'existait pas de preuves matérielles. Ce procès serait sans doute pour lui une tribune en forme de baroud d'honneur.

Le travail de deuil et de reconstruction des proches des victimes pourrait alors commencer. Et parce qu'il avait perdu sa meilleure amie en de semblables circonstances, Kenneth savait combien ce processus pouvait être lent. Ce n'était qu'en faisant la connaissance de Daphné que ses propres blessures intimes avaient commencé à cicatriser.

Elles ne se refermeraient jamais complètement. Tout comme Daphné demeurait profondément marquée par ce qui était arrivé à ses parents, Kenneth n'oublierait jamais Cynthia. Mais l'amour de Daphné atténuait cette souffrance, lui donnant un sens nouveau.

Kenneth était convaincu qu'il en allait de même pour elle. C'était la raison pour laquelle elle lui avait demandé de l'accompagner à Tuscaloosa pour rencontrer sa tante. Le courant était immédiatement passé entre eux, peut-être parce que Mae avait perçu elle aussi la force des sentiments que Kenneth et Daphné éprouvaient l'un pour l'autre.

Encouragé par le soutien qu'elle lui avait témoigné, Kenneth avait alors demandé la main de Daphné. Celle-ci avait accepté sans hésiter et tante Mae leur avait donné sa bénédiction. Elle comptait bien assister à leur mariage, qui devait avoir lieu d'ici quelques mois à Maui.

Daphné avait profité de ce séjour en Alabama pour mettre en vente la jolie maison qu'elle possédait là-bas et pour organiser l'expédition de ses affaires vers Maui. Après avoir brièvement envisagé de chercher une nouvelle demeure, ils avaient décidé de rester chez Kenneth. Lorsque viendrait pour eux le moment de fonder une famille, ils pourraient toujours agrandir la maison.

— À quoi penses-tu ? souffla Daphné à Kenneth, le tirant brusquement de sa rêverie.

Levant les yeux, il vit que ses collègues s'étaient lancés dans un débat familier, analysant les mérites comparés de la police et du FBI.

— Je pensais à nous, répondit-il à Daphné. À notre mariage. Et aux enfants que je veux avoir avec toi un jour.

Le large sourire qui illumina alors le visage de Daphné le convainquit s'il en était besoin qu'il ne s'était pas trompé : il avait bel et bien trouvé celle avec qui il voulait passer le reste de sa vie.

Confortablement installée dans le fauteuil que Mireille Lacuesta avait mis à sa disposition, Daphné Kealoha referma *Massacre au paradis* dont elle venait de lire un extrait aux nombreux admirateurs qui étaient venus l'écouter ce matin-là. Son dernier livre était déjà un best-seller, ce qui ravissait Gordon, son éditeur.

Daphné en était très fière, bien sûr, mais, pour la première fois de sa vie, sa carrière lui paraissait bien moins importante que le bonheur qu'elle avait trouvé depuis qu'elle était venue s'installer à Maui.

Cela faisait à présent neuf mois que Kenneth et elle s'étaient mariés en présence de tous leurs amis dans cette même librairie où ils s'étaient rencontrés et qu'ils continuaient de fréquenter assidûment.

Tous deux projetaient à présent de faire un enfant dès que Daphné aurait terminé la rédaction de son prochain livre provisoirement intitulé *Face à l'Étouffeur*. Elle avait déjà rédigé la moitié de l'ouvrage et comptait bien le terminer d'ici à la fin de l'année.

Les applaudissements nourris qui avaient salué sa lecture se dissipèrent et ses admirateurs vinrent se placer en rang devant la petite table derrière laquelle elle était assise. Commença alors une longue séance de dédicace dont elle s'acquitta de bon cœur, prenant soin d'échanger quelques mots avec chacun de ses futurs lecteurs.

Il s'écoula peut-être deux bonnes heures avant que le dernier client s'approche, son livre à la main. Levant les yeux vers lui, elle s'aperçut avec amusement qu'il s'agissait de son mari.

— À qui dois-je dédicacer votre livre ? lui demanda-t-elle malicieusement.

— À Ken, votre plus grand fan.

Daphné ne put s'empêcher de sourire en songeant à Marissa, qui s'était longtemps prévalue de ce titre. À la suite de son intervention héroïque, Daphné avait décidé d'abandonner les plaintes qu'elle avait déposées à son encontre. Au lieu de cela, elle avait financé une psychothérapie à laquelle Marissa avait accepté de se soumettre.

Et si elle paraissait toujours vouer une admiration sans bornes à Daphné et à son œuvre, elle avait aujourd'hui cessé de la harceler. Toutes deux s'étaient même revues, la dernière fois que Daphné était allée rendre visite à sa tante à Tuscaloosa, et leur entretien avait été aussi décontracté qu'agréable.

Daphné envisageait même désormais d'accéder au vœu que Marissa avait formulé autrefois et de l'engager comme assistante. La documentation qu'elle avait accumulée au sujet de l'Étouffeur était effectivement très imposante du fait du grand nombre de victimes concernées.

Mais le témoignage le plus précieux qu'elle avait obtenu était venu de Gladstone lui-même. À la suite du procès retentissant qui avait débouché sur sa condamnation à perpétuité, le tueur avait en effet demandé à lui parler. Daphné avait longuement hésité, craignant que cette entrevue ne ravive le traumatisme qu'elle avait subi.

De fait, la très longue interview qu'il lui avait accordée avait été très éprouvante – d'autant que Gladstone ne lui avait épargné aucun détail, si horrifique ou scabreux soit-il. Mais, rétrospectivement, elle ne regrettait pas d'avoir accepté de le rencontrer.

Elle avait à présent une compréhension bien plus fine de la psychologie de l'Étouffeur. Et cela avait nettement enrichi son récit. Elle avait également décidé de céder une partie de ses droits d'auteur à une association de soutien aux victimes.

— Daphné ? Tu rêves ? s'enquit Kenneth, la tirant de ses pensées.

— Désolée, répondit-elle en souriant.

Ouvrant le livre qu'il avait posé devant elle, elle réfléchit quelques instants avant de rédiger sa dédicace.

Pour Kenneth, mon plus grand fan, mon meilleur ami, mon époux, l'alpha et l'oméga de mon univers.

Pour toujours avec tout mon amour.

Daphné.

Vous avez aimé ce roman ?
Retrouvez en numérique les premiers tomes
de votre série « Enquêtes dans le Pacifique » !

1. *Mortelle ressemblance*
2. *Trompeuse apparence*
3. *Et le passé resurgit*
4. *Le prix du risque*

BARB HAN

L'ultime mission

Traduction française de
CAROLE PAUWELS

BLACK ROSE
HARLEQUIN

Titre original :
MISSION HONEYMOON

© 2022, Barb Han.
© 2023, HarperCollins France pour la traduction française.

1

Respire.

Prise au piège d'une boîte en bois qui l'enserrait étroitement, l'agente de l'ATF[1] Ree Shepard déplaça tant bien que mal son pied et sentit le fond. Si elle étirait son corps, le haut de son crâne touchait le côté opposé. Ses épaules étaient recroquevillées, et elle pouvait à peine bouger les bras.

L'endroit était aussi ajusté qu'un gant.

Un rai de lumière filtrait par une fente dans le bois. Ree leva la tête dans cette direction, en essayant d'inhaler un peu d'air frais.

Tandis que la réalité s'imposait, elle sentit la panique l'envahir. Elle avait été frappée à la tête, après avoir inhalé un produit chimique qui lui avait fait perdre connaissance.

Ou peut-être était-ce le contraire. Elle n'en était pas certaine. En tout cas, elle avait un mal de tête monstrueux.

---

1. L'ATF (Bureau of Alcohol, Tobacco and Firearms) est le service fédéral des États-Unis chargé de la mise en application de la loi sur les armes, les explosifs, le tabac et l'alcool, et de la lutte contre leur trafic. (NdE)

Si elle se fiait à l'angle du soleil, haut dans le ciel par ce chaud après-midi de mi-septembre, elle n'était pas restée inconsciente très longtemps.

Et soudain, elle comprit dans quoi elle se trouvait. *C'était un cercueil.*

Ses poumons cherchèrent désespérément de l'air, tandis que sa claustrophobie prenait le dessus sur toutes ses autres sensations. Sa poitrine se comprimait, et elle s'exhorta à se modérer et à respirer calmement.

Son pire cauchemar était en train de se réaliser.

— Ne bouge pas, ma belle. Nous allons revenir.

La voix masculine qui venait de s'élever lui était inconnue.

— À condition que ton homme veuille bien coopérer…

Tandis qu'un rire sardonique s'élevait, Ree retrouva la mémoire des derniers événements.

Après une enquête éprouvante, son coéquipier et elle s'apprêtaient à prendre des vacances bien méritées, quand un nouveau rebondissement les avait contraints à revenir à Dallas. Quint et elle avaient ainsi réintégré l'appartement qui leur avait été attribué dans le cadre de leur mission d'infiltration, et rendossé leur rôle de couple marié – une situation qu'ils étaient censés connaître bientôt puisque Quint l'avait demandée en mariage, et qu'elle avait accepté.

Et c'était en se rendant au rendez-vous fixé par une personne à qui elle pensait pouvoir faire confiance que Ree avait été enlevée.

— Tu n'avais jamais parlé de la mettre dans un cercueil, dit une voix féminine.

Celle-ci était familière à Ree, et elle ne s'attendait assurément pas à une telle surprise.

Giselle Langley était la maîtresse d'Axel Ivan, un homme assez haut placé dans la hiérarchie de l'organisation criminelle A-12, sur laquelle Ree et son coéquipier enquêtaient.

Actuellement incarcéré, Axel s'était, à l'insu de Giselle, arrangé pour qu'elle soit intégrée au WITSEC, le programme de protection des témoins, une fois que cette affaire serait terminée. En échange, il avait fait passer des instructions à Giselle pour qu'elle facilite au couple l'accès à l'organisation. Grâce à elle, ils étaient ainsi entrés en contact avec Vadik Gajov, l'un des hommes de confiance de Dumitru, le mystérieux et insaisissable dirigeant de l'un des plus vastes et des plus riches réseaux criminels du Texas. Mais, un peu plus tôt dans la journée, Giselle les avait trahis en attirant Ree hors de l'appartement.

— Ça ira bien pour elle en attendant que nous revenions la chercher, dit l'homme.

— Non, protesta Giselle.

Et il y avait quelque chose dans sa voix qui fit courir un frisson le long de la colonne vertébrale de Ree.

— Ne fais pas ça, Lindy. Elle ne pourra pas respirer.

Selon James Grappell, leur agent de liaison à l'ATF, Rolph Lindberg, surnommé Lindy, était au même niveau que Vadik, les deux hommes étant de proches conseillers de Dumitru. Vadik était en prison, grâce au récent coup de filet orchestré par Quint, tandis que Ree avait dû tenir le rôle d'une fêtarde écervelée au *penthouse* de Vadik. Alors que leur dernière enquête trouvait sa conclusion, Lindy s'était fait passer pour Dumitru, et avait demandé à Quint de faire assassiner Vadik. La légende associée à leur mission d'infiltration faisant de

Quint un ancien détenu récemment libéré, ce dernier était donc censé avoir des connexions à l'intérieur.

D'après ce que Ree avait compris jusqu'à présent, elle avait été enlevée pour forcer Quint à organiser le meurtre de Vadik.

Sachant que Lindy avait la réputation d'être sans pitié, Ree se tortilla de son mieux pour tester la résistance du cercueil. Une première pelletée de terre atterrit sur le couvercle, et de la poussière s'infiltra dans la fente, la faisant tousser.

— Arrête, je te dis !

La voix de Giselle était de plus en plus nerveuse.

— Sinon, quoi ? demanda Lindy, d'un ton narquois.

Ree sentit au-dessus d'elle le choc d'une nouvelle pelletée de terre.

— Je le dirai à Axel, menaça Giselle.

Il y avait maintenant un peu moins de confiance dans sa voix, qui était montée dans les aigus, ce qui, du point de vue de Ree, n'était pas vraiment encourageant.

— Ce sont des amis à lui, et il n'aimerait pas qu'on les menace comme ça.

Lindy s'interrompit. Allait-il tenir compte de la remarque ?

— Je ne peux pas laisser ça à la vue, finit-il par conclure. Si quelqu'un la localisait, ça pourrait être bien pire, y compris pour elle.

— Je comprends, dit Giselle, d'un ton qui semblait hésitant. Mais elle a disparu depuis des heures. Il est forcément parti à sa recherche. Imagine qu'il la trouve comme ça.

— Tu plaisantes, ou tu es juste stupide ? riposta Lindy.

— Qu'est-ce que tu fabriques avec ton téléphone ? demanda Giselle, sans paraître offensée par la remarque.

— Qu'est-ce que tu crois ? Je prends une photo, répondit Lindy, comme si c'était évident.

— Voilà comment je vois les choses, insista Giselle. C'est moi qui l'ai invitée à déjeuner. Mon nom est engagé, et aussi celui d'Axel, par procuration. S'il arrive quoi que ce soit à Ree, à qui crois-tu que son homme va chercher des noises ?

Elle marqua une courte pause, comme pour créer un effet.

— Eh bien, oui, ce sera à moi. Et si Quint me règle mon compte, tu auras affaire à Axel. C'est ce que tu veux ?

Plus elle parlait, plus Giselle semblait gagner en confiance.

— Je n'ai pas envie de payer les pots cassés, Lindy. Maintenant, fais-la sortir. Elle se réveillera dans quelques minutes. Tu n'as qu'à la laisser là dans ce trou perdu. Qui sait combien de temps ça lui prendra de rentrer à Dallas à pied. D'ici là, Quint aura déjà fait ce que tu veux.

— Si j'ouvre cette boîte et qu'elle ne se réveille pas tout de suite, elle pourrait se retrouver confrontée à pire que moi, dit Lindy. Il y a toutes sortes de bêtes sauvages par ici. C'est ce que tu veux ? Tu as envie de revenir ici et de voir du sang et des tripes partout ?

— Bien sûr que non. Si tu présentes les choses comme ça…

Tandis que la détermination de Giselle commençait à faiblir, Ree se retenait de hurler de rage et d'impuissance.

Elle en voulait tellement à Giselle de l'avoir piégée…

Au moins, il y avait un point positif dans ce qu'elle

avait surpris de leur conversation : ils avaient prévu de revenir. Pouvait-elle passer toute une journée et une nuit ici, au milieu de nulle part ? Et, quand bien même elle serait capable de se libérer, que ferait-elle ensuite ? Elle avait guetté des bruits de circulation, et n'en avait entendu aucun, ce qui excluait la possibilité de faire du stop.

Une sombre pensée la traversa soudain. Ils avaient dit qu'il s'agissait d'une zone infestée de bêtes sauvages. Le Texas était réputé pour ses serpents, ses araignées venimeuses et ses insectes de toutes sortes. S'ils la laissaient à l'intérieur de ce truc, qui pouvait dire ce qui risquait de s'y glisser ?

Ree frissonna de crainte et de dégoût. Elle détestait les serpents. Et les araignées n'étaient pas davantage en odeur de sainteté. Mais la douleur persistante dans sa poitrine lui laissait craindre qu'elle ne soit morte avant que l'une ou l'autre de ces bestioles ait pu l'atteindre.

Ayant grandi dans un ranch avec quatre frères turbulents, elle ne craignait personne. Mais elle avait deux hantises : les endroits confinés et l'altitude.

S'exhortant à respirer calmement, et à faire le moins de bruit possible, elle attendit de savoir quel serait son destin.

— Tu vois, je lui rends un service en recouvrant la boîte, reprit Lindy.

— Mais comment fera-t-elle pour respirer ?

La voix de Giselle ressemblait maintenant plus à un gémissement qu'à autre chose.

Une autre projection de terre résonna sur le couvercle. De la poussière s'infiltra dans la crevasse, et une escarbille atterrit dans l'œil de Ree, qui se mit à ciller frénétiquement.

— Fichons le camp d'ici, dit Giselle, l'air franchement paniqué, cette fois.

Elle n'était pas sérieuse ? C'était elle qui perdait les pédales ?

Peut-être était-ce le bon moment pour Ree de se rappeler qu'elle était parfaitement capable de se tirer des situations les plus difficiles.

Évidemment, c'était la première fois qu'elle était enterrée vivante. Ces deux derniers mots déclenchèrent un tel frisson que tout son corps se mit à trembler.

Soudain, elle entendit des bruits de pas s'éloigner, et un moteur démarrer. Ça ne ressemblait pas à celui d'un pick-up. C'était sans doute celui d'une berline, ou d'un petit SUV.

Giselle et Lindy croyaient-ils vraiment s'en sortir comme ça ?

De toute évidence, ils avaient l'intention de la laisser là – quel que soit cet endroit –, toute seule.

Une vive douleur à l'arrière de sa tête lui rappela le coup qu'elle avait pris, avant d'être chargée à l'arrière d'un minivan. Un chiffon avait été placé sur sa bouche, avant qu'une odeur douceâtre la submerge, et que l'obscurité s'abatte sur elle.

Luttant contre la colère que ce souvenir faisait rouler dans ses veines, Ree compta lentement jusqu'à soixante, tout en desserrant lentement ses poings.

Il faisait chaud. Il n'y avait pas un souffle d'air. Elle suffoquait dans cette boîte.

Des gouttes de sueur roulaient sur son visage et lui inondaient le cou. Dehors, il n'y avait pas le moindre signe de vie. Il fallait absolument qu'elle sorte de là maintenant.

Pouvait-elle se recroqueviller un peu plus et donner un coup de pied dans le couvercle ? Il y avait vraiment très peu de place pour se mouvoir. Ou alors, elle pouvait essayer de prendre une grande inspiration pour déployer ses épaules au maximum, et tenter d'écarter les côtés… Ce serait sans doute plus rapide.

Sa tentative échoua, et son niveau de panique monta aussitôt d'un cran.

Elle ne pouvait pas laisser ses nerfs prendre le dessus. Une crise de panique ne ferait qu'empirer la situation.

Après avoir essayé de pousser le fond avec ses pieds, elle se tourna légèrement sur le côté et donna un coup de coude dans le couvercle. À sa grande surprise, celui-ci commença à céder, et de la terre s'infiltra dans les interstices. Elle tourna la tête et recracha des scories.

Encore quelques coups de coude, et elle fut couverte de terre. Elle s'assit et s'épousseta, avant de se lever.

Aussitôt, elle fouilla ses poches, à la recherche de son téléphone. Rien.

Il n'y avait pas grand-chose dans les parages, sauf des arbres d'un côté, et un lac de l'autre. Pas de route. Elle allait devoir suivre les traces de pneus qui avaient aplati les herbes sauvages.

Sans perdre une seconde de plus, elle s'extirpa de la fosse sommairement creusée et se mit en marche.

Il ne lui restait plus qu'à croiser les doigts pour que quelqu'un lui vienne en aide.

Exaspéré, Quint se passa la main dans les cheveux.

Ça faisait des heures que Ree était partie, et il n'avait toujours pas de nouvelles. Le traçage de son téléphone avait localisé celui-ci dans une benne à ordures à proximité de leur appartement du centre de Dallas. Ils s'y étaient installés dans le cadre de leur mission d'infiltration – mission qu'il avait d'ailleurs sollicitée pour venger la mort de Tessa, sa précédente coéquipière – et, alors qu'ils s'apprêtaient à plier bagage, on lui avait transmis un message de Dumitru. Le dirigeant de l'organisation criminelle pensait que Quint avait été emprisonné avec Vadik, l'un de ses adjoints. Ne pouvant se permettre que celui-ci livre des informations en échange d'un aménagement de peine, Dumitru avait demandé qu'il soit éliminé.

Sauf que le message ne venait pas de Dumitru lui-même, mais de son bras droit, connu sous le surnom de Lindy.

Risquer la vie de Ree à cause de son désir personnel de revanche laissait à Quint un sentiment amer. D'autant qu'elle avait émis l'éventualité de quitter le métier, et qu'elle n'avait accepté les deux dernières missions que pour le seconder et assurer ses arrières.

James Grappell, l'agent de liaison qui leur avait été assigné, avait réussi à localiser précisément le téléphone de Ree. Il n'y avait aucune raison valable pour qu'elle jette son téléphone dans une benne à ordures, et se retrouve privée de moyen de communication. Quint avait récupéré le téléphone et l'avait nettoyé. Il se tenait à présent devant lui sur l'îlot de la cuisine et, tandis qu'il le fixait, désemparé, il songea que tout cela était forcément lié à l'affaire.

Son propre téléphone, qu'il tenait toujours dans sa main, vibra. L'écran affichait un numéro inconnu. Comme les personnes qui possédaient ses coordonnées pouvaient se compter sur les doigts d'une main, il n'hésita pas à prendre l'appel.

La voix familière de sa coéquipière et fiancée lui parvint.

— Quint, c'est moi. Ree.

Un vent fort soufflait en arrière-plan, rendant les mots difficiles à entendre.

— Où es-tu ? demanda-t-il, tandis que son pouls s'accélérait brutalement.

— Sur l'autoroute, pour rentrer à Dallas. J'ai fait du stop, et emprunté un téléphone.

— Tu vas bien ?

Une demi-douzaine de questions formaient un embouteillage dans son esprit, chacune jouant des coudes pour être la première à franchir ses lèvres.

Un puissant mélange de colère et de soulagement l'assaillit. Mais, la seule chose qui devait compter pour le moment, c'était que Ree était en vie.

— Je vais bien. Je t'expliquerai tout quand je serai là. Verrouille la porte, et ne réponds à aucun message de qui que ce soit avant mon retour.

La voix de Ree était hachée, mais il comprit l'essentiel de ce qu'elle disait.

— Et surtout, ajouta-t-elle, ne fais pas confiance à Giselle.

La communication fut coupée, et Quint appela aussitôt l'agent Grappell.

— Elle va bien, dit-il, à la seconde où son collègue répondit.

Il entendit un soupir de soulagement.

— C'est une bonne nouvelle.

— Tout ce que je sais, c'est qu'elle est en route

pour revenir à l'appartement, et qu'elle m'a demandé de verrouiller la porte. Et attendez la meilleure : elle m'a dit qu'il ne fallait pas faire confiance à Giselle.

— J'allais justement vous appeler, dit Grappell. Ree a reçu un SMS à 11 h 45 ce matin, venant de Giselle, qui l'invitait à déjeuner au coin de la rue.

— Ça n'a pas dû inquiéter Ree, puisqu'elle ne m'a pas prévenu avant de quitter l'appartement. J'avais une séance de rééducation pour mon bras.

— Elle était sans doute pressée. Giselle laissait entendre qu'il était urgent qu'elles se voient, mais sans donner de raison précise.

— Intéressant, dit Quint. Je suppose que j'en saurai bientôt davantage.

— Je ne comprends pas pourquoi elle a jeté son téléphone, remarqua Grappell, que ce détail semblait perturber.

— Moi non plus, reconnut Quint. Elle n'avait sans doute pas le choix.

— Quelqu'un l'aurait fait à sa place ?

— C'est la seule raison qui me vient à l'esprit. Elle faisait confiance à Giselle, comme il est de coutume avec tous nos indicateurs.

— Tout le monde sait qu'il y a des systèmes de traçage sur les téléphones, au cas où ils seraient perdus. Quelqu'un a dû se dire que vous activeriez la recherche en ne la voyant pas rentrer.

— Ça me paraît logique, dit Quint.

Mais surtout, ça le rendait fou que quelqu'un ose enlever Ree juste en bas de leur immeuble.

Son téléphone bipa, indiquant l'arrivée d'un SMS.

— Attendez une seconde, dit-il à Grappell, avant de consulter l'écran.

Le message venait de Lindy.

> Débarrasse-nous de lui, et elle rentrera à la maison saine et sauve.

Quint savait à présent avec qui Giselle s'était associée. Revenant à sa conversation avec Grappell, il indiqua :

— Lindy veut la mort de Vadik, et il sait que j'ai des contacts à l'intérieur, du fait de ma récente incarcération.

Évidemment, Lindy ignorait que cette histoire avait été montée de toutes pièces pour la mission de Ree et Quint.

— Vadik refuse de coopérer, dit Grappell. Il dit que nous pouvons le mettre au cachot pour le reste de sa vie, si nous voulons.

— Dans ce cas, je vais devoir aller lui rendre visite, et le faire changer d'avis.

Il ne savait pas encore quels arguments il allait employer pour convaincre Vadik d'accepter le statut de témoin protégé, et de les autoriser à mettre en scène sa mort. Mais il trouverait bien un moyen, si cela permettait d'obtenir justice pour le décès de Tessa.

En attendant, il devait constater de visu que Ree allait bien, car elle était la seule personne dont il se souciait pour le moment.

2

Ne sachant pas si l'immeuble était surveillé, Ree se faufila à l'arrière et monta à l'appartement par l'ascenseur de service. Cet appartement, situé au vingt-septième étage d'un bâtiment qui en comptait trente était un cauchemar pour une personne sujette au vertige.

Lorsque la sonnerie de l'ascenseur retentit, indiquant que Ree avait atteint sa destination, elle réalisa qu'elle n'avait pas ses clés. Giselle avait dû lui prendre son sac en même temps que son téléphone.

Mais Quint avait probablement entendu l'ascenseur, puis regardé à travers le judas. En effet, elle avait à peine fait deux pas dans le couloir qu'il ouvrit la porte à la volée et se rua vers elle.

Elle s'effondra contre lui et nicha sa tête dans le cou de Quint, tandis qu'il l'entraînait vers l'appartement.

Après avoir verrouillé la porte derrière eux, il prit son visage entre ses mains.

Luttant contre l'émotion qui essayait de prendre le dessus tandis qu'elle songeait qu'elle aurait pu ne jamais le revoir, elle l'observa entre deux battements de cils, avant de prendre la parole.

— Ils m'ont enterrée.

Une lueur de colère étincela dans les yeux bleus de Quint, tandis qu'un muscle jouait dans sa mâchoire.

— Ils ont intérêt à ne plus jamais te toucher. Si tu veux, nous pouvons trouver une excuse pour te faire partir d'ici. Il suffit de dire qu'un membre de ta famille est malade et que tu dois t'éloigner.

— Ils verront ça comme une faiblesse, protesta Ree. Ça nuira à l'enquête.

Du bout des doigts, Quint repoussa une mèche de cheveux qui lui tombait sur le visage.

— Ça m'est égal, Ree.

Il y avait dans sa voix une telle intensité qu'elle en était presque palpable.

— Je ne peux pas te perdre.

Ces mots la heurtèrent avec la force d'un ouragan. Ni l'un ni l'autre ne pouvait prédire ce qui arriverait ensuite. Impossible de savoir si leur enquête ne tournerait pas à la catastrophe, ou s'ils s'en sortiraient tous les deux vivants.

— Retirons-nous de l'enquête ensemble, proposa-t-elle.

Elle savait très bien qu'il refuserait, mais elle n'avait pas pu s'empêcher de le proposer.

Quint ne répondit pas. Quand elle rejeta la tête en arrière et le regarda dans les yeux, elle comprit pourquoi. Un orage assombrissait ses yeux couleur saphir, trahissant sa frustration et sa colère.

Pressant le front sur le sien, il laissa échapper un soupir. Elle comprit alors pleinement la gravité de ce qu'il avait traversé pendant son absence, l'imaginant kidnappée, et peut-être laissée pour morte.

Elle ne dit rien non plus, s'abandonnant au lien

puissant qui existait entre eux, et qui les parcourait comme un courant électrique. Pendant une brève seconde, il fut impossible de déterminer où commençait et où finissait l'autre.

Ree n'avait pas la moindre idée du temps qu'ils restèrent ainsi dans l'entrée de l'appartement, comme figés.

Elle était saine et sauve. Elle était à la maison. Et, à cet instant, elle réalisa que la maison était partout où Quint se trouvait. Non, elle ne se retirerait pas de l'enquête, et lui non plus.

Quint fut le premier à reprendre la parole.

— Je veux savoir exactement ce qui s'est passé.

— J'ai reçu un SMS de Giselle me demandant de la retrouver pour le déjeuner. J'étais sur le trottoir quand un homme a surgi de nulle part. J'étais coincée, et j'ai senti qu'on plaquait un chiffon sur ma bouche. Il y avait une sorte d'odeur chimique qui m'a assommée.

Tout en parlant, elle s'était dirigée vers le tabouret le plus proche, et s'y percha.

— Je me suis réveillée dans un cercueil, au son de la voix de Giselle qui disait à Lindy de ne pas m'enterrer vivante.

Quint marmonna un juron entre ses dents, mais suffisamment fort pour que Ree puisse l'entendre.

— Je suis là, dit-elle, en se voulant rassurante. Je suis vivante, et je vais bien. Je suis épuisée et sale, mais je survivrai.

La tension irradiait de Quint par vague.

— J'aurais préféré qu'ils me prennent, moi, à ta place.

— C'est terminé, maintenant.
— J'ai cru que je t'avais perdue.

Un mélange d'intense tristesse et de colère était passé dans ses yeux, et Ree se blottit de nouveau contre lui pour l'embrasser.

— Qu'est-ce qui te ferait envie maintenant ? demanda Quint, après quelques instants de silence.

L'épuisement avait pris le dessus, et la requête de Ree se résuma à deux mots :

— Une douche.

Quint acquiesça, et l'accompagna vers la salle de bains.

— Je vais te préparer du café et de la nourriture pour quand tu ressortiras. Tu dois avoir une faim de loup.

Il déposa sur ses lèvres un baiser aussi léger qu'une plume. Ree lui pressa la main en signe de salut, avant de pousser la porte de la salle de bains, impatiente d'évacuer la saleté dont elle était couverte.

Un frisson involontaire la traversa, tandis qu'elle se revoyait enfermée dans le cercueil, et elle serra les poings à la pensée de rencontrer Giselle. Elle n'avait aucune envie de respirer le même air que cette femme. Ça ne se terminerait pas bien pour la petite amie d'Axel.

La douche fit des miracles pour donner à Ree la sensation d'avoir retrouvé figure humaine. Elle passa encore quelques minutes à retirer des échardes de sa peau, là où celle-ci avait été exposée au bois.

L'odeur du café fraîchement passé l'incita à se hâter et, le temps qu'elle enfile un peignoir et se hisse sur un tabouret, Quint déposait une assiette devant elle. L'omelette aux épinards et au fromage sentait délicieusement bon, et elle ne tarda pas à la dévorer. Il y avait aussi une salade verte agrémentée de tranches de tomates, et des toasts à la gelée de groseille, auxquels elle fit honneur.

— Tu veux autre chose ? proposa Quint.

— Je ne peux pas avaler une bouchée de plus, répondit-elle. J'étais déjà rassasiée avant d'avoir fini.

— Vadik refuse de coopérer, lui précisa Quint.

Et elle eut l'impression qu'il ne pouvait attendre une minute de plus pour évoquer leur enquête.

— Nous ne pouvons rien faire sans son aide, continua-t-il. C'est la raison pour laquelle tu as été enlevée. Ils voulaient me forcer la main, et je ne peux pas mettre en scène la mort de Vadik sans son consentement.

— J'aurais dû me douter qu'il ne fallait pas faire confiance à Giselle.

Ree était furieuse contre elle-même pour cette erreur d'appréciation qui aurait pu lui coûter la vie.

— Tous les agents font des erreurs, Ree, dit-il, d'un ton apaisant. Même les meilleurs, comme toi. Le truc, c'est d'éviter que ça ne mène à quelque chose de permanent.

Il n'avait pas prononcé le mot « mort », mais c'était implicite. L'orage couvait de nouveau dans ses yeux, et elle sut qu'il songeait à son ancienne coéquipière, Tessa, et à son enfant qui n'avait jamais vu le jour.

— Est-ce qu'il a dit pourquoi ? demanda-t-elle, en revenant à leur conversation.

Personne n'était parfait, elle en avait conscience. Elle atteignait aussi un point dans sa vie où elle avait envie de s'asseoir sur sa terrasse, et de boire un café en contemplant le lever du soleil. Peut-être tout en surveillant un enfant ou deux en train de jouer…

Si quelqu'un lui avait dit, six mois plus tôt, qu'elle rêverait de fonder une famille, elle aurait éclaté de rire. Qu'y avait-il de si différent dans sa vie aujourd'hui ? Quint, murmura une petite voix au fond de sa tête.

— Vadik veut se faire oublier, et ne plus être mêlé de près ou de loin aux activités de A-12, annonça l'homme dont elle était follement éprise.

Elle avait dû, involontairement, faire une moue dubitative, car il esquissa un sourire.

— Je sais, c'est impossible. Curieux, quand même, qu'il semble ne pas le réaliser.

— Chacun a le droit de vivre dans l'illusion, je suppose, dit-elle, avec un haussement d'épaules. À nous de trouver un autre moyen de le convaincre.

— J'ai dit à Grappell que nous voulions rendre visite à Vadik.

— C'est risqué, répliqua aussitôt Ree. Nous sommes encore en infiltration. Il pourrait compromettre notre couverture.

— Nous devons peut-être tenter notre chance. Écoute-moi, avant de dire que j'ai perdu la tête.

Elle hocha la tête puis porta sa tasse de café à ses lèvres et but une gorgée. Au lieu de la déposer sur le comptoir, elle la fit rouler entre ses mains pour se réchauffer. En réalité, elle doutait de pouvoir se laisser convaincre d'entrer dans la cellule de Vadik et de se présenter comme étant une agente fédérale.

— Révéler notre identité à Vadik pourrait accréditer le fait que nous savons comment mettre en place une opération de diversion. Gagner sa confiance, c'est déjà remporter plus de la moitié de la bataille. Quand il prendra conscience que nous avons donné le change vis-à-vis de lui et de tout son entourage, il pourrait être d'accord.

Levant les mains en signe de reddition, Quint soupira. Livré à lui-même, tandis qu'il s'interrogeait sur le sort de Ree, il avait commencé à réfléchir.

— Je mesure ce que ça signifie, affirma-t-il. Et si nous devons nous retirer de l'enquête à un moment ou à un autre, je saurai prendre la bonne décision.

Il avait de toute façon l'intention d'en faire la demande. Cette enquête était mal engagée depuis le début. Certains auraient même pu dire qu'un mauvais karma s'y attachait. Pendant des mois, il avait remâché sa colère et minutieusement préparé sa vengeance. Elle était si proche à présent qu'il pouvait presque en sentir le goût. Mais, si pour suivre son plan il devait mettre la vie de Ree en danger, et peut-être même – le ciel l'en préserve – la perdre, la perspective le séduisait nettement moins.

La réalité imposait de se dire qu'elle pouvait traverser la rue et être renversée par une voiture demain. Personne ne saurait estimer combien de temps durerait la compagnie d'une personne proche. La maladie pouvait frapper à tout moment. Un accident fatal pouvait l'emporter.

Il ferait face à ce genre de choses, parce qu'il n'y avait pas d'autre choix. Il serait dévasté, mettrait longtemps à s'en remettre, mais il saurait au fond de son cœur qu'il n'y était pour rien.

Faire en sorte que Ree se maintienne sur l'enquête était une tout autre histoire.

— Voilà ce que je pense, reprit-il. Si nous partons maintenant, ce sera très compliqué pour un autre agent de s'infiltrer. Tout le travail que nous avons fait jusque-là sera perdu. Bien sûr, nous avons contribué à faire arrêter quelques malfrats de plus. Et c'est une bonne chose. Mais le véritable coupable de la mort de Tessa est toujours en liberté, à se croire plus malin que les autres.

Ree hocha la tête, avant de boire une autre gorgée de café.

— Sans la coopération de Vadik, nous perdrons notre avantage et notre marge de manœuvre, continua-t-il.

Elle se mordilla l'intérieur de la joue, ce qui apprit à Quint qu'elle l'écoutait, mais aussi qu'elle était d'accord avec son analyse.

— Donc, qu'avons-nous à perdre à lui dire qui nous sommes vraiment, et ce que nous avons déjà accompli ? insista Quint.

— Ça pourrait nous exploser à la figure, dit-elle, après un temps de réflexion.

— Ou bien, ça pourrait marcher.

— Et s'il persiste à ne pas vouloir coopérer ? Même si j'ai envie d'étrangler Giselle la prochaine fois que je la verrai, elle serait en danger à cause de nous. Sans parler du sort réservé à Axel et à sa famille.

— Tu as raison, admit-il. Beaucoup de choses peuvent mal tourner avec ce plan. Mais nous sommes à court de solutions.

— C'est dangereux, ajouta Ree. Si la rencontre se passe mal, ça peut avoir des répercussions que nous ne soupçonnons pas encore.

— Exact, reconnut Quint. La famille d'Axel a intégré le programme WITSEC. Ça ne veut pas dire pour autant que personne ne les trouvera jamais, même si les US Marshals ont une longue expérience de la protection des témoins.

— Je suis d'accord. J'ai beaucoup de respect pour leur travail.

— Notre problème, c'est que Giselle est un électron libre.

— Et comment ! Je pensais qu'elle était follement amoureuse d'Axel, et qu'elle attendait avec impatience sa sortie de prison, pour qu'il puisse enfin connaître leur fils. La première fois que je l'ai rencontrée, elle m'a donné l'impression de vouloir qu'ils soient réunis tous les trois pour former une famille. Après avoir passé du temps avec elle, j'ai réalisé qu'elle avait une conception très vague de ce qu'est une famille.

Quint avait simplement hoché la tête après la longue analyse de Ree. Quelque chose lui disait que l'histoire ne s'arrêtait pas là, et avait touché une corde sensible chez sa fiancée. Mais il n'avait pas envie de perdre le fil de la conversation en posant des questions.

— En plus, reprit Ree, je pense qu'elle s'est tellement habituée à la vie au *penthouse*, et à être prise en charge par les autres, que ça n'a pas l'air de la déranger plus que ça que son fils vive chez sa sœur. Au début, j'ai eu pitié d'elle. Mais, depuis que j'ai vu de quelle façon elle se comportait avec les amis de Vadik, je ne suis plus certaine qu'elle ait envie d'être mère à plein temps.

— Il ne manque pourtant pas de mères seules qui font tout leur possible pour élever leurs enfants, remarqua Quint, avec une note d'émotion dans la voix. Ce sont des femmes admirables.

Il était bien placé pour le savoir, puisque sa propre mère avait été dans ce cas. Ils vivaient dans un camping, dans la banlieue de Houston et, comme elle occupait deux emplois pour tenter de s'en sortir, Quint était souvent seul et s'ennuyait. Il était jeune et stupide et, plutôt que d'étudier et de participer aux tâches ménagères pour soulager sa mère, il avait cherché les ennuis.

Un jour, après un acte de délinquance plus grave que les autres, l'agent de police de proximité de son lycée s'en était mêlé, réalisant que Quint avait besoin d'une figure paternelle. Au début, Quint avait rechigné, puis il avait écouté les conseils de l'homme et avait fini par changer de comportement.

Aujourd'hui, il reconnaissait bien volontiers que l'officier Jazz, qu'il surnommait Jazzy, lui avait sauvé la vie. Et, grâce à lui, il avait compris que sa mère méritait bien plus de sa part.

Le mot de sainte était encore trop faible pour la qualifier. Et elle ne méritait certainement pas de tomber malade et de mourir avant qu'il ait eu le temps de la payer de retour pour tout ce qu'elle avait fait pour lui. Aujourd'hui encore, il éprouvait de la colère quand il pensait à l'homme qui l'avait abandonnée avec son enfant, et à qui il ne pouvait donner le nom de père.

Ree était la première personne à qui il avait parlé de sa mère. Jamais il n'avait évoqué ce sujet avec Tessa, qui était pourtant sa meilleure amie.

Le fait de partager avec Ree une partie de sa vie restée secrète jusqu'à présent lui faisait réaliser qu'elle était différente. Spéciale.

— Je ne pense pas que Giselle puisse être confondue avec une femme admirable.

L'agacement était perceptible dans l'intonation de Ree. Mais elle avait parfaitement le droit d'être en colère.
— Non, admit-il.
Voyant qu'un frisson l'agitait soudain, il s'inquiéta.
— Qu'y a-t-il ? Dis-moi ce qui t'est arrivé, et le rôle qu'a joué Giselle.

3

Ree reprit l'histoire à zéro. Elle avait reçu un SMS à la dernière minute, s'était quasiment jetée dehors, et avait été enlevée à l'instant où elle avait posé le pied dans la rue. On était en plein jour. Giselle fonçait vers elle en agitant la main. Deux types l'encadraient.

Tout était arrivé trop vite, en dépit du fait que Ree était entraînée à vérifier son environnement, à la recherche de détails insolites.

L'incident semblait tout droit sorti d'une scène d'espionnage, même à ses yeux, et elle éprouva le besoin de se justifier.

— Ces situations sont minutieusement préparées. Ils sont doués dans ce qu'ils font.

Ree était frustrée que quelqu'un ait réussi à la prendre en défaut. Elle aussi excellait dans son travail. Jamais elle n'aurait dû se laisser prendre au dépourvu. Bien sûr, cela faisait longtemps qu'elle avait appris à se laisser porter par la vague. Et le fait d'être en infiltration depuis deux ans l'avait aidée à relativiser.

Aussi horribles que puissent être ces incidents, ils fournissaient souvent une nouvelle piste dans une enquête. Mais, un jour, tout ça pourrait très bien se terminer dans une housse mortuaire, songea-t-elle, amère.

— Ce n'est pas sans raison que cette organisation est l'une des meilleures, si ce n'est la meilleure dans le domaine du trafic d'armes en Amérique du Nord, fit remarquer Quint.

Le commentaire était sans doute destiné à apaiser son embarras d'être tombée dans leur piège, mais il n'en était pas moins exact.

— Et ne pas opposer de résistance à ton enlèvement était ta meilleure chance de rester en vie.

Quint semblait aussi perturbé par ce qu'elle avait vécu qu'elle l'était elle-même. Il n'y avait rien d'étonnant à cela. Si la situation avait été inversée, elle aurait été dans le même état.

— Après m'avoir enfermée dans la boîte en forme de cercueil, ils ont pelleté de la terre par-dessus.

Ce souvenir lui serra tellement la poitrine qu'elle dut faire une pause pour reprendre son souffle.

— Giselle est venue à mon secours. Elle a supplié Lindy d'arrêter, et de me laisser au moins une chance de respirer.

— C'était plutôt ironique de sa part, considérant que c'est elle qui t'a attirée dans ce traquenard.

Le ton de Quint contenait la même rage que celle ressentie par Ree.

— C'est exactement ce que je pense. Mais c'est tout à son honneur d'être intervenue en ma faveur. Il m'aurait enterrée complètement si elle ne l'en avait pas empêché. C'est probablement grâce à elle que j'ai pu briser le couvercle et sortir. Sinon, le poids pesant dessus aurait été trop important, et je n'aurais pas eu d'issue.

Son corps frémit involontairement à cette pensée.

— Je tuerai ce salaud, grinça-t-il.

Ils savaient tous les deux qu'il n'en ferait rien. Pas s'il voulait garder son travail, ses droits à la retraite et son estime de lui-même.

— Au moins, il s'est arrêté, reprit Ree. Sinon, je serais peut-être toujours sous terre. Il a dit qu'il reviendrait me chercher plus tard, si tu faisais ce qu'il voulait. Je suppose qu'il avait l'intention de prendre contact avec toi pour te forcer la main dans l'assassinat de Vadik. C'est d'ailleurs étonnant qu'il ne l'ait pas encore fait.

— Lindy avait l'intention de te laisser là-bas, jusqu'à la nuit tombée ?

De nouveau, un muscle joua dans la mâchoire de Quint.

— On dirait, répondit Ree, en grimaçant. En tout cas, il avait prévu de revenir. Et nous avons un avantage sur lui, c'est qu'il me croit toujours prisonnière du cercueil.

— Quoi qu'il en soit, ça confirme que c'est bien lui, et non Dumitru, qui a fait passer le premier message demandant l'élimination de Vadik.

— Nous pourrions le faire tomber pour incitation au meurtre, proposa Ree. Il serait condamné à plusieurs années sur de telles charges.

Quint hocha la tête, même s'il savait, tout comme Ree, qu'il n'était pas dans leur intérêt de le faire, alors qu'ils pouvaient faire tomber Dumitru à la place.

— Voilà à peu près tout ce que j'avais à dire, conclut-elle.

— Tu as décidé si nous devions ou non rendre visite à Vadik ?

— Tu me demandes la permission ?

La surprise de Ree se percevait dans sa voix. Elle n'essayait pas de faire la maligne. Il l'avait vraiment prise au dépourvu.

— Non, dit-il. Cette enquête n'en serait pas à ce stade sans toi. Nous formons une équipe formidable.

Il marqua une infime hésitation.

— Mais notre relation en dehors du travail est plus importante. En tout cas, à mes yeux.

— Ce n'est pas moi qui te dirai le contraire, confirma Ree.

Et elle le pensait de tout son cœur.

Il tendit le bras et posa une main sur la sienne. Ce contact suffit à peine à apaiser sa panique, tandis qu'elle songeait à l'horrible journée qu'elle venait de vivre, et à la décision qu'ils devaient prendre vis-à-vis de Vadik.

— S'il refuse, nous partons, et il sera placé à l'isolement, reprit Quint.

— Et l'enquête ? Seras-tu capable de tourner la page ? Je sais à quel point ton histoire personnelle y est liée. Et, te connaissant comme je te connais, j'ai du mal à croire que tu seras capable de passer à autre chose sans avoir obtenu la conclusion que tu mérites.

Quint resta assis là un long moment sans dire un mot.

De sa main libre, il porta sa tasse à ses lèvres et but plusieurs gorgées de café, avant de la reposer à côté de celle de Ree.

— Je ne peux faire aucune promesse, parce que je ne sais pas ce que je ressentirai si la piste s'arrête là. Il y a beaucoup de choses que j'ai envie de dire et de croire. Mais tu as raison. Je me mentirais à moi-même si je pensais que je pourrais renoncer à arrêter Dumitru, après avoir été si proche de le faire, sans que ça me dévore de l'intérieur.

Ree hocha la tête. Ce n'étaient pas les mots qu'elle voulait entendre, mais ils avaient le mérite d'être honnêtes.

— Mais il faut aussi que je tienne compte de toi, reprit-il.

Il leva sa main vers ses lèvres, et déposa un tendre baiser sur l'intérieur de son poignet.

— Je n'ai jamais eu personne dans ma vie qui me donne envie de rentrer à la maison tous les soirs. Personne à qui je tienne vraiment.

Il laissa passer une pause infime, avant d'ajouter :

— Avant toi.

— En quoi est-ce que ça change quelque chose à l'enquête ?

Une douce chaleur s'était répandue en elle. Proche à ce point de lui, elle pouvait sentir l'odeur épicée de son eau de toilette. Elle la mémorisa. Elle le mémorisa, lui.

— J'ai toujours envie d'enfermer Dumitru derrière les barreaux et de jeter la clé. Ne t'y trompe pas.

Une lueur farouche dansait de nouveau dans ses yeux.

— Mais j'ai l'intention de te retrouver chaque soir du reste de notre vie. Et cette affaire ne peut pas... ne doit pas être la raison qui m'en empêchera.

— Je veux arrêter, Quint.

Elle hésita à poursuivre, ne sachant pas comment il allait réagir.

— Ce travail, cette vie... ce n'est plus ce dont j'ai envie aujourd'hui.

— La seule chose qui compte pour moi, c'est que tu sois heureuse.

De nouveau, il lui pressa la main.

— Je t'aime, Ree. Je veux passer le reste de ma vie avec toi. Peu importe le métier que tu feras. Ce qu'il y a entre nous est ma seule priorité.

Ree chercha son souffle. Pourquoi lui était-il si difficile d'admettre ce qu'elle avait besoin de lui dire ? Elle avait accepté sa demande en mariage. Il était son meilleur ami et son tout. Lui parler ne devrait-il pas être facile ?

— Qu'y a-t-il, Ree ?

L'inquiétude avait assombri un peu plus ses yeux d'un bleu d'orage.

— Je dois te parler de quelque chose.

— D'accord, dit-il, en redressant les épaules comme s'il s'apprêtait à prendre un coup.

— Je ne sais pas si ce que je vais dire changera d'une façon ou d'une autre ce que tu ressens pour moi.

Elle cherchait les bons mots, le bon moment pour dire ce qu'elle avait en tête.

— Tu peux tout me dire, insista Quint.

Elle se jeta à l'eau.

— Je veux des enfants.

Quint resta bouche bée, et elle fut saisie de panique.

— Pas forcément tout de suite, s'empressa-t-elle de préciser.

— D'accord, dit-il.

Mais elle avait l'impression qu'il essayait d'assimiler le fait qu'ils étaient entrés en territoire inconnu.

— D'accord ? demanda-t-elle.

Quint ne savait pas très bien ce que lui inspirait cette idée.

Pour être honnête, il n'avait jamais envisagé sérieusement la question des enfants. Toutefois, sa vie lui avait semblé manquer de quelque chose récemment. Il avait essayé de mettre cela sur le compte du décès de Tessa, mais cette sensation était présente depuis plus longtemps que huit ou neuf mois.

— Nous avons été tellement pris par l'affaire que je n'ai pas eu le temps de penser à autre chose, dit-il, en guise d'explication.

Il vit le visage de Ree se crisper, et il réalisa qu'il l'avait déçue avec sa réponse.

Des excuses semblaient de mise. Sauf qu'il ne savait pas exactement où il en était par rapport aux enfants. Autrefois, il aurait eu un avis tranché. Mais beaucoup de choses avaient changé depuis qu'il avait fait la connaissance de Ree. Ainsi, jamais il n'aurait cru avoir ce désir fou de passer le reste de sa vie avec quelqu'un, avant qu'elle fasse irruption dans sa vie.

— Oublie ce que je viens de dire, dit-elle, en faisant rapidement machine arrière. C'est trop tôt, de toute façon.

Ça ne l'était pas, en réalité. Il était déjà entré dans la quarantaine, et elle avait trente-six ans. S'ils voulaient des enfants, sans doute devraient-ils commencer à en parler, à le planifier.

— J'aimerais laisser le sujet en suspens pour le moment, dit-il.

La voyant se crisper de nouveau, il s'empressa de préciser :

— Juste le temps de savoir si nous nous retirons de l'enquête, ou si nous mettons les bouchées doubles.

— Ça me paraît sensé. De toute façon, nous avons tout le temps de parler de notre avenir.

Sous une apparence de pragmatisme, il vit bien qu'elle était déçue.

— Je vais attendre pour répondre à Lindy que nous ayons discuté avec Vadik, dit-il.

Et ce faisant, il songea qu'il allait devoir prendre contact avec l'agent Grappell pour que celui-ci mette tout en place.

— Il nous faut absolument trouver le talon d'Achille de Vadik, dit Ree.

— Il n'a ni femme ni enfant. En tout cas, pas à notre connaissance. S'ils existent, ils doivent être cachés quelque part.

— Je n'ai vu aucune photo au *penthouse*. Ni rien qui puisse indiquer la présence d'enfants. Et toi ?

— Non, répondit Quint.

Mais, de toute façon, Ree y avait passé plus de temps que lui, et elle était mieux placée pour le savoir.

— Vadik ne se comportait pas non plus comme un homme marié. Il est vrai que, dans leur monde, la définition des relations de couple ne correspond pas exactement à la nôtre.

Quint approuva d'un signe de tête.

— Je me demande s'il a quelqu'un de spécial dans sa vie, continua Ree.

— Si nous trouvions quelqu'un que nous pourrions utiliser pour faire pression, il est certain que ça nous faciliterait la vie, reconnut Quint.

— Peut-être un parent proche ?

— Je vais voir ce que Grappell a découvert d'autre

au sujet de Vadik. Tout est arrivé si vite que certains détails nous ont peut-être échappé.

Il soupira.

— Je suis bien placé pour savoir que ce genre de choses arrive fréquemment.

— Nous trouverons une solution, dit Ree, se voulant rassurante. Je vais commencer par demander ses relevés bancaires. On verra s'il envoie de façon régulière de l'argent à quelqu'un qui n'est pas lié à l'organisation criminelle.

— Il y a de fortes probabilités qu'un échange comme celui-là se fasse en dessous-de-table. À moins qu'il n'ait découvert un moyen de le blanchir.

— Exact, approuva Ree.

Elle se mordilla de nouveau l'intérieur de la joue.

— Que savons-nous de ce type, à part qu'il occupe un poste haut placé dans l'organisation de Dumitru ?

— C'est tout ce que j'ai pour le moment. Il semble avoir établi une barrière étanche entre sa vie privée et sa vie personnelle.

— Je ne pense pas qu'il vive au *penthouse* à plein temps.

— Qu'est-ce qui te fait dire ça ?

— C'est un endroit pour faire la fête. La chambre principale est très dépouillée, pour ne pas dire impersonnelle. Un jour, j'ai réussi à m'y faufiler en prétendant aller aux toilettes. Il n'y a quasiment rien dans les placards et les tiroirs. J'ai même trébuché sur un sac de voyage près de l'entrée, du genre qu'on prend pour le week-end.

— Intéressant.

— Tu crois que les charges qui pèsent contre lui seront suffisantes pour obtenir sa coopération ?

— Sans autre moyen de pression, ça risque d'être compliqué, mais toutes les cartes ont été jouées, et c'est notre seul espoir.

Quint avait été forcé de mettre fin à leur dernière enquête plus tôt que prévu quand un groupe d'enfants avait été conduit à l'entrepôt de bijouterie de Vadik, en même temps qu'une cargaison d'armes. Il lui avait tout simplement été impossible d'abandonner ces enfants au sort funeste qui les attendait, et il avait fait en sorte qu'ils puissent s'évader.

Cette décision lui avait fait perdre la possibilité de construire un solide dossier d'accusation contre Vadik, tandis qu'il grimpait tout doucement les échelons vers Dumitru.

La détresse dans le regard de ces enfants l'avait bouleversé. Immédiatement, il avait pensé à Tessa, et il s'était demandé ce qu'elle aurait pensé de lui s'il avait fermé les yeux sur ce monstrueux trafic.

Il avait donc fait ce qui devait être fait, et avait demandé que l'assaut soit donné. Il s'était éclipsé discrètement, évitant les policiers venus procéder aux arrestations, et se laissant ainsi la possibilité de rester infiltré dans l'organisation A-12. Malheureusement, les hommes de main de Vadik avaient mis le feu au bâtiment, détruisant toutes les preuves.

— Elle serait fière de toi. Tu le sais, n'est-ce pas ?

Il sursauta, interrompu dans sa rêverie par la voix de Ree.

— Comment sais-tu que je pensais à Tessa ?

— Chaque fois, tu as une expression bien spécifique.

Elle haussa les épaules.

— Je l'ai remarqué, c'est tout.

— J'espère qu'elle serait fière, dit-il.

— Ça nous est déjà arrivé de commencer une enquête sans aucun élément probant, et d'obtenir un succès, continua-t-elle. Nous formons une bonne équipe.

— Ce n'est pas moi qui dirais le contraire.

En tout cas, il n'imaginait pas continuer ce métier sans avoir Ree pour coéquipière.

Son téléphone vibra et il consulta l'écran.

Le message provenait de Grappell.

— Qu'est-ce que c'est ? demanda Ree.

— Je crois que nous tenons notre moyen de pression, dit Quint.

Et il appela immédiatement leur agent de liaison.

4

— Vadik a une mère, annonça Grappell.

— Je suppose que cette annonce cache autre chose, rétorqua Ree. Même les malfrats comme lui sont bien issus de quelque part.

— Effectivement, répondit leur collègue. Mais, ce qu'il faut savoir, c'est qu'il la cache soigneusement.

— Avec les affaires qu'il gère, je ne le blâme pas de vouloir garder sa mère loin de sa vie quotidienne, fit remarquer Quint.

— Il pourrait toutefois la garder chez elle, protesta Ree. Il a assez d'argent pour organiser sa sécurité.

— Elle a besoin de soins permanents, expliqua Grappell. Sa mémoire est défaillante, et elle a des problèmes de santé. Il l'a placée dans un établissement coûteux, qui surplombe le lac Travis. Je vous prie de croire que j'ai dû sacrément creuser pour déterrer l'information.

L'emploi du terme « creuser » procura un frisson à Ree, tandis que l'image de la boîte dans laquelle on l'avait enfermée lui revenait en mémoire.

Elle dut faire un effort pour se rappeler où elle était : dans l'appartement, en sécurité avec Quint.

Pourquoi avait-il fallu qu'ils l'enterrent ? Sa

claustrophobie était tellement forte qu'il lui était presque impossible de la contrôler.

Baissant les yeux vers son estomac, elle réalisa qu'elle avait inconsciemment noué ses doigts entre eux. Quelques flexions de ses articulations, deux ou trois respirations profondes, et elle se sentit de nouveau à peu près humaine.

Revenant au présent, elle entendit Grappell énoncer l'adresse de l'établissement de santé où résidait la mère de Vadik.

— Il y a très peu de résidents au McMansion, précisa Grappell. Un personnel en surnombre, et les repas sont élaborés par un ancien chef de renom.

— Je suppose que la sécurité est d'un niveau élevé, dit Quint, en glissant un regard vers Ree.

Il était assis près d'elle, comme s'il voulait qu'elle reste à portée de bras. Et il y avait quelque chose dans la présence physique de Quint qui la rassurait aussi. Un peu comme s'il ne pouvait rien leur arriver de mal à partir du moment où ils étaient connectés.

— Je vais essayer de vous obtenir le plan de la propriété et de la résidence, dit Grappell. Je suppose que vous voulez agir sans attendre.

— Si nous avons sa mère, nous avons un moyen de faire pression sur lui, dit Quint. Sinon, Vadik ne coopérera jamais.

— On parle de quoi ? demanda Grappell. Retirer sa mère de son environnement pourrait avoir des conséquences terribles sur son état de santé.

— Nous n'avons pas besoin de l'emmener, dit Ree. Il suffit d'envoyer un drone prendre quelques photos d'elle dans le parc, ou bien dans sa chambre, depuis la fenêtre. Tout ce qu'il nous faut, c'est quelque chose à montrer à Vadik. Savoir que sa mère est en danger pourrait suffire.

— Je pourrais faire de faux documents indiquant que nous allons la faire expulser, proposa Grappell.

— Ça devrait le secouer un peu, approuva Ree. Il doit préférer l'avoir près de lui plutôt qu'à l'autre bout du monde.

Quint hochait la tête, et elle avait presque l'impression de voir tourner les rouages de son cerveau.

— Combien de temps pour obtenir ces documents ? demanda-t-il.

— Deux heures pour la version numérique, un peu plus pour une impression.

— Nous pouvons les lui montrer sur nos téléphones, dit Ree. Tout ce que nous voulons, c'est lui faire peur.

— Dommage, protesta Quint. J'aurais aimé plaquer un dossier sur la table, avec des photos à l'intérieur. Ça m'aurait fait diablement plaisir.

Ree esquissa un sourire. Seul Quint pouvait éclairer son humeur après une journée pareille.

— Et si vous alliez vous coucher, et me laissiez y travailler ? suggéra Grappell.

— Je ne sais pas, hésita Ree. Une visite au milieu de la nuit pourrait le déstabiliser, et lui faire comprendre qu'il n'aura pas de meilleure proposition que la nôtre.

— Je vais voir ce que je peux faire, dit Grappell. Pour commencer, j'envoie un drone, et je vois si nous pouvons prendre quelques photos de la chère vieille maman.

— Merci, dit Ree.

Selon elle, Grappell n'était pas considéré à sa juste

valeur. Il leur avait été assigné comme agent de liaison sur quatre enquêtes déjà, toutes pointant en direction de Dumitru, et il avait fait un travail formidable.

Aujourd'hui, elle appelait de tous ses vœux l'arrestation de l'homme qui avait causé la mort de Tessa. Faute de quoi, Quint risquait de passer le reste de ses jours dans la prison mentale qu'il s'était forgée lui-même.

Ils avaient une piste solide. Quint devait être heureux. Et pourtant, ce qui était arrivé à Ree l'avait secoué au point qu'il n'était plus sûr que ça vaille la peine de continuer l'enquête.

Mais il n'était pas envisageable non plus de tout arrêter maintenant. Ree ne voudrait pas qu'il jette l'éponge à ce stade, par égard pour elle. Elle était parfaitement capable d'effectuer son travail, et c'était exactement ce qu'elle était en train de faire quand elle avait été enlevée dans la rue, devant leur immeuble.

Lindy avait de la ressource. Il montrait qu'il était capable de faire ce qu'il voulait, quand il le voulait. Et personne – pas même Quint – ne pourrait mettre un terme à son ambition effrénée.

Quint serra involontairement le poing, tandis que s'achevait la conversation avec Grappell. Leur agent de liaison avait promis de les prévenir dès qu'il aurait les photos à partir desquelles ils pourraient travailler. Ces éléments allaient contraindre Vadik à coopérer. Tout au moins l'espérait-il.

— Hé ! Ça va ?

La voix de Ree se propagea jusqu'à lui. Il leva les yeux et constat qu'elle l'observait avec soin. Ça n'aurait pas dû le surprendre. Elle semblait capable de lire dans ses pensées.

— Je ne peux m'empêcher de penser que je t'ai laissée tomber cet après-midi, admit-il.

— Ce n'est pas vrai.

— Si j'étais descendu avec toi…

Elle leva une main pour l'interrompre.

— Ne sois pas aussi dur avec toi. Tu ne peux pas m'accompagner à chaque seconde. Qui plus est, je suis une agente qualifiée.

— Tu as raison. Et tu es la meilleure de tous les agents avec qui j'ai pu travailler.

Cependant, risquer la vie de Ree lui semblait particulièrement égoïste. Tessa lui aurait botté les fesses si elle était encore en vie.

D'une certaine façon, il réalisait qu'elle n'exigerait pas de lui qu'il aille jusqu'au bout de cette enquête. Dans ce cas, pourquoi était-il incapable de lâcher prise ?

Il n'avait jamais réfléchi à ce qu'il ferait dans quelques années, quand l'envie lui serait passée de mettre sa vie en danger.

Avait-il seulement envisagé sérieusement de prendre sa retraite ? Probablement s'était-il toujours dit qu'il ne vivrait pas assez longtemps pour le faire.

Avant Ree, il n'avait pas beaucoup de raisons de tenir à la vie.

Ce constat le frappa comme un éclair déchirant le bleu d'un ciel d'été.

Maintenant, il avait quelqu'un avec qui bâtir un avenir, et qui était sur la même longueur d'onde que lui. Il lui restait simplement à éclaircir la question des enfants. Il ne s'y était pas beaucoup intéressé jusqu'à ce que

Tessa lui apprenne qu'elle était enceinte. Le géniteur du bébé s'étant volatilisé, Quint s'était préparé à endosser le rôle d'un père de substitution. Mais jamais il n'avait vraiment envisagé d'être père sur le plan biologique.

L'annonce de Ree l'avait déstabilisé, et il cherchait toujours à retrouver son équilibre. Voulait-il des enfants ?

La question allait devoir être remisée pour le moment. Ce n'était ni le moment ni l'endroit.

— Quint ?

De nouveau, la voix de Ree l'avait arraché à ses pensées.

— Oui.

— Où étais-tu parti ?

— Nulle part. Je suis ici, avec toi. Et surtout, je suis déterminé à conclure cette enquête le plus vite possible, pour que nous puissions nous consacrer à notre vie.

— Je pourrais lever mon verre pour fêter cette décision, dit-elle, avec un grand sourire. Et, puisque tu abordes le sujet, où voudrais-tu vivre après le mariage ?

— J'avoue que je n'y ai pas encore pensé.

En réalité, il n'avait pas réfléchi au-delà de la conclusion de leur enquête.

— Et toi ? Où aimerais-tu vivre ?

— J'ai pensé que nous pourrions nous installer chez moi. Mais ce ne serait pas juste pour toi.

Il lui prit la main. Le contact physique avec Ree avait le don d'apaiser l'orage qui grondait toujours en lui.

— Je veux vivre là où tu seras. Chez moi, ce n'est pas assez grand pour deux, et j'adore ta maison. M'y installer, faire qu'elle devienne la nôtre, me convient parfaitement.

— Tu es sérieux ? Parce que ça me plairait beaucoup aussi.

— Dans ce cas, c'est décidé. Et puis, je veux que tu sois à proximité de ta famille.

— Ça compte beaucoup pour moi, Quint.

Après un grand sourire, qui creusa des fossettes dans ses joues, elle ajouta :

— Mais tu pourrais le regretter. Tu les connais. Ma mère ne va pas t'accueillir à bras ouverts.

— Elle pourrait le faire si nous lui disons que c'est grâce à moi que tu envisages de quitter le métier.

Elle rit, et il s'émerveilla de la musicalité de son timbre.

— Tu gagneras encore des points si tu lui expliques que tu m'as posé un ultimatum, ajouta Ree, avant de lever les yeux au ciel.

Quint secoua la tête.

— Je ne comprends pas que ta mère ne soit pas fière de toi. Non seulement tu excelles dans ton travail, mais tu es une bonne personne. Tu es intelligente, vive, et tu ne t'en laisses pas conter. J'attends encore de voir le moment où quelque chose ou quelqu'un te déstabilisera.

— C'est bien le problème, justement. Ma mère voulait une fille très féminine… girly, comme on dit maintenant. Et ça n'a jamais été moi.

— Elle passe à côté d'une personne exceptionnelle. Si jamais nous avons une fille un jour, j'espère qu'elle sera exactement comme toi.

Ree lui lança un regard médusé mais, semblant réaliser qu'il avait parlé sans réfléchir, elle ne fit aucun commentaire.

Un SMS arriva, interférant dans ce moment d'intimité. Quint vérifia l'écran.

— Grappell n'a pas encore les photos de la mère de Vadik, mais il dit que nous pourrions ne pas en avoir besoin. Dès qu'on a mentionné sa mère, Vadik a rétropédalé et annoncé qu'il était prêt à parler.

— C'est une bonne chose.

Ree s'était déjà levée.

— Nous devrions battre le fer pendant qu'il est chaud.

Quint fit taire son envie de lui demander de rester à l'appartement, se rappelant qu'elle était tout aussi compétente que lui.

Être amoureux d'elle exacerbait son besoin de la protéger. Et il ne voyait pas comment il pourrait en être autrement avec leurs enfants.

Était-il sérieusement en train de penser à fonder une famille ?

Ree méritait d'avoir tout ce qu'elle désirait, et ça semblait inclure d'adorables petits monstres courant autour d'elle.

Pouvait-il lui donner cela ? Avait-il réellement le choix ? Il était prêt à tout pour la rendre heureuse. Maintenant, il lui restait juste à trouver une façon de paraître aussi enthousiaste qu'elle à cette idée.

Il attrapa les clés sur le comptoir et fourra son téléphone dans sa poche.

— Donne-moi une seconde pour m'habiller, demanda Ree, avant de disparaître dans la salle de bains.

Quelques minutes plus tard, Quint guidait Ree hors de l'appartement, une main posée au creux de son dos.

Avant de monter dans la voiture mise à leur disposition, elle balaya du regard le parking. Ses mâchoires serrées et son regard étréci indiquaient qu'elle n'avait toujours pas digéré son enlèvement.

La même chose était arrivée à Quint, exception faite du cercueil. Tous les agents infiltrés étaient confrontés un jour ou l'autre à des enlèvements ou à des guets-apens. Ça faisait partie des risques du métier, et il allait devoir passer outre le fait que c'était arrivé à Ree ; même son instinct de protection regimbait à cette idée.

5

Le trajet jusqu'au *Dallas County Corrections Department* fut relativement silencieux.

Entre le récit de son enlèvement et l'évocation de son envie d'enfants, Ree estimait qu'un grand chemin avait été parcouru en matière de communication, et qu'il n'y avait rien à ajouter pour le moment.

Quand elle avait obtenu le statut d'agent infiltré, deux ans auparavant, elle avait eu le sentiment d'atteindre le summum d'une carrière pour laquelle il lui avait fallu beaucoup lutter.

Preston, son ex-petit ami – qui était aussi le meilleur ami de son frère aîné –, ainsi que sa propre famille avaient raison depuis le début : la seule chose qui lui importait était son travail. Seulement, ils n'avaient pas compris qu'elle n'avait encore jamais rencontré quelqu'un qui lui donnerait envie d'envisager autre chose.

Quint Casey était différent. Quand elle avait fait sa connaissance, toutes ses certitudes avaient volé en éclats.

Mais, pour le moment, elle devait se concentrer sur ce qu'ils allaient dire à Vadik, et sur la façon dont les dernières étapes de leur plan allaient se mettre en place.

Plus vite cette enquête serait bouclée, mieux ce serait. D'autant que c'était la première fois dans sa carrière qu'elle suivait une même cible à travers quatre missions d'infiltration. Plus ils s'attarderaient, plus ça deviendrait dangereux.

Quint gara la Chevrolet Blazer sur le parking, mais ne sortit pas immédiatement du véhicule. Il resta assis, à fixer le parebrise, ses lèvres crispées en une grimace maussade.

Après un bref soupir, il demanda :

— Prête ?

Ils touchaient au but, réalisa Ree.

Après s'être assuré le concours de Vadik, ils franchiraient les dernières étapes de ce qui aurait été un très long voyage.

Et si Vadik leur faisait défaut, s'il s'agissait d'une manœuvre de sa part pour les faire venir jusqu'à lui et leur cracher son venin, alors ils devraient se retirer de l'affaire et reprendre le cours de leur vie.

Ils avaient un mariage à organiser, et un avenir bien réel à envisager. Mais elle avait peur que ça ne suffise pas si Quint n'obtenait pas de conclusion.

Ils n'avaient pas fait tout ce chemin pour échouer maintenant, même si Quint avait répété quantité de fois qu'elle pouvait se retirer de l'enquête. Il n'y avait pas de conviction dans ses paroles, et elle ne voulait pas accepter de compromis de sa part, car elle savait qu'il finirait par en ressentir de l'amertume.

Elle aurait d'ailleurs du mal à se regarder en face si elle devait être la raison pour laquelle il avait cessé de travailler sur l'affaire de Tessa.

Quint et Ree furent escortés vers une petite pièce avec une table et trois chaises. On les y enferma, et Quint tambourina du bout des doigts sur le plateau de la table tout le temps que dura l'attente.

Au bout de quinze minutes, qui parurent pourtant une éternité, un officier fit entrer Vadik dans la pièce, par une autre porte, située du côté opposé de la pièce, le poussa vers la chaise vacante, et disparut.

Vadik mesurait à peine un mètre soixante-quinze, ce qui était sans doute considéré dans la moyenne selon les standards européens. Mais ici, à Dallas, on le classerait parmi les hommes petits.

— Assieds-toi, dit Quint.

Son regard s'était étréci, et son intonation indiquait clairement qu'il n'était pas là pour jouer.

— Je préfère rester debout, répondit Vadik, et il sembla à Ree que son accent d'Europe de l'Est était plus prononcé que d'ordinaire.

Sous le regard gris qui le fixait intensément, Quint se leva aussitôt.

— Alors, nous resterons tous les deux debout.

C'était une lutte pour voir qui pourrait prétendre avoir le contrôle de la conversation. Vadik avait déjà perdu. Ree voyait bien à sa petite moue qu'il n'avait pas l'habitude d'être mis en échec. Mais il avait une mère à protéger, et ça le mettait à leur merci.

— Fais comme tu veux, dit Vadik, en croisant les bras. Mais je devrais peut-être te vouvoyer, maintenant que je sais que tu es un flic.

Il y avait dans son regard soudain assombri un profond dédain.

— Un agent fédéral, pas un flic, corrigea Quint.

Le regard de Vadik s'attarda quelques secondes sur Ree, et sa lèvre supérieure se retroussa, comme celle d'un animal qui aurait montré les crocs.

— Toi aussi, alors ?

— C'est exact.

Détournant la tête, il marmonna dans sa langue quelques mots qui avaient peu de chance d'exprimer sa sympathie pour les forces de l'ordre.

— Qu'est-ce que tu veux ? demanda le malfrat.

Ree nota qu'il ne s'était adressé qu'à Quint, mais ça ne l'étonnait pas, connaissant le personnage.

— Tu sais très bien ce que nous voulons, répondit Quint. Ta coopération.

— En échange de quoi ? Que feras-tu pour moi ?

— Permettre à ta mère de rester dans le pays, pour commencer.

— Bien, dit Vadik, sans paraître s'émouvoir. Et quoi d'autre ?

— C'est la seule chose que je peux te promettre.

— Et si je refuse de coopérer ?

— Alors, ta chère maman sera expulsée, et ne sera plus jamais autorisée à revenir aux États-Unis. Je suppose que tu as de la famille dans ton pays qui serait ravie de s'occuper d'elle. N'est-ce pas, Vadik ?

L'homme accusa le coup, mais se ressaisit presque aussitôt.

Même s'il essayait de donner le change, il n'avait aucun pouvoir ici. Cependant, sa fierté lui commandait de tenir bon aussi longtemps que possible.

— Garder ma mère ici est mon plus grand souhait, reconnut-il. Mais ils me tueront s'ils apprennent que je les ai trahis.

— Ils ont déjà essayé, lui apprit Quint. Ils m'ont demandé de m'en occuper parce qu'ils ignoraient ma véritable identité. Normalement, tu devrais déjà être mort, au lieu de discuter avec nous dans cette pièce.

Vadik déglutit bruyamment.

— Ça n'a aucun sens.

— Tu es trop proche de Dumitru. Il ne veut pas prendre le risque que tu parles pour sauver ta peau.

— Il sait bien que je ne ferais jamais ça.

— L'étau se resserre autour de lui. Il doit se dire que certains de ses hommes, surtout ceux de sa garde rapprochée, pourraient retourner leur veste.

Même si la féministe en elle en souffrait, Ree préférait garder le silence et laisser Quint mener les négociations. Pour avoir vu de quelle façon Vadik traitait les femmes, elle savait qu'il ne les respectait pas. Dès lors, il ne fallait pas escompter qu'il accepte de traiter avec elle.

— Si j'accepte tes conditions, est-ce que je reverrai ma mère ?

— Je ne peux pas te le promettre. Mais je t'offre la possibilité qu'elle continue à être bien soignée et protégée.

— Pas sans argent. Le gouvernement a déjà saisi tous mes avoirs. Mes comptes bancaires sont bloqués. Comment ma mère sera prise en charge si personne ne paie les factures ?

— Son séjour est payé pendant combien de temps ?

— Cinq ans.

— Il peut se passer beaucoup de choses en cinq ans.

Vadik se mit à faire les cent pas le long du mur du fond.

Il avait cessé de jouer les indifférents et raisonnait maintenant en termes de survie. Tout ce qui lui importait, c'était sa mère et sa propre destinée.

— Les charges contre moi ne tiendront pas, dit-il. J'ai accès aux meilleurs avocats grâce à mes relations.

— Tu peux tenter un coup de poker, mais les preuves contre toi sont solides. J'ai vu des gars comme toi enfermés pour le reste de leur vie, avec la moitié moins d'éléments à charge. Sans parler du fait que je ne perds jamais une affaire quand je suis entendu comme témoin principal.

Vadik se renfrogna.

— Tu ne gagneras pas contre mes avocats. Et, une fois que je serai sorti, j'ai l'intention de rester en dessous des radars.

— Tu oublies une chose : ils m'ont déjà envoyé pour t'éliminer. Même avec les meilleurs avocats du monde, tu ne vivras pas assez longtemps pour aller au procès. Si ce n'est pas moi qui fais le travail, ils enverront quelqu'un d'autre.

Un pli soucieux creusa son front, et ses sourcils se rejoignirent comme s'il essayait de comprendre le processus de fractionnement de l'atome.

— Et puis, tu viens de dire toi-même que tu es ruiné, insista Quint.

Un long silence s'installa dans la pièce, lourd de tergiversations et d'attentes.

— Ça se passerait comment ? demanda finalement Vadik, en cessant ses déambulations pour s'arrêter devant la porte par laquelle il était entré.

— Il faut que ce soit visible. Je pense à une agression dans la cour.

— Et ça se déroulera de quelle façon ?

— Nous enverrons quelqu'un qui fera mine de te poignarder. Pour parfaire l'illusion, il sera équipé d'une poche de sang qui se répandra sur toi et l'éclaboussera. Elles font à peu près la taille d'une capsule de lessive, et peuvent se dissimuler au creux de la main.

Devant l'air perplexe de Vadik, Quint réalisa qu'un homme comme lui ne devait pas savoir se servir d'une machine à laver. Depuis qu'il faisait partie des cadres de A-12, l'organisation criminelle dirigée par Dumitru, il n'avait pas dû lever le petit doigt.

— Disons, la taille d'un œuf, si tu préfères.

Vadik hocha la tête.

— Et les autres ? Ils pourraient vouloir s'en mêler. Dès qu'il y a un conflit entre deux prisonniers, ça tourne vite à la bataille générale.

— Ça doit avoir l'air naturel, mais ce sera surveillé de près, et ce genre de choses n'arrivera pas.

Quint remarqua combien Vadik était précautionneux quant à son intégrité physique. Il était beaucoup moins regardant quand il s'agissait d'enlever des enfants pour les livrer à d'horribles trafics.

Cette pensée à peine formulée, Quint s'exhorta à rester concentré sur cette difficile entrevue. Le sujet avait le don de le mettre en colère, et risquait de l'entraîner vers d'autres considérations, comme celle du bien-fondé de faire naître des enfants dans un monde pareil.

— Et ce serait vraiment une mise en scène ? insista Vadik.

Mais que croyait-il ? Qu'un agent fédéral organiserait une fausse mise à mort pour ensuite le tuer vraiment ? Le voudrait-il que ce serait impossible. Quint devait rendre des comptes pour chaque balle tirée. Et pas seulement pour des besoins d'inventaire.

— Évidemment.

Quint s'en tint à cette brève réponse, en se disant que ce n'était pas le moment de faire un cours d'éthique.

— Toutefois, ce n'est pas totalement sans risque pour toi, reprit-il. Tu pourrais prendre un coup, avoir quelques ecchymoses, c'est pourquoi un avocat va venir t'expliquer tes droits dès que nous en aurons terminé.

— Et il n'y aura pas d'aménagement de peine en échange ? eut le toupet de demander Vadik.

Pour répondre à cette question, il suffit à Quint de penser aux enfants que Vadik n'hésiterait pas à vendre dès qu'il aurait mis un pied dehors.

— Non. Absolument pas. Ma boss n'approuvera jamais la moindre négociation avec toi.

— Dans ce cas, il n'est pas question que je vous aide, conclut Vadik. Désolé de t'avoir fait perdre ton temps.

— Comme tu voudras, dit Quint, d'un ton parfaitement détaché. Tu seras donc placé à l'isolement jusqu'à la conclusion de notre enquête, de façon que tu ne puisses parler à personne.

Quint glissa un regard à Ree, qui se leva aussitôt.

Elle se dirigea vers la porte, et frappa au battant pour prévenir l'officier de garde qu'ils désiraient sans aller.

Puis elle se tourna et soutint sans faiblir le regard de Vadik.

— Avant que nous partions, as-tu un message à faire passer à ta mère ? demanda-t-elle.

6

Vadik battit des paupières à plusieurs reprises, paraissant médusé par le commentaire de Ree.

Elle le provoqua.

— Allons, Vad, tu devais bien te douter que nous irions tout droit au McMansion, en sortant d'ici. Elle sera placée en cellule de rétention par les services de l'immigration, avant même que tu aies le temps de te brosser les dents pour la nuit.

Les yeux de Vadik lancèrent des éclairs, mais il tint sa langue.

— J'espère seulement qu'elle ne se retrouvera pas avec des parasites, comme les dernières personnes que nous avons expulsées, continua posément Ree.

Rien de tel qu'une image bien sordide pour se faire comprendre, songeait-elle.

— C'est vrai, renchérit Quint. Et certains des plus âgés se sont grattés au sang.

— C'était horrible, ajouta Ree.

Elle haussa les épaules.

— Mais ce n'est plus notre problème.

— Attendez ! cria Vadik, tandis que l'officier de garde ouvrait la porte. La conversation n'est pas terminée.

— Pour nous, elle l'est, décréta Ree.

Après tout, ce sale type méritait bien de transpirer un peu, après avoir démontré une telle obstination depuis qu'ils avaient franchi la porte.

— Une minute ! insista Vadik. Vous protégerez ma mère ?

— Nous assurerons sa sécurité.

Vadik laissa un soupir s'échapper.

— Alors, je n'ai pas le choix.

— Bien, dit Ree, d'un air toujours aussi impassible. Nous avons donc un accord. Nous t'envoyons l'avocat.

Dès qu'ils furent dans le couloir, et que la porte se fut refermée derrière eux, Quint attira Ree dans ses bras.

La journée avait été longue mais productive. Tout le monde était épuisé.

— Il est temps que je te ramène à la maison et que je te mette au lit, dit-il.

Prenant conscience du sous-entendu, il s'empressa de préciser :

— Pas pour ça. Même si je suis tout à fait prêt et d'accord si tu en ressens l'envie.

Il lui adressa un clin d'œil, et ça la fit sourire.

Se hissant sur la pointe des pieds, elle déposa un baiser sur ses lèvres. Ça faisait des heures qu'elle avait envie de le faire.

— Tu seras le premier à le savoir quand je serai d'attaque, dit-elle, avec une expression narquoise. Prêt à partir d'ici ?

— Rien ne vaut son chez-soi, dit-il, faisant allusion à la morale du *Magicien d'Oz*.

Puis il lui prit la main, et ils regagnèrent la voiture.

Le trajet de retour fut bref.

Ree se contenta d'un sandwich en guise de dîner, et prit une autre douche. Il lui faudrait au moins un mois de douches pour se laver de l'angoissante sensation qui lui collait à la peau après avoir été enterrée vivante.

Enfilant un pyjama, elle se glissa avec soulagement dans le lit.

— Je prends une douche, et je te rejoins, dit Quint, avant de l'embrasser pour lui souhaiter une bonne nuit.

Elle pourrait s'y habituer, songea-t-elle. Mais pas avant que leur enquête soit terminée.

Pour le moment, Quint essayait d'infiltrer A-12 à un plus haut niveau, afin de s'approcher de Dumitru, et de pouvoir le faire tomber pour les crimes qu'il avait commis.

L'arrestation que Quint et elle appelaient de leurs vœux devait se faire dans les règles de l'art. Ils devaient être très minutieux dans leur façon de collecter les preuves. Une seule erreur pourrait se retourner contre eux et donner lieu à la remise en liberté immédiate de Dumitru.

Le système avait-il des failles ? Oui. L'honnêteté commandait de le reconnaître.

Était-il nécessaire de vérifier scrupuleusement les moindres détails ? Oui, absolument.

Est-ce que certains criminels s'en tiraient de façon éhontée ? Hélas, oui. Et cet état de fait rongeait Ree de l'intérieur.

Mais elle ne voulait pas s'attarder à penser à ce qui n'allait pas. Ce qui comptait, c'étaient les progrès qu'ils avaient accomplis, et le fait que demain Vadik serait « mort ».

Cette accélération de leur enquête signifiait que sa conclusion arriverait plus vite. Et c'était une perspective qui ne pouvait que la réjouir.

Dans sa tête, elle avait déjà commencé à formuler sa lettre de démission pour leur supérieure, Lynn Bjorn.

Quint se réveilla avant Ree.

Se glissant discrètement hors du lit, il se connecta au système pour vérifier le statut de l'enquête. Avec l'aide de Vadik, les choses devraient aller plus vite.

En attendant, il devait prendre contact avec Lindy, puisque ce dernier était toujours persuadé qu'il faisait partie des leurs. Il devait bien savoir maintenant que Ree n'était plus là où il l'avait abandonnée.

Devait-il le laisser mariner un peu ? Se demander où elle avait pu passer ?

Quint fit le tour du comptoir séparant la pièce à vivre de la cuisine, et prépara le café. Il avait l'esprit encore embrumé, et il réalisa qu'il n'avait pas vérifié son téléphone. Il l'avait oublié sur la table de chevet, mais le café avant tout.

La machine bipa moins de trois minutes après qu'il l'eut chargée d'eau et de grains à moudre. L'odeur seule suffit à mettre en mouvement les rouages de son cerveau.

Il lui fallait un plan sur la façon de gérer Lindy aujourd'hui.

Des bruits dans la pièce voisine lui indiquèrent que Ree se levait. Il remplit deux tasses et les emporta dans la chambre.

Les longs et soyeux cheveux roux de Ree étaient

répandus sur l'oreiller beige clair. Elle bâilla et s'étira, avant de se tourner vers lui.

— Bonjour, dit-elle, d'une voix ensommeillée, qui lui remua le cœur.

Il se demandait toujours comment elle avait pu tomber amoureuse d'un type comme lui. Il n'avait pas été des plus aimables quand ils s'étaient rencontrés à la faveur de la première enquête. Mais elle avait décelé quelque chose en lui.

Quand ils s'étaient embrassés pour la première fois, il avait réalisé qu'il manquait une étincelle dans tous les baisers qu'il avait partagés auparavant.

Ree Shepard avait profondément bouleversé sa vie. Et il ne s'en portait que mieux. Elle était comme un ange descendu du ciel, créée juste pour lui, parfaite en tout.

— C'est du café ? demanda-t-elle en se redressant, visiblement perdue.

La couette avait glissé jusqu'à sa taille, révélant un T-shirt de coton blanc qui moulait ses seins fermes et généreux.

— Pour toi.

Il lui tendit une tasse, et s'assit à côté d'elle sur le rebord du matelas.

Ree était d'une beauté époustouflante, et elle avait un corps à se damner, mais c'était son intelligence et sa vivacité d'esprit qui l'avaient séduit en premier lieu. Elle ne manquait pas d'humour non plus.

En tout cas, elle se différenciait des autres femmes qu'il avait connues, et leur connexion était bien plus profonde et plus électrique que tout ce qu'il avait pu vivre avant.

Finalement, il en était toujours à se demander ce qu'il avait fait pour la mériter.

— Pourquoi es-tu aussi sérieux ? demanda-t-elle. Il y a un problème avec l'enquête ?

— Non, s'empressa-t-il de répondre.

Il ne voulait pas qu'elle s'inquiète avant d'avoir bu sa première tasse de café.

— Rien de ce genre.

— Eh bien, quoi, alors ?

Il se pencha et déposa un baiser sur ses lèvres roses et charnues.

— J'ai beaucoup de chance, c'est tout.

Le sourire de Ree illumina la pièce.

— Je pense que j'ai beaucoup de chance aussi de vous avoir trouvé, monsieur Casey.

Elle but une gorgée de café et se passa la langue sur les lèvres, y déposant une trace humide dont il eut le plus grand mal à détacher les yeux.

— Comment te sens-tu, ce matin ? demanda-t-il.

Il ressentait le besoin de rediriger ses pensées, ayant du mal à penser à autre chose qu'à son envie de faire l'amour à sa fiancée.

— Suffisamment bien pour travailler, répondit Ree. Mais pas avant de m'être brossé les dents.

Quint posa sa tasse de café, tandis que Ree disparaissait dans la salle de bains. Il entendit le bruit de sa brosse à dents électrique, puis elle réapparut.

Avant qu'il ait eu le temps de réaliser ce qu'elle allait faire, elle s'installa à califourchon sur lui. Il plaqua une main au creux de son dos, leva l'autre vers son visage pour le prendre en coupe, et attira ses lèvres vers les siennes.

Puis il fit l'amour à la femme dont il avait hâte de partager la vie, considérant tout ce qu'ils avaient vécu jusqu'à maintenant comme une répétition générale de leur vraie vie de couple.

— Eh bien, en voilà une agréable façon de commencer la journée, plaisanta Ree, tandis qu'elle essayait de reprendre son souffle.

Elle venait de connaître l'un des meilleurs orgasmes de sa vie, et elle se figurait que ce n'était que le commencement. Ils avaient fait l'amour quelques fois au cours de leurs missions, mais pas suffisamment à son goût.

D'autant que son fiancé avait le corps le plus sexy de la planète. Elle voulait en mémoriser chaque parcelle, ses cicatrices, ses grains de beauté…

— Je partage ton avis, dit Quint, le souffle court.

— Nous avons besoin de vacances, renchérit-elle. Si possible permanentes.

Le travail les attendait, et ils ne pouvaient rester ainsi trop longtemps.

Mais, pour le moment, elle ne désirait rien d'autre que d'être dans les bras de l'homme qu'elle aimait, la tête nichée au creux de son épaule.

Le téléphone de Quint vibra. Il tendit le bras vers la table de chevet et le prit.

— Tout est prêt, annonça-t-il, après avoir consulté l'écran. Ça aura lieu ce matin, pendant leur petit déjeuner.

— On sait à quelle heure est le petit déjeuner en prison ? demanda Ree.

Leur brève parenthèse de tranquillité venait de prendre fin.

— Dans une demi-heure, répondit Quint.

— Je suppose que nous n'avons plus qu'à attendre, dit Ree, avec un soupir.

Sachant qu'il leur serait impossible de se détendre jusqu'à ce qu'on les ait avertis que c'était fait, elle repoussa la couette et décida de se préparer pour la journée.

Après s'être rafraîchie dans la salle de bains, elle se dirigea vers la cuisine et refit du café. Puis elle vérifia le contenu du réfrigérateur, tandis que Quint se concentrait sur l'écran de son ordinateur. Sans doute était-il occupé à lire les derniers rapports d'enquête. Il s'était passé tellement de choses en vingt-quatre heures.

Elle sortit une boîte d'œufs, du lait, un reste de salade d'épinards et du fromage râpé. Avec tout ça, elle devrait pouvoir faire des œufs brouillés acceptables.

Elle ne se targuait pas d'être une bonne cuisinière, mais elle en savait assez pour se nourrir correctement.

Il y avait aussi un sachet de pain de mie, et elle pourrait donc faire des toasts. Pas de confiture, mais du beurre ferait l'affaire.

Un coup frappé à la porte les fit sursauter tous les deux.

Elle chercha le regard de Quint, qui passa aussitôt à l'action.

En quelques secondes, il fut à la porte, son arme à la main.

Il regarda par l'œilleton.

— Ouvre, Quint, dit une voix féminine.

Ree n'eut pas besoin de voir leur visiteuse pour savoir de qui il s'agissait.

Qu'est-ce que Giselle venait faire ici ?

7

Ree avait du mal à contenir sa colère. Si Quint ne la retenait pas, elle était capable de sauter à la gorge de Giselle à la seconde où cette traîtresse franchirait le seuil.

— Pourquoi je t'ouvrirais après ce que tu as fait ? demanda Quint.

Ree récupéra à la hâte l'ordinateur et le téléphone portable, et se dirigea vers la chambre.

— Elle est là ? demanda Giselle.

— Ne me fais pas croire que tu t'inquiètes de ce qui est arrivé à ma femme, rétorqua-t-il, avec dédain.

Ree s'imaginait qu'il n'avait pas beaucoup de mal à jouer la comédie. Sa propre colère ne demandait qu'à remonter à la surface. C'était normal, après une trahison comme celle que lui avait infligée Giselle.

Munie de tous les accessoires qui auraient pu les trahir, elle se cacha dans le placard de la chambre. Giselle méritait de s'interroger un peu plus longuement sur ce qui lui était arrivé.

Recroquevillée dans l'espace étroit et sombre, elle ne put s'empêcher de penser à sa mésaventure de la veille. Aussitôt, le souffle lui manqua.

C'était différent, se dit-elle pour se raisonner. Elle

pouvait ouvrir la porte à tout moment. Elle se répéta ces mots jusqu'à ce qu'elle y croie, et les battements de son cœur finirent par retrouver un rythme normal.

— Je vais ouvrir, dit Quint. Mais, s'il y a quelqu'un qui se cache derrière toi, je te promets que je te traquerai sans relâche, Giselle.

— Il n'y a personne. Et je prends un risque énorme en venant ici. Ouvre-moi, je t'en prie, et écoute ce que j'ai à dire.

Heureusement, l'appartement qui leur avait été attribué pour leur mission d'infiltration était petit et presque entièrement décloisonné. C'est ainsi que Ree pouvait entendre tout ce qui se passait dans la pièce voisine.

— Tu as un sacré paquet de choses à m'expliquer, dit Quint.

Ree entendit la porte s'ouvrir et se refermer. Puis il y eut le bruit caractéristique d'une serrure qu'on actionnait.

— Est-ce qu'elle est là ? répéta Giselle.

Il y avait quelque chose de désespéré dans son intonation, mais il était impossible à Ree de lui pardonner.

— À ton avis ? Regarde autour de toi.

La voix de Quint était chargée d'inquiétude et de colère. Était-ce l'état dans lequel il se trouvait hier après-midi, quand il avait réalisé qu'elle n'était plus là ?

Le cœur de Ree se mit de nouveau à battre sauvagement contre sa cage thoracique, tandis qu'elle songeait combien ça avait dû être terrible pour Quint de rester là à attendre, sans savoir où elle était et ce qui lui était arrivé.

Immanquablement, il avait dû penser à Tessa. Était-ce

ce qui expliquait son soudain changement d'avis quant à la possibilité d'avoir des enfants ?

— Tu as intérêt à parler, dit Quint, d'un ton menaçant. Je veux savoir où est Ree.

— Je... Je ne sais même pas par où commencer.

La voix de Giselle lui parvenait de façon hachée, et Ree se dit qu'elle devait faire les cent pas. De toute évidence, la jeune femme était nerveuse. Et on pouvait comprendre qu'elle ne soit pas à l'aise devant Quint, après le mauvais tour qu'elle leur avait joué.

Sans compter qu'ils étaient en relation avec Axel, le père du bébé de Giselle. Actuellement incarcéré, Axel avait négocié la protection de sa famille officielle, demandant que sa femme, Laurie, et sa fille, Ariana, intègrent le programme de protection des témoins. En échange, Giselle devait mettre Ree et Quint en contact avec Vadik.

Une fois l'enquête terminée, Giselle et son fils intégreraient à leur tour le WITSEC, ce qu'elle ignorait. Tout comme elle ignorait la véritable identité de Ree et de Quint, qui se faisaient passer pour un couple marié. Lui devait sortir de prison, après cinq ans d'incarcération. Elle jouait le rôle d'une femme écervelée, friande d'argent facile et de fêtes échevelées où l'alcool coulait à flots.

Axel avait tout arrangé. Il avait affirmé que Giselle accepterait le statut de témoin protégé une fois qu'il lui aurait parlé, ce qui ne pouvait se faire tant que Dumitru ne serait pas derrière les barreaux.

— Dans ce cas, qu'est-ce que tu fais ici ?

La voix de Quint était l'équivalent d'un roulement de tonnerre. Les murs tremblaient presque quand il parlait.

— Parce que j'ai besoin que vous sachiez tous les deux que je n'ai rien à voir avec ce qui s'est passé. Ce n'était pas mon idée, et j'ai lutté de toutes mes forces avec Lindy. Maintenant que Vadik est en prison, Lindy a les mains libres et se croit tout permis.

— Je sais que tu étais impliquée. Ce que je ne sais pas, c'est ce que tu as fait. Mais Ree a dû baisser sa garde parce qu'elle te faisait confiance.

Le dédain dans sa voix imprégnait l'atmosphère.

— Je n'avais pas le choix. Lindy a dit que je devais l'attirer hors de l'appartement, ou bien il enlèverait Axel Junior, et je ne reverrais jamais mon fils.

Elle avait un ton geignard qui vrillait les oreilles de Ree, même si elle pouvait comprendre le désarroi d'une mère qui faisait ce qu'elle pouvait pour protéger son enfant.

À vrai dire, Giselle avait l'air de préférer traîner au *penthouse* de Vadik, plutôt que de rester à la maison avec son fils – un fils qui, d'ailleurs, vivait chez la sœur de Giselle.

Quel genre de mère se débarrassait de son enfant pour faire la fête tous les soirs ?

Cet exemple fit prendre conscience à Ree qu'elle devrait peut-être se montrer un peu plus indulgente avec sa propre mère. Ça ne voulait pas dire pour autant qu'elle était prête à pardonner certaines paroles et à tourner la page. Mais elle ne pouvait reprocher à sa mère de se désintéresser de sa sécurité. Si elle se montrait volontiers critique à l'égard des choix personnels de Ree, ça ne l'empêchait en rien d'être une mère aimante. Son frère aîné, Shane, ne manquait pas de le lui rappeler.

Mais il avait toujours été le préféré de leur mère, et il n'était pas le mieux placé pour comprendre.

Ree nota également que Lindy aimait frapper les gens au cœur, en menaçant leur famille où les personnes qu'ils aimaient. S'il l'avait enlevée, c'était pour forcer la main à Quint, puisqu'il les croyait mariés.

— Tu as pensé à ce qui pourrait arriver à Ree ? demanda Quint, d'un ton farouche.

— Bien sûr ! J'ai supplié Lindy de ne pas… de ne pas…

Elle semblait tout à coup trop choquée pour continuer.

— De ne pas quoi ? insista Quint.

— La mettre dans ce cercueil, l'enterrer et la laisser là pour te forcer la main.

— Ça veut dire que ma femme est peut-être mourante au fond d'une fosse. Emmène-moi où vous l'avez laissée.

— J'y suis déjà allée.

Il y avait du désespoir dans la voix de Giselle. Cette situation semblait réellement la bouleverser. Ree se dit qu'elle devrait essayer de lui pardonner. De toute façon, elle avait pris l'engagement de la protéger, et elle respecterait sa parole.

— Elle n'est plus là. La boîte est ouverte.

— La boîte ?

Quint devait prétendre ignorer ce qui s'était passé. Ses années de pratique comme agent infiltré rendaient ses mensonges indétectables. Et pourtant, Ree l'aurait su en regardant ses yeux. Ils avaient un lien spécial, une connexion comme elle n'en avait jamais connu auparavant.

— C'est Lindy qui l'a fait. Il l'a obligée à rentrer là-dedans pour lui faire peur et l'empêcher de se débattre.

C'était à moitié vrai. Mais pouvait-on attendre d'une personne comme Giselle qu'elle soit tout à fait sincère ?

— Et ensuite ? tempêta Quint.

— Il a commencé à jeter des pelletées de terre par-dessus. Mais je l'ai arrêté. Je me suis imposée, et j'ai exigé qu'il m'écoute. Je l'ai convaincu de tout laisser comme ça, et de revenir la chercher aujourd'hui. Mais il va être fou de rage quand il va réaliser qu'elle n'est plus là.

— Et quelles seront les conséquences pour toi ? demanda Quint.

Ils allaient maintenant savoir pourquoi Giselle avait pris le risque de venir ici, car ça ne pouvait pas uniquement être par inquiétude pour Ree.

— Il me prendra mon enfant, Quint. Axel Junior ne sera plus jamais en sécurité. Lindy a déjà des soupçons contre moi, mais il est paranoïaque, de toute façon.

La voix avait cessé de se déplacer, ce qui voulait dire que Giselle s'était posée. Ree dut faire appel à toute sa détermination car elle avait soudain l'intuition que Giselle allait faire des avances à son « mari ».

— Je ne peux rien y faire, dit Quint.

Se fiant au volume de sa voix, Ree estima qu'il s'était retranché dans la cuisine. Essayait-il de mettre une barrière entre Giselle et lui ?

— Aide-moi, je t'en supplie, implora Giselle.

— Écarte-toi de moi, ou je te mets dehors illico.

— Qu'est-ce qu'il y a ? Tu ne me trouves pas assez jolie ?

— Ce n'est pas la question.

— Je sais que je ne suis pas Ree, mais elle pourrait

ne pas revenir. Tu dois être réaliste, Quint. Et nous formerions une équipe puissante.

Le sang de Ree bouillait dans ses veines, et elle devait fournir un considérable effort de volonté pour ne pas se précipiter dans le salon.

Quint n'aurait pas dû être surpris par la proposition de Giselle. Et pourtant, il n'en revenait pas de son audace. Croyait-elle acceptable de se présenter chez lui et de lui faire des avances aussi directes ?

— Dehors ! s'écria-t-il.

C'était tout ce qu'il pouvait dire sans laisser libre cours à sa colère. Il avait obtenu tout ce qu'il attendait de cette conversation, et il ne pouvait plus supporter une seconde de plus la présence de cette traîtresse.

Giselle ne lutta pas. Elle semblait savoir quand elle avait perdu une bataille.

La porte à peine refermée, Ree jaillit dans le salon. Consciente que les bruits se propageaient facilement dans le hall, elle ne dit rien. Mais sa mine crispée laissait entendre qu'elle en avait gros sur le cœur.

La sonnerie de l'ascenseur retentit, et on entendit la porte de la cabine s'ouvrir et se refermer. Quint regarda quand même à travers l'œilleton pour être absolument certain que Giselle avait quitté l'étage.

— Elle est partie, dit-il.

Puis il s'avança vers Ree et la prit dans ses bras.

— Le son de sa voix a le don de m'horripiler, dit-elle. J'ai vraiment dû prendre sur moi pour ne pas l'étrangler.

— Personne ne t'aurait blâmée si tu l'avais fait.

Quint se voulait rassurant, la berçant dans ses bras

tandis qu'elle tremblait. L'expérience de la veille avait dû la traumatiser bien plus qu'il ne l'avait réalisé, car elle était la personne la plus forte qu'il connaissait.

— En plus, elle t'a fait des avances.

— C'est la réaction d'une personne désespérée.

— En tout cas, elle sait comment s'y prendre pour sauver sa peau.

Ree soupira.

— Mais je dois reconnaître qu'elle ne mentait pas en disant qu'elle avait convaincu Lindy de ne pas recouvrir le cercueil de terre. C'est grâce à ça que j'ai pu m'échapper, et ça lui sera reproché. Elle risque même de le payer durement.

— Dans le cas contraire, tu aurais suffoqué. Lindy ne pouvait pas souhaiter cela. Il devait savoir que je me jetterais sur lui comme un pit-bull sur une pièce de bœuf.

— Tu ne sais pas à quel point il peut être arrogant. Et Giselle s'est bien battue pour moi. Je l'ai entendue.

— Alors, tout espoir n'est peut-être pas perdu pour elle. Mais tu sais, avec les criminels, c'est un peu comme la fable de la grenouille. Tu la mets dans une casserole d'eau, et tu augmentes la température petit à petit. Quand elle se rend compte que l'eau est en train de bouillir, c'est trop tard.

— Je vois ce que tu veux dire. Les criminels commencent par des délits mineurs, puis ils s'attaquent à de plus grosses prises, recherchent de meilleurs profits. Avec le temps, ils gagnent en confiance, et ils finissent par se croire intouchables.

— Et c'est là que les erreurs se produisent, renchérit

Quint. Sans ces erreurs, ils causeraient encore plus de torts.

— En tout cas, je me ferai un plaisir de passer les menottes à Lindy, dit Ree, avec férocité. Et j'espère qu'il ne sortira pas de sitôt de prison.

Du côté de la loi, des règles strictes devaient être observées, afin que les droits de personnes ne soient bafoués durant le processus de collecte de pièces à conviction. Même si Quint pestait parfois d'avoir à suivre un protocole strict, il en comprenait l'importance. Dans la mesure où Giselle et Lindy étaient coupables, ils ne s'en sortiraient pas comme ça.

Cette pensée formulée, Quint se sentit pourtant envahi d'un étrange pressentiment. Les enquêtes prenaient du temps et, à tout moment, un grain de sable pouvait se glisser dans les rouages.

8

C'était fait.

Le SMS indiquant que le faux assassinat de Vadik avait eu lieu à la prison venait d'arriver.

Quint posa son téléphone sur le comptoir de la cuisine et, cherchant le regard de Ree, il prit une profonde inspiration.

La bulle dans laquelle ils avaient vécu ce matin avait explosé. Le monde réel et leur enquête allaient prendre le contrôle de leur vie jusqu'à ce que des arrestations se produisent. Les quelques heures de calme qu'ils venaient de partager devraient suffire à les faire tenir bon pendant plusieurs jours.

Une ouverture se dessinait maintenant grâce à Lindy. Une nouvelle aventure était sur le point de commencer.

— Que savons-nous sur Lindy ? demanda-t-il.

Il devait connaître le plus possible d'éléments sur le bras droit de Dumitru avant de se rendre chez lui, le *penthouse* où vivait Vadik étant désormais désaffecté.

— Rolph Lindberg seconde Dumitru depuis deux ans et demi, dit Ree, qui était penchée sur l'écran de l'ordinateur. Ils sont originaires du même village, et ils se connaissaient probablement depuis longtemps avant d'arriver aux États-Unis.

— Je suppose qu'on a relevé les empreintes de Lindy, et qu'il n'y a aucune information sur lui dans la base de données IAFIS[1].

Quint faisait allusion au système d'identification automatisé des empreintes digitales.

— Tu supposes bien. Il n'y a pas non plus d'acte de naissance correspondant à ce nom. C'est donc probablement un alias.

— Une nouvelle identité pour un nouveau pays.

C'était une astuce bien connue des criminels, pour lesquels il n'était pas compliqué de fabriquer un faux passeport.

— Comme tu le sais déjà, les autres pays ne tiennent pas non plus le même genre de registres.

— En gros, ce type était un fantôme jusqu'à ce qu'il vienne ici travailler pour Dumitru ?

— Oui. Il n'y a pas grand-chose à ajouter, si ce n'est qu'il vit à quatre pâtés de maisons de Vadik, dans un immeuble encore plus luxueux.

— Tu penses à la même chose que moi ? demanda aussitôt Quint.

— Dumitru doit habiter quelque part dans le même coin.

Ça paraissait logique si deux de ses collaborateurs les plus proches vivaient dans ce périmètre.

— Comment se fait-il que nous ne l'ayons pas encore vu ? demanda Quint.

— Nous ne sommes en ville que depuis quelques

---

[1]. Le « Integrated Automated Fingerprint Identification System » (IAFIS) est un système informatisé géré par le FBI depuis 1999. Il s'agit d'un système national automatisé d'identification par empreintes digitales et casiers judiciaires. (NdE)

semaines. Je doute également qu'il se déplace pour rendre visite à ses adjoints.

Ree claqua soudain dans ses doigts, indiquant qu'une idée venait de lui traverser l'esprit.

— Je devrais changer d'apparence et suivre Lindy pendant quelques jours.

Quint, que cette proposition n'enchantait pas, protesta :

— Quelqu'un d'autre pourrait le faire.

Le regard que lui lança Ree lui fit comprendre qu'il devait argumenter sa remarque.

— Écoute-moi bien. Lindy sait à quoi tu ressembles. C'est la seule raison pour laquelle je fais cette suggestion. Même avec une perruque et des lentilles, tu sors du lot.

Ree réfléchit un instant, le front plissé et les épaules légèrement arrondies. C'était la posture qu'elle adoptait invariablement quand elle avait besoin de peser le pour et le contre.

— Tu as raison sur le fait que je ne pourrai pas changer mon apparence assez drastiquement pour être certaine que Lindy ne me reconnaîtra pas, finit-elle par reconnaître.

— Je vais prendre contact avec Bjorn et réclamer plus de ressources sur l'enquête.

— Tu es sûr que ça n'a rien à voir avec ce qui est arrivé hier ?

— Je mentirais si je disais que je ne me suis pas fait un sang d'encre, reconnut Quint.

Il ne pouvait faire autrement que d'être cent pour cent honnête avec elle.

— Crois-moi quand je dis qu'il n'y a aucun autre agent avec qui j'ai plus envie de travailler qu'avec toi.

Mais je ne peux pas ignorer mes sentiments personnels pour toi.

Il chercha son regard, désireux de lui faire comprendre à quel point il était sérieux.

— Peux-tu sincèrement dire que le fait d'être amoureuse n'a pas changé ta vision sur notre métier, et sur les risques qu'il nous fait courir ?

— Bien sûr que ça a tout changé. Cette relation m'a prise au dépourvu, et tout est nouveau pour moi. Je respecte ce que tu fais, et je sais que tu es le meilleur. Mais j'ai toujours en tête le regard de ma mère quand on lui a appris que mon père ne reviendrait pas. Elle a gardé ses vêtements dans la penderie pendant des années, comme s'il allait un jour franchir la porte et les réclamer.

Les pensées de Quint se tournèrent vers le père de Ree, un policier tué en service. Depuis quelque temps, il jouait avec l'idée de quitter le métier. En serait-il capable ?

En tout cas, il ne voulait pas être un père absent pendant des semaines, laissant sa femme et ses enfants s'inquiéter de son retour. Depuis la mort de Tessa, travailler comme agent infiltré avait de toute façon perdu de son attrait. Mais que ferait-il s'il renonçait à la seule carrière qu'il connaissait ?

— En fait, reprit Ree, je ne voulais même pas reconnaître ces émotions avant que nous commencions à en parler. Est-ce que c'est bizarre ?

— Pas pour moi.

— Je vais me procurer un plan de la ville, et nous demanderons à Grappell s'il peut trouver les plans de l'immeuble de Lindy.

Ree avait changé de sujet avant qu'il ait le temps d'ajouter quoi que ce soit. C'était probablement le stress de l'enquête qui faisait que ses pensées s'égaraient en tous sens.

S'approchant de Ree, il déposa un tendre baiser sur ses lèvres.

— Est-ce que tout va bien ? demanda-t-il.

Il avait l'impression qu'elle venait de fermer une porte, le laissant à l'extérieur.

— Bien sûr, dit-elle.

Elle l'embrassa en retour, comme pour le rassurer, mais il avait remarqué qu'il n'y avait aucune conviction dans ses paroles.

— Bien, dit-il.

Le moment ne lui semblait pas le mieux choisi pour demander des explications. Leur vie personnelle devait être mise sur pause le temps qu'il puisse finir ce qu'il avait commencé avec cette enquête.

En tout cas, ils étaient proches. Il le sentait, et c'était tout ce qui comptait.

Lindy était le ticket d'entrée auprès de Dumitru. Tout le reste pourrait être réglé plus tard, quand l'enquête serait derrière eux.

Quint prit son téléphone et envoya un message à Lindy.

C'est fait.

La réponse arriva aussitôt.

La preuve ?

Quint soupira, puis il fit un message à Grappell, qui lui envoya aussitôt la photo d'un Vadik ensanglanté, au regard fixe et au visage livide.

Il transféra la photo, et demanda :

Où est ma femme ?

La réponse ne se fit pas attendre.

On a un problème. Viens me voir.

L'adresse que Lindy lui donna était celle de son appartement.

— Il veut me rencontrer, dit-il à Ree.
— C'est bien.

Elle avait répondu un peu trop vite, avec un sourire qu'il savait être forcé.

Son instinct lui dit qu'il aurait intérêt à s'arrêter et à faire d'elle sa priorité. Il devrait lui demander ce qui n'allait pas et, mieux encore, ce qu'il pouvait faire pour l'aider. Ils avaient abordé beaucoup de sujets récemment, et les émotions de Ree avaient pris le dessus sur sa raison depuis son enlèvement de la veille.

Mais il avait aussi conscience qu'il lui fallait avoir l'esprit clair avant d'aborder d'autres sujets sérieux avec Ree. Et la seule façon d'y parvenir était de mettre un terme définitif à cette enquête.

— Il me demande de le rejoindre, dit-il, en fixant son écran.

Il préférait ne pas la regarder, alors qu'elle essayait de cacher sa déception.

— Sois prudent. Il a plus d'un tour dans sa manche.

Quint ne répondit par rien d'autre qu'un baiser, ne sachant pas ce qu'il pourrait dire pour améliorer les choses entre eux.

— Je reviens dès que possible.
— Tiens-moi au courant par SMS, dit-elle.

Puis elle sembla réaliser qu'elle avait perdu son téléphone.

Quint se dirigea vers le placard où il gardait une mallette blindée contenant leurs insignes, des munitions et des téléphones de secours.

Il sortit la mallette, l'ouvrit à l'aide d'un code, y prit un téléphone, qu'il tendit à Ree, et remit le tout à sa place.

— Comment vas-tu le jouer ? demanda-t-elle. Cool ou énervé ?

Il savait exactement à quoi elle faisait allusion.

— Énervé.

Un mari éperdument amoureux serait fou de rage après ce qui était arrivé à sa femme.

— Je peux te faire gagner un jour ou deux. Je lui dirai que tu m'as appelé d'une station-service, après avoir marché toute la nuit, et que tu m'en veux tellement que tu ne sais pas si tu vas rentrer.

— Bonne idée, dit Ree.

— Je te donne des nouvelles dès que je peux.

— D'accord. Et ne le laisse pas te piéger comme il l'a fait avec moi.

— Je ferai de mon mieux.

Il lui pressa la main en un geste réconfortant, avant de glisser une arme dans son étui de cheville.

Au moins, Ree pourrait rester en retrait pendant quelques jours, et reprendre son souffle pendant qu'il ferait une partie du sale boulot sur cette enquête.

En outre, il s'approchait de Dumitru. Il le sentait. Et ce qui se passerait ensuite ne devait se jouer qu'entre ce monstre et lui.

En sortant de l'immeuble, Quint inspecta la rue. La matinée s'achevait, plus proche du déjeuner que du petit déjeuner, et il y avait foule sur les trottoirs.

Chaque pas le rapprochait de Lindy, et il sentait son humeur changer en conséquence.

Il s'en était fallu de peu qu'il se dispute avec Ree. Quel tour devait-il donner à leur relation ? Il n'avait pas toutes les réponses. Tout ce qu'il savait, c'est qu'elle était l'élue. La femme de sa vie. Il l'aimait plus que tout. Le reste se ferait tout seul. Il le fallait. Il ne pouvait imaginer un monde sans elle, maintenant qu'il l'avait trouvée.

Ree avait évoqué la mort de son père en service, et le mal que sa mère avait eu à faire son deuil. Était-elle en train de faire machine arrière, en se disant que l'histoire risquait de se répéter ?

Impossible pour lui de savoir ce qu'elle avait en tête. Par ailleurs, elle ne semblait pas non plus avoir fait le tour de la question, ce qui ne facilitait pas les choses.

Quint s'efforça de mettre ces pensées de côté, pour mieux se concentrer sur sa rencontre avec Lindy.

Ça illustrait à merveille le fait que c'était une mauvaise idée de mélanger le travail et la vie privée. Tomber amoureux était une distraction. Penser à l'avenir et aux enfants était une distraction.

Il s'apprêtait à traverser quand un coup de klaxon le fit remonter à la hâte sur le trottoir. Il leva la main pour s'excuser, et le conducteur lui adressa un doigt d'honneur. Génial !

Durant le reste du trajet, il regarda où il mettait les pieds. Quand cette affaire serait terminée, il aurait le temps de s'asseoir et de parler à Ree de ce qu'il ressentait. Pour le moment, il devait consacrer tous ses efforts à dénicher Dumitru.

Lorsqu'il entra dans l'immeuble où vivait Lindy, Quint fut frappé par l'impression de vide qui émanait du hall luxueux. Le sol était recouvert d'un marbre blanc si brillant qu'on avait l'impression de marcher sur un miroir. Le salon d'attente se résumait à quelques chaises en polycarbonate transparent créées par un célèbre designer, agencées autour d'un tapis en fourrure blanche. On n'aurait pas pu faire plus minimaliste.

Deux hommes en costume noir semblaient monter la garde autour de l'ascenseur. Ils l'invitèrent à entrer dans la cabine, et s'y engouffrèrent à sa suite.

Lindy l'attendait dans le couloir, devant sa porte.

Rassemblant toute la frustration que lui inspirait cette enquête, et la colère contre cet homme qui avait enlevé Ree, Quint se rua vers lui.

— Qu'est-ce qui t'a pris de t'attaquer à elle ? Les femmes restent en dehors de ça. C'est entre toi et moi que les choses doivent se régler. Et j'espère que tu sauras t'en souvenir.

Lindy hocha mollement la tête.

— S'il lui est arrivé quoi que ce soit, je te le ferai payer, c'est compris ?

De nouveau, l'homme hocha la tête.

— Je reconnais mon erreur.

Les mots étaient encourageants, mais Quint n'avait aucune confiance en ce type.

Lindy vivait au neuvième étage d'un immeuble qui en comptait douze. Quint fut surpris par l'absence de luxe ostentatoire à l'intérieur de l'appartement. Tout y était confortable et fonctionnel, et paraissait même un peu usé, comme si une famille y vivait. D'ailleurs, la porte de la cuisine était fermée, et on entendait une femme y chantonner. Lindy serait-il un bon père de famille ?

— On sort ? suggéra Quint, en désignant le balcon.

Les gardes du corps de Lindy firent mine de les suivre.

— Seuls, précisa Quint.

Avec l'air de le faire à contrecœur, Lindy fit signe aux deux hommes de disparaître.

Quint sortit le premier, s'avança vers la rambarde, et guetta le bruit de la porte coulissante qui se refermait.

Quand ce fut fait, il se retourna, prit Lindy à la gorge, et le plaqua contre le mur du fond.

9

Le visage écarlate, Lindy suppliait du regard Quint, qui n'était pas encore prêt à lâcher prise.

À vrai dire, l'envie le démangeait de faire basculer ce salaud par-dessus la rambarde. Ce serait tellement facile de s'affranchir des lois et d'éradiquer cette vermine de la surface de la terre.

Mais il avait prêté serment. Celui de servir et protéger quoi qu'il arrive. Et puis, s'il s'était embarqué dans cette interminable enquête, c'était pour Tessa.

Il ne pouvait pas ramener son amie à la vie, mais il pouvait faire en sorte que justice soit faite. Et il ne voulait surtout pas perdre la seule femme qu'il ait véritablement aimée en allant en prison.

Ôter la vie de ce nuisible lui ferait peut-être du bien sur le moment, mais il n'avait pas envie de vivre avec des regrets. En effet, il s'en voudrait. Premièrement pour avoir tué. Deuxièmement pour avoir gâché l'enquête. Et enfin pour avoir perdu Ree.

Avec un soupir, il desserra la pression de ses doigts autour du cou de Lindy. Mais il ne le libéra pas pour autant. Le bloquant de sa large carrure et de sa haute silhouette. Après l'affront que l'homme lui avait fait subir, il était obligé de riposter. Sinon, il serait passé pour un faible. Et il n'y avait pas de place pour les faibles dans une équipe comme celle-ci.

— J'ai fait ce que tu as demandé. Vadik est mort. Maintenant, fiche-moi la paix.

Lindy leva les mains, en signe de reddition.

— Tu as fait ce que j'ai demandé, c'est vrai. Mais les ordres sont venus de quelqu'un d'autre.

Quint doutait qu'on ait demandé à Lindy d'enlever Ree, mais ce n'était pas le moment de remettre ce point en question.

— Tu doutais de la loyauté de Vadik ?

— Comme je doute de la tienne. Qui me dit que tu ne me trahiras pas ?

— Ça marche dans les deux sens. Fais attention, Lindy. Si tu veux que je travaille pour toi, tu vas devoir me faire confiance.

— C'est compris.

— Où est-elle ?

— Je ne suis pas autorisé à donner ce genre d'informations. La conversation est terminée.

— Pas encore.

— C'est là que tu te trompes. Nous n'avons pas encore commencé.

— Pars maintenant, ou tu ne travailleras jamais pour Dumitru.

— C'est de lui que tu prends tes ordres ? Je veux le voir.

— Tu viens de laisser passer ta chance.

Lindy avait le regard fixé sur la baie vitrée.

La tentation était trop grande pour que Quint ne tourne pas la tête. Il eut juste le temps d'apercevoir une silhouette masculine qui se dirigeait vers la porte d'entrée.

Quint dut se retenir de bondir à travers l'appartement pour rattraper cet homme qui était peut-être Dumitru, et se confronter à lui.

Ce n'était pas le moment de se précipiter et de tout faire rater. Il devait tenir la distance, viser l'arrestation, collecter les preuves qui enverraient cet homme derrière les barreaux pour le reste de sa vie.

— C'était ton boss ?

Lindy lui opposa un sourire narquois.

— Tu le découvriras bien assez tôt.

L'homme semblait un peu trop confiant maintenant, et Quint n'aimait pas ce changement d'attitude.

Il fit un pas en arrière et libéra Lindy.

— Je suis prêt à te suivre. Mais si jamais tu touches encore à ma femme…

Lindy balaya cette remarque d'un geste nonchalant de la main.

— Tu l'as déjà dit. La remarque vaut aussi pour toi, si tu débarques de nouveau chez moi pour me malmener comme tu viens de le faire.

— C'est de bonne guerre, reconnut Quint.

Puis il pivota sur ses talons, traversa l'appartement, et se dirigea vers la porte. Il s'attendait presque à prendre une balle dans le dos, et fut soulagé de s'en tirer à si bon compte.

Cependant, il ne reprit son souffle qu'une fois dehors, au grand air.

Il avait hâte de rejoindre Ree, pour voir comment elle allait, et pour savoir si elle avait trouvé quelque chose en son absence. Elle s'était probablement replongée dans les dossiers d'enquête, et il avait envie d'avoir son avis, et de connaître son ressenti.

Le trajet de retour vers l'appartement lui parut plus long qu'il ne l'était en réalité. Plus il approchait de leur immeuble, plus un sentiment de malaise montait en lui. La façon dont il avait laissé les choses en suspens pesait lourd sur sa conscience.

Malheureusement, les considérations sur leur relation et leur avenir devaient être mises sur pause. Il espérait que Ree le comprendrait et lui pardonnerait.

À la seconde où Quint ouvrit la porte, Ree se précipita dans le couloir. Son regard le détailla frénétiquement, et il réalisa qu'elle cherchait des blessures.

— Je vais bien. Regarde.

Il leva les mains et pivota sur lui-même pour prouver ses dires.

Ree se jeta sur lui. Il la rattrapa et l'embrassa longuement.

S'écartant la première, elle chercha son regard.

— Comment ça s'est passé ? Raconte-moi tout.

Il la prit par la main et la guida vers le canapé, avant de lui livrer dans le détail ce qui s'était passé chez Lindy.

— C'était bien joué de ta part de l'agresser, approuva-t-elle.

— Ma réaction était attendue. Dans ce milieu, tout est une question de rang à tenir. En ne faisant rien, je serais passé pour un faible. Ça revenait à m'accrocher tout seul une cible dans le dos.

Ree hocha la tête en signe d'approbation. Son visage

était moins crispé, mais son expression n'était pas encore tout à fait sereine.

— Qu'as-tu appris ?

— Je sais qu'il a une femme. Et je pense qu'il a aussi des enfants mais je ne les ai pas vus. Son appartement est tout le contraire de celui de Vadik. Mais il a de l'argent. J'ai vu des tableaux sur les murs qui auraient leur place dans un musée.

Il laissa passer un silence, avant d'ajouter :

— Et je suis presque sûr que Dumitru était là aussi.

Ree laissa échapper un petit cri de surprise.

— Comment se fait-il que tu n'en sois pas sûr ?

Il comprit à quoi elle pensait. Si elle avait été là, elle aurait pu suivre Dumitru.

— Je ne l'ai vu que de dos, au loin.

— De mon côté, je n'ai pas perdu mon temps, dit-elle, avec une lueur dans les yeux annonçant qu'elle avait fait des découvertes.

Au lieu de se ronger les sangs d'inquiétude, Ree s'était plongée dans les rapports d'enquête. Ce qu'il y avait de pire dans le fait de travailler avec l'homme qu'elle aimait, c'était que sa disparition la détruirait.

La mort de n'importe quel coéquipier serait tragique et traumatisante. Perdre quelqu'un avec qui elle envisageait de passer le reste de sa vie anéantirait son monde.

— Dumitru a des liens avec une femme du nom de Lizanne Vega, révéla-t-elle à Quint. Elle tient une boutique de lingerie à l'angle de Central Expressway et Arapaho.

— Nous pourrions y envoyer quelqu'un. Il suffit de demander à Bjorn, ou à Grappell.

— Ça mettrait la puce à l'oreille de Lizanne. Imagine qu'elle dise à Dumitru de ne pas venir pendant un moment.

— Quand j'étais chez Lindy, j'ai eu l'impression que tout le monde était sur les nerfs, à ce moment-là.

— Le fait qu'ils veuillent éliminer tous ceux qui ont été arrêtés l'indique également, remarqua Ree.

— Y a-t-il un lien romantique entre Lizanne et Dumitru ?

— Je l'ignore. Mais je vais te montrer des photos d'elle.

Ree alla chercher l'ordinateur, et fit défiler quelques clichés où on voyait Lizanne poser en lingerie sexy.

— Je pense qu'elle fournit les clubs de strip-tease et les bars topless du coin, ajouta-t-elle.

— Il est possible alors qu'elle ait quelques amis dans les clubs, ou qu'elle soit amie avec les propriétaires.

— Je suis surprise que Dumitru soit lié à quelqu'un dont l'activité pourrait attirer l'attention sur son organisation. Les bars topless de Dallas sont surveillés de près par la police, étant donné qu'ils attirent des personnes peu recommandables.

— Nous pourrions déposer une caméra de surveillance dans un parking, suggéra Quint. C'est un lieu public, et nous n'avons pas besoin de permission pour ça.

Ree chercha l'emplacement de la boutique sur Google Maps.

— Elle ne s'est pas trop creusé la tête pour le nom de sa boutique, dit-elle, en désignant la devanture peinte en route, et l'enseigne indiquant « Lingerie pour adultes » en lettres cursives.

— Personne ne risquait de confondre cet endroit avec un magasin de pyjamas pour toute la famille, commenta Quint, en riant.

Observant les mannequins dans la vitrine, revêtus de porte-jarretelles et de bas résille, elle préféra ne pas savoir si c'était vraiment autorisé dans un état qui interdisait la vente d'alcool avant 10 heures le dimanche.

— Tu es prêt à aller y faire un tour ? proposa-t-elle.

— Tu n'es pas trop fatiguée ? Il commence à être tard.

— Je dormirai mieux si je sais que j'ai accompli quelque chose d'important aujourd'hui.

— Eh bien, allons-y, dans ce cas.

— C'est moi qui conduis, dit-elle, jugeant que Quint en avait assez fait.

La Chevy était là où il l'avait laissée. Ree en fit cependant le tour, vérifiant l'absence de bombe ou de système de traçage. Quand elle jugea qu'il n'y avait pas de danger, elle fit signe à Quint que tout allait bien.

Tandis qu'elle prenait place au volant, il passa le bras derrière son siège, fouillant à l'aveugle la banquette arrière, et exhuma deux casquettes de base-ball.

— C'est mieux que rien, dit-il, tandis qu'il en plaçait une sur sa tête.

Il tendit l'autre à Ree, qui la mit en abaissant autant que possible la visière devant ses yeux.

À cette heure de la journée, il n'y avait pas beaucoup de circulation sur la 35E, en direction de Central

Expressway, et il ne leur fallut pas longtemps pour arriver à la boutique.

Ree longea l'artère principale, et s'engagea dans une voie réservée aux livraisons, desservant l'arrière de plusieurs commerces : une échoppe vendant du CBD sous différentes formes, un bureau de tabac, un stand de nourriture à emporter et la boutique de lingerie.

— Il y a une moto garée derrière la boutique, remarqua Ree.

La végétation le long de la voie de service n'était plus entretenue depuis longtemps, et les différents massifs étaient devenus des buissons sauvages qui offraient une cachette idéale à ceux qui, pour une raison ou pour une autre, ne voulaient pas que leur voiture soit repérée sur le parking.

Soudain, une pensée la traversa.

— Tu n'as pas dit qu'il y avait une moto lors du coup de filet où Tessa…

Ree ne finit pas sa phrase, et ce n'était pas nécessaire.

— Il y en avait bien une, c'est vrai.

Ree avait continué à rouler au pas, et elle arrivait au bout de l'allée de service. Plutôt que d'en sortir et de refaire le tour complet par l'avenue, elle manœuvra pour prendre le chemin à l'envers.

— Regarde ! dit-elle. Il y a aussi une petite voiture de sport noire, à proximité de la moto.

— Le coup de filet remonte à un moment, et ma mémoire me joue peut-être des tours, admit Quint. Mais il me semble bien qu'il s'agit de la moto de Dumitru.

10

D'une pierre deux coups.

Quint ne voulait pas abuser de sa chance, mais l'idée d'être si près de Dumitru lui donnait envie de prendre tous les risques.

— Qu'as-tu l'intention de faire ? demanda Ree.

Ils ne pouvaient légalement tracer ses mouvements, sans remplir d'abord les documents appropriés.

Officiellement, Dumitru n'était pas suspecté, n'étant lié à aucun crime. Ses empreintes ne figuraient pas sur les lieux du coup de filet. Jamais quelqu'un n'avait encore témoigné contre lui. Et les personnes qui auraient pu le faire étaient tuées les unes après les autres.

— Accélère, dit-il.

Ayant surpris un mouvement dans la boutique, il se laissa glisser sur son siège.

— Tu as vu ça ?
— Non.
— Quelqu'un s'apprête à sortir.
— Je fais le tour. Mais je ne peux pas te promettre que nous y serons à temps. Avant tout, il faut éviter de nous faire remarquer.
— Un type comme Dumitru regardera par-dessus son épaule.

Quint espérait néanmoins que Ree ferait le tour assez vite pour qu'ils puissent repérer de quel côté il s'en allait. Ça pourrait les conduire à son domicile.

Puisqu'il ne possédait rien à son nom, il n'existait pas d'acte de propriété. Grappell avait même interrogé le fichier des immatriculations et avait fait chou blanc. C'était une astuce connue des criminels de carrière, de n'être enregistrés nulle part.

— Est-ce que Lizanne a un casier judiciaire ? demanda-t-il, en réalisant qu'il ne l'avait pas fait avant.

— Rien de récent. Elle a été jugée pour fraude aux chéquiers volés, il y a quelques années. Mais, depuis dix ans, elle semble gérer ses affaires légalement.

— Sa boutique pourrait servir à blanchir de l'argent.

— Regarde, ce ne serait pas lui ? demanda Ree, tandis qu'une moto sortait du parking et se dirigeait vers la voie d'accès à l'autoroute.

Elle le suivit de loin, pour ne pas se faire repérer. Il y avait peu de circulation sur Central Expressway, et une seule moto.

— Oui, approuva Quint.

— Que fait-il, maintenant ?

La moto venait de prendre la sortie vers Belt Line Road, alors qu'il se dirigeait auparavant vers le sud.

— À mon avis, il nous a repérés et il essaie de nous semer.

— Tu as déjà vu un de ces barons du crime sans aucune sécurité autour de lui ? demanda-t-elle, en suivant la moto.

— Jamais.

Ainsi, il n'avait jamais vu Vadik sans sa garde rapprochée.

Peut-être s'était-il monté la tête en s'imaginant qu'il s'agissait de Dumitru. Des tas de gens conduisaient des motos à Dallas. Chaque fois qu'il était venu en ville dans le cadre d'une enquête, il avait pu le constater.

— Attends, dit Ree, en voyant l'homme prendre le giratoire sous la voie express. Il se fiche de nous, là !

— Essaie de le suivre encore un peu. Et si on le perd, tant pis. Ce n'est peut-être même pas Dumitru.

L'homme franchit un feu juste au moment où il changeait de couleur. Ree pila, faisant tanguer la voiture.

Tandis qu'ils étaient bloqués au feu rouge, ils regardèrent, impuissants, la moto disparaître de leur champ de vision.

— C'est vraiment trop bête, dit Ree, en tapant du plat de la main sur le volant.

— Je préfère que nous le perdions ce soir, plutôt que de nous faire piéger parce que nous sommes trop fébriles.

— Je ne mettrais jamais une enquête en danger à cause d'un excès de nervosité, protesta Ree.

Le feu passa au vert, et elle démarra à toute allure.

— Je sais. Et je suis d'ordinaire imperturbable. Mais cette enquête me déstabilise. Elle modifie mes réactions.

Ree ne répondit pas immédiatement.

Elle roula vers le feu tricolore suivant, et bifurqua dans le carrefour. Le bruit d'une moto qui ralentissait et se dirigeait vers le sud, dans la direction qu'ils suivaient, redonna de l'espoir à Quint.

Cette soirée n'était peut-être pas totalement perdue.

— Il ne nous a pas forcément repérés, après tout, dit-il. Si ça se trouve, il s'agit de sa routine habituelle pour semer d'éventuels poursuivants. Il a dû tourner en rond, et reprendre la voie express.

— Oh ! je ne sais pas, Quint. Qui te dit qu'il s'agit de la même moto ? Ou alors, c'est juste une personne qui s'amuse à faire des tours pour rien. Ça arrive souvent sur les routes dégagées, surtout le soir.

— Prends quand même l'autoroute, et suis notre première destination. On verra bien.

Ree obtempéra, ce qui ne l'empêcha pas de marmonner :

— On ne le retrouvera jamais.

— Son casque était bien particulier. Il y avait un œil orange phosphorescent à l'arrière.

Ree soupira.

— Essayons toujours, si ça peut te faire plaisir.

Quint était sur le point d'abandonner quand il entendit un bruit caractéristique un peu plus loin.

— Tu as entendu ?

— Oui.

Ree accéléra, poussant la Chevy au maximum de ses possibilités.

— C'est lui ! s'écria soudain Quint.

L'autocollant était immanquable.

Ree ralentit suffisamment pour se rabattre derrière un imposant pick-up Dodge Ram.

— Si nous restons ici, ça devrait aller, dit-elle.

— Attention à ne pas rater la dernière sortie pour le centre-ville.

Quint s'était trompé. L'homme n'était pas sorti. Filant toujours sur Central Expressway, il finit par prendre l'embranchement de la 45, en direction de Houston.

— Et si ce n'était pas lui ? suggéra Ree.

— La seule façon de le savoir, c'est de continuer. À moins que tu ne sois fatiguée ?

— Je tiens le coup. Mais j'aurais bien besoin d'un café.

— La nuit risque d'être longue. Mais, dès que ce sera possible, nous nous arrêterons prendre un café quelque part.

Éblouie par une vive lumière derrière eux, Ree jeta un coup d'œil dans le rétroviseur.

— C'est quoi, son problème, à cet imbécile ?

La voiture qui les suivait était plein phares, et c'était agaçant. Puis ça devint dangereux quand l'imposant véhicule se rapprocha trop de leur pare-chocs.

Quint sortit son arme de son étui de cheville.

L'impact projeta la tête de Ree en avant.

Elle jura, tout en s'accrochant au volant, et donna un coup à droite pour éviter un second choc. Pendant ce temps, Quint était passé à l'arrière et essayait de viser.

Il y avait trop peu de véhicules en circulation pour zigzaguer entre eux, et se procurer ainsi une sorte de protection.

— Accroche-toi derrière, prévint-elle, avant de braquer à gauche. Je crois que nous n'avons pas été aussi malins que nous le pensions.

— Ça me paraît évident. Je ne vois rien, avec cette lumière dans les yeux.

— Je vais essayer de me mettre à sa hauteur. Prêt ?

— Et comment !

Ree enfonça la pédale de frein, reconnaissante à l'inventeur de la ceinture de sécurité.

Est-ce qu'on essayait de lui faire peur ? De lui faire comprendre que Quint et elle avaient été vus en train de suivre la moto ?

Elle n'avait plus aucun doute maintenant sur l'identité du motard. Et tous ces détours étaient destinés à leur faire lâcher la piste de Dumitru.

Ce type était malin, raison pour laquelle il n'était toujours pas en prison.

Mais ils n'avaient pas dit leur dernier mot.

L'imposant véhicule, qu'elle supposait être un SUV gonflé, imita son changement de voie. Il y avait une demi-douzaine de voitures sur ce tronçon d'autoroute. La moto les avait doublés, et avait disparu depuis longtemps.

Ree aurait dû se douter que le type mettrait les gaz. Il n'avait traîné que pour permettre à ses gardes du corps de les rattraper.

Elle freina de nouveau. Sèchement. Quint vint heurter l'arrière de son siège.

— Désolée, dit-elle.

— Pas de problème.

Sortir de l'autoroute lui semblait maintenant la meilleure marche à suivre.

Elle se rabattit à droite à la dernière minute, s'insérant de justesse dans la rampe de sortie. Puis elle regarda dans le rétroviseur, espérant avoir semé ses poursuivants.

Pas de chance. Le conducteur du SUV semblait avoir anticipé son geste.

Elle était trop prévisible.

Le véhicule se rapprocha comme pour les percuter, mais les dépassa à la dernière minute.

— Qu'est-ce qu'il fait ? cria-t-elle.

L'adrénaline se déversait dans ses veines, mettant tous ses sens en alerte. Ça faisait partie de son travail et, d'habitude, elle adorait ça. Mais elle avait l'impression d'avoir perdu le goût du risque.

Que lui arrivait-il ?

Quand était-elle devenue la personne que sa mère voulait qu'elle soit ?

C'était peut-être tout simplement parce qu'elle vieillissait et qu'elle attendait autre chose de la vie.

— Attention ! la prévint Quint.

Le SUV roulait maintenant à sa hauteur. Il fit un brutal écart sur sa droite, projetant leur Chevrolet vers le bas-côté.

Ree perdit le contrôle, et la voiture commença à dévaler une pente abrupte.

Elle eut le temps de réaliser que Quint ne portait pas de ceinture de sécurité, et qu'il allait être secoué en tous sens. À moins qu'il ne réussisse à s'agripper quelque part à la dernière minute.

Les tonneaux se succédèrent.

Ree se dit qu'ils étaient au beau milieu de nulle part. Probablement aux confins d'un ranch d'élevage bovin, avec des centaines d'hectares de prairie, et rien autour. Quand ils seraient au fond du ravin, personne ne pourrait les voir depuis l'autoroute.

Au moment où la voiture s'immobilisa, Ree avait perdu tous ses repères. Les airbags s'étaient déployés, et les vapeurs de gaz lui irritaient les yeux et la gorge.

Retrouvant peu à peu ses esprits, elle chercha sa

ceinture de sécurité. Puis elle prit conscience que Quint était silencieux, et elle s'affola.

— Quint ? parvint-elle à dire, malgré sa gorge desséchée.

Il ne répondait toujours pas, et elle paniqua.

Et si elle perdait l'homme qu'elle aimait ?

Sa vision redevint nette, et elle constata que la Chevy était couchée sur le côté.

Saisie d'une nouvelle détermination, elle formula un plan d'attaque : d'abord évaluer la situation, puis trouver un moyen de sortir de la voiture et d'aider Quint.

À première vue, le parebrise était intact, ce qui était probablement une bonne chose.

Elle se démancha le cou pour essayer de voir ce qui se passait du côté de la banquette arrière.

— Quint, répéta-t-elle, un peu plus fort.

Au loin, à travers champs, il lui sembla voir des phares.

Leurs poursuivants venaient-ils vérifier s'ils étaient toujours en vie et, à défaut, finir le travail ?

Elle chercha son téléphone, mais tout le contenu de la voiture s'était dispersé, comme des feuilles emportées par un vent d'automne.

— Quint, dit-elle encore.

Son absence de réponse n'avait rien de rassurant.

D'autant que les phares commençaient à se rapprocher dangereusement.

11

Une voix familière s'immisça dans le brouillard qui nimbait le cerveau de Quint. Il la reconnut comme appartenant à Ree, et nota une vibration désespérée, confinant presque à l'hystérie.

Pour essayer d'y voir plus clair, il secoua la tête en battant des paupières, mais il eut l'impression que tout se mettait à tourner autour de lui.

La voix de Ree résonnait étrangement. Comme si elle était dans un tunnel.

Mais ça n'avait aucun sens.

— Allez, Quint ! Il faut que tu te réveilles. Ils arrivent.

Il voulait se réveiller.

Il voulait savoir aussi pourquoi elle s'affolait autant.

Puis tout lui revint. La moto. La poursuite. Le SUV. Et l'accident. Il avait juste eu le temps de mettre sa ceinture de sécurité quand la Chevy avait commencé à tanguer sur la route.

Il entendit d'autres voix. Il ne les connaissait pas, mais elles firent courir un frisson glacé le long de sa colonne vertébrale.

Il ouvrit les yeux. Ree était penchée au-dessus de lui, et braquait son arme en direction des voix.

Il avait l'impression que sa tête allait exploser. Si

seulement il avait pu se laisser emporter par le brouillard qui le cernait encore, se laisser envelopper par une douce torpeur, moelleuse comme une couverture de laine... Mais il devait rester conscient.

De multiples pensées se disputaient son attention, mais il ne pouvait en autoriser qu'une. Ils devaient partir d'ici le plus vite possible.

— Ree, dit-il.

Et il s'étonna d'avoir la voix si rauque. Il toussa deux ou trois fois, avant de comprendre la raison de cette soudaine sécheresse dans sa gorge.

Il y avait le feu.

— Enfin, tu es réveillé ! s'exclama-t-elle.

Il comprit alors qu'il était resté inconscient suffisamment longtemps pour qu'elle s'inquiète.

— Je suis là, dit-il. Quelque chose brûle.

— On va sortir par l'arrière. Tu peux y arriver tout seul, ou tu as besoin d'aide ?

Quint étira ses jambes aussi loin qu'il le pouvait, compte tenu du fait qu'il était sur le côté. Il ôta sa ceinture, allégeant la pression qui lui cisaillait le torse en diagonale. Comme il était déjà en appui contre la porte, sa hanche heurta l'accoudoir. Ignorant la douleur, il se contorsionna pour se mettre à genoux.

— Passe la première, dit-il à Ree.

— Les phares se rapprochent. Je vais voir ce que je peux faire pour les retarder.

Tandis qu'elle se faufilait dehors par l'arrière du véhicule, Quint réalisa que son Sig Sauer était quelque part dans l'habitacle, et se mit à le chercher.

Quelques secondes plus tard, un coup de feu éclata,

puis il y eut des vociférations. Les voix étaient masculines, et de tonalités différentes.

Le calme revint, et on n'entendit plus que le sifflement des flammes qui grossissaient à vue d'œil.

Le halo de l'incendie lui procurait assez de lumière pour voir ce qu'il faisait, et il entreprit de fouiller minutieusement la voiture, même s'il avait conscience du danger qu'il y avait à s'attarder.

Il était sur le point de renoncer, quand ses doigts entrèrent en contact avec le métal froid de la crosse.

Leurs chances de survie venaient d'augmenter considérablement avec cette découverte. Même s'il fallait reconnaître que Ree excellait à contenir leurs poursuivants.

Un tir de riposte le fit se précipiter à l'extérieur de la voiture. Les parages étaient plongés dans une obscurité totale, et il ne savait pas vers quoi ils allaient se diriger. Mais ils n'avaient pas le choix. Entre leur véhicule en feu, le chemin emprunté par leurs poursuivants et les ténèbres, il choisissait les ténèbres.

Tâtant sa poche, il fut soulagé de sentir le renflement familier de son téléphone. Ils allaient pouvoir s'en servir pour s'orienter.

— Tu as tes affaires ? demanda-t-il à Ree.

— J'ai mon Glock, c'est le principal. Mais j'aurais aimé avoir mon sac. Seulement, je n'ai pas pensé à le prendre.

Elle était probablement obsédée par l'idée de le sauver, et c'était la raison de cet oubli. En tout cas, il lui devait une fière chandelle.

— Il nous reste un peu de temps avant que ça explose.

Je vais le chercher. Continue de les repousser comme tu le fais. Je reviens tout de suite.

Ree ouvrit la bouche pour protester, mais il se hissait déjà à l'arrière du véhicule.

Quint y voyait assez pour localiser le sac à main, et ce fut plus facile qu'avec son pistolet, qui était coincé entre le siège du conducteur et la portière.

Le fait que Dumitru s'était joué d'eux aussi facilement et avait réussi à s'enfuir lui restait sur l'estomac.

Mais ce n'était pas le moment de se faire des reproches. Ce qui était fait était fait. Impossible de revenir en arrière maintenant.

Quint sortit par l'arrière de la voiture au moment où une autre salve de tirs éclatait. Une balle ricocha sur la carrosserie de la voiture, pas très loin de Ree. Il attrapa la jeune femme et la mit à l'abri juste à temps pour lui éviter la balle suivante.

Ils atterrirent rudement sur le sol.

— Il faut courir, dit-elle. Tu en es capable ?

Quint fit rapidement un inventaire mental de son corps.

— Je verrai bien.

Rien que son mal de tête suffirait à le ralentir. Il avait d'autres douleurs, que la récente poussée d'adrénaline l'aiderait à oublier.

— Allons-y, dit-elle après avoir passé la bandoulière de son sac en travers de sa poitrine.

Elle n'attendit pas de réponse, alors qu'ils se recroquevillaient le plus possible pour faire d'eux des cibles moins visibles, et filaient droit vers l'obscurité.

Le paysage de collines offrait un contraste saisissant avec l'horizontalité de Dallas. Puis ils s'éloignaient de la voiture, plus la broussaille devenait épaisse. La pointe de la botte de Quint s'y prit, le faisant tomber en avant.

Ree s'agenouilla à côté de lui. Ils avaient tous les deux leur arme à la main. Ils prirent conscience que cette chute accidentelle était probablement leur chance, quand des balles volèrent au-dessus de leurs têtes.

Ils restèrent là un moment, à chercher leur souffle, et à tenter d'évaluer la proximité de leurs assaillants.

Quelque chose taraudait l'esprit de Quint depuis l'histoire de la moto. Avaient-ils conclu trop hâtivement qu'il s'agissait de Dumitru ? Et si tout n'était qu'une mise en scène pour les attirer dans ce guet-apens et les éliminer ?

Après son échange avec Lindy, tout était possible. Ce dernier avait peut-être décidé que l'organisation n'avait plus besoin d'eux.

Ree et lui avaient-ils manqué de discernement en espionnant la boutique de Lizanne sans avoir préalablement établi de plan solide ?

D'autres pensées lui traversaient l'esprit, mais elles devaient être mises de côté pour le moment.

— Nous sommes trop prévisibles, murmura-t-il, le souffle court. Il faut se déplacer en zigzag dans cette direction.

Il pointa ce qu'il pensait être le nord-est.

Leurs yeux s'étaient ajustés au manque de luminosité pour distinguer ce qui se trouvait juste devant eux.

— Attends, dit Ree, en le retenant par la main.

Puis elle donna le signal :

— Maintenant !

Elle bondit sur ses pieds au moment exact où la

Chevy explosa. L'essence et les flammes ne faisaient pas exactement bon ménage.

La distraction fut suffisante pour qu'ils échappent aux tirs. Quelques coups de feu se déclenchèrent encore, mais il s'agissait d'un acte désespéré, et aucun des tireurs ne les avait en ligne de mire.

Les collines semblaient s'étendre à l'infini. Quint espérait qu'ils atteindraient une zone boisée, à un moment ou à un autre. Ça leur serait utile pour se mettre à couvert. Au moins, ils avaient encore leurs armes et leurs téléphones. De quoi faciliter leur fuite.

Bjorn ne serait pas ravi du sort réservé à la Chevy de fonction. Il songea, non sans ironie, que ce ne serait pas une mauvaise idée de démissionner, finalement. Ça lui éviterait de se faire réprimander comme un gamin, Bjorn étant coutumière des coups de sang et des altercations tonitruantes.

Quand ils n'entendirent plus que le souffle du vent, Ree s'arrêta et se laissa tomber à terre.

— Baisse-toi, juste au cas où, dit-elle, en le tirant par la main pour le faire s'asseoir à côté d'elle.

Elle trouva son téléphone au fond de son sac, annonça d'un ton satisfait qu'il y avait du réseau et appela le 911.

Tout en reprenant son souffle, Quint guetta des bruits de pas. Il n'était pas en mauvaise forme physique, mais cette affaire avait mis sa résistance à rude épreuve. Normalement, cette course ne l'aurait pas épuisé à ce point, mais il se remettait à peine d'une bastonnade infligée par les hommes de Vadik, en guise de rituel d'intégration à la bande. Et puis, il n'était plus si jeune.

Il ne comptait plus les coups qu'il avait pris au cours de sa carrière ni les blessures par balle. Les cicatrices sur son corps en attestaient.

Pouvait-il rassembler suffisamment de forces pour survivre à cette nuit, et obtenir enfin des réponses ?

Un crissement de pneus se fit entendre au loin, et ce fut la première fois que Ree s'autorisa à respirer vraiment.

Heureusement, les bruits portaient dans cette zone.

Son soulagement fut complet quand elle entendit des sirènes.

À moins qu'il ne s'agisse d'une hallucination due au stress...

— Tu entends ? demanda-t-elle à Quint.

— Et comment !

— Nous devrions retourner à la voiture. Ou à ce qu'il en reste.

Le halo rougeoyant avait disparu à mesure qu'ils arpentaient les collines.

Quint se redressa tandis que les sirènes s'approchaient, et se pencha pour embrasser Ree. Ce fut si tendre qu'elle en fut bouleversée.

— C'était pourquoi, ça ?

Il haussa les épaules.

— J'ai ressenti le besoin de le faire.

Le cœur de Ree se gonfla de joie. Elle avait senti un froid entre eux, après leur dernière conversation. Apparemment, ça allait s'arranger.

Elle l'encouragea à se lever, réalisant qu'il avait été bien secoué pendant que la voiture faisait des tonneaux.

Il grimaça et gémit, tandis qu'il fournissait un effort pour se mettre debout.

— Tu te sens bien ? demanda-t-elle.

— Ça va aller. J'en ai vu d'autres.

Subitement, Ree posa la question qui la taraudait depuis un moment.

— Ce n'était pas Dumitru, n'est-ce pas ?

— Je ne le pense pas.

— Tu as une idée de qui ça peut être ?

— Pourquoi pas Lindy ? suggéra Quint, en replaçant son Sig Sauer dans son étui de cheville. Le regard qu'il m'a lancé avant que je parte était meurtrier. Si Dumitru était vraiment dans son appartement quand je l'ai agressé, il a dû avoir le sentiment de perdre la face devant son boss. Il a pu avoir envie de se venger. En tout cas, ce qui vient de se passer était destiné à nous faire passer un message.

— C'est sûr qu'il est sur la liste des suspects, dit Ree, en glissant son Glock dans son sac. Mais quelque chose dans ta voix me laisse entendre que tu n'es pas sûr.

— Lizanne a peut-être un bon service de sécurité. Et notre Chevy était sans doute plus repérable que nous ne le pensions, et on a pu nous surprendre en train de surveiller sa boutique. Quelqu'un à l'intérieur a sûrement cru que nous mijotions un cambriolage ou une agression.

— Je pensais à la même chose. Lizanne et son entourage sont en bonne place sur la liste des suspects. Quant à Lindy, il aurait pu te régler ton compte quand tu as quitté son appartement. Une agression dans la rue qui tourne mal, une voiture qui monte sur un trottoir et fauche un passant… Les possibilités ne manquent pas, et ce serait passé inaperçu.

— Tu as raison. Il faut concentrer nos efforts sur Lizanne.

— On peut demander à Grappell de creuser son passé, et de nous en dire un peu plus sur son mode de vie : les restaurants où elle va, qui elle côtoie… Il a énormément de ressources à sa disposition au bureau pour nous en faire un portrait précis.

Ree fouilla dans son sac pour y prendre le téléphone de remplacement, rédigea un bref SMS à l'intention de Grappell… et découvrit qu'il n'y avait pas de réseau.

Quint se passa la main sur le crâne, et grimaça.

— Comment va ta vision ? demanda Ree.

Elle préférait changer de conversation, et ne pas penser à tout ce qui la mettait en colère, comme le souvenir de la trahison de Giselle.

— Elle est redevenue normale.
— Tu sais ce qui t'a heurté la tête ?
— Non.

Il fit la moue.

— Tout est arrivé tellement vite.
— Tu pourras demander à voir un médecin quand les secours seront là.

Il devrait probablement faire un bilan à l'hôpital. Sinon, Bjorn leur passerait un savon. En outre, Ree s'inquiétait de la santé de Quint, après toutes les épreuves imposées à son corps.

Certes, il était en bonne santé et faisait preuve d'un moral d'acier. Mais il n'avait plus vingt ans. Au cours des trois précédentes enquêtes, il avait été bien amoché, et ils avaient enchaîné leur quatrième mission sans faire de pause.

Cette précipitation était nécessaire, mais ça ne voulait pas dire que c'était bon pour la longévité de Quint. En fait, plus les jours passaient, plus ils étaient en danger. Et la liste des personnes dont ils avaient provoqué les foudres ne cessait de s'allonger.

La mise en scène du meurtre de Vadik aurait dû leur apporter plus de temps.

Une pensée commençait à titiller Ree.

Y avait-il un autre joueur impliqué dans ce jeu dangereux ? Quelqu'un qu'ils auraient négligé, ou dont ils ne se seraient pas méfiés ? Les organisations criminelles n'étaient pas exactement connues pour recruter des gens décents et honnêtes.

— Avec toutes ces arrestations, certains pourraient avoir des velléités d'avancement, suggéra-t-elle.

— Tu as raison. Il y aurait une lutte de pouvoir en cours. Ça expliquerait pourquoi quelqu'un voulait la mort de Vadik.

— Tu as dit « quelqu'un », souligna Ree. Ça veut dire que tu doutes que l'ordre ait été donné par Dumitru ?

— Je me pose la question.

12

La discussion devenait intéressante, et Quint commençait à envisager d'autres possibilités. Cependant, il ne pouvait éliminer ni Giselle ni Lindy de la liste des suspects. D'autant que ceux-ci se connaissaient, puisqu'ils avaient organisé ensemble l'enlèvement de Ree.

En approchant des ruines de la Chevy, ils virent qu'un camion-citerne arrosait la zone d'eau.

— Nous devrions lever les mains, suggéra Ree. Ça évitera que quelqu'un ne s'affole en nous voyant surgir de nulle part.

Justement, un shérif inspectait les parages avec une lampe torche.

— C'est notre voiture, dit Quint. Je ne sais pas ce qui s'est passé. Nous avons perdu le contrôle, et elle a glissé vers le ravin.

Quint ne voulait pas donner leur véritable identité, il savait comment jouer les victimes. Dans une quinzaine de minutes au plus tard, ce serait réglé, et on les déposerait à Dallas.

Le shérif correspondait en tout point au cliché du flic texan. Habillé en beige de la tête aux pieds, il était grand et corpulent, et sa ceinture à la boucle surdimensionnée avait du mal à contenir son ventre proéminent.

— Désolée, dit Ree, en cillant tandis que l'homme braquait sa torche dans ses yeux. C'est moi qui conduisais. J'ai dû me laisser distraire. Mon fiancé s'est blessé à la tête.

— Racontez-moi un peu ce que vous faisiez tous les deux aussi loin de votre véhicule. Et n'oubliez aucun détail.

Le shérif ne s'était pas présenté, et avait employé un ton autoritaire, qui se voulait menaçant. Au Texas, certains shérifs obtenaient leur poste grâce à leurs relations, et parfois par intimidation, plutôt que grâce à un vote populaire. Pétri d'éthique, et se faisant une haute idée des forces de l'ordre, Quint avait dû mal à admettre cela.

D'ordinaire, il n'aimait pas se révéler, mais il lui suffit d'un échange de regards avec Ree pour savoir qu'elle pensait la même chose.

Évidemment, leurs insignes se trouvaient dans la mallette blindée soigneusement dissimulée à l'appartement. Mais il leur restait une solution.

— Puisque vous ne ressentez pas le besoin de vous identifier ni de détourner cette lumière aveuglante de nos yeux, je vais devoir vous demander d'appeler notre boss.

— Ah, bon. Et c'est qui, votre boss ?

Le shérif semblait médusé qu'on ose lui tenir tête.

Quint évalua ses options. Il était possible que l'organisation criminelle ait des complices parmi la police locale. Il en doutait, mais il avait déjà fait une supposition erronée qui les avait conduits à cette situation.

— Vous savez quoi ? À la réflexion, je vais vous dire exactement ce qui s'est passé.

— Je vous écoute, dit le shérif, en abaissant sa lampe juste assez pour que Quint cesse de voir des étoiles.

— Ma fiancée et moi avons commencé à nous exciter l'un l'autre pendant qu'elle conduisait.

Ree lui lança un regard sévère, mais il continua.

— Elle n'aime pas que je parle de notre vie sexuelle avec des inconnus, expliqua-t-il, avec une petite moue désolée. Bref, tout est ma faute. Je ne pouvais pas attendre d'arriver à l'hôtel. Notre GPS a commencé à dysfonctionner, et nous a fait tourner en rond.

Il passa un bras autour des épaules de Ree, et adressa un sourire entendu au shérif.

— Nous venons juste de nous fiancer.

Le shérif resta de marbre.

— Vous allez me suivre, tous les deux.

— Vous nous arrêtez ?

— Pas encore. Dirigez-vous vers le camion de pompiers, posez les mains sur le véhicule et écartez les jambes.

C'était totalement inhabituel et non professionnel, et Quint avait bien envie de le remettre à sa place. Il tint pourtant sa langue et hocha la tête.

— D'accord, dit Ree, mais vous devez savoir que nous sommes armés. J'ai un pistolet dans mon sac, et mon fiancé est équipé d'un étui de cheville.

Il était légal au Texas de porter une arme sur soi, même dissimulée, et le shérif ne devrait rien trouver à y redire.

L'homme haussa un sourcil.

— Mains sur le véhicule !

Quint avait hâte de connaître le numéro d'insigne de cet imbécile et de le signaler. Si le shérif savait qu'il cherchait des noises à des agents du gouvernement, il perdrait vite son petit sourire narquois.

Bjorn ne serait pas ravie du coup de téléphone qu'il allait lui passer, songea-t-il, tandis qu'il se pliait aux ordres du shérif. Après avoir été palpé, et s'être vu confisquer son arme, il se sentait d'une humeur de dogue, et prêt à jouer des poings.

— Je veux téléphoner, dit-il.

— Je regrette, mais…

— Je connais mes droits. Je suis autorisé à passer un coup de téléphone.

Ne parvenant plus à masquer sa colère et sa frustration, il ajouta :

— Sauf si vous avez l'intention de bafouer la loi.

— Passez votre appel, mais laissez vos mains bien en vue. Et donnez-moi vos pièces d'identité d'abord.

— Vous venez de prendre nos armes, et notre voiture est réduite en cendres. Je ne vois pas en quoi nous serions une menace.

Pendant qu'il protestait, Ree sortit son permis de conduire de son sac, et il finit par prendre son portefeuille dans sa poche.

Le shérif disparut dans sa voiture avec les documents, non sans leur avoir fermement ordonné de ne pas bouger.

Ree lança à Quint un regard d'avertissement. Elle avait raison. Sa colère menaçait de déborder, et cela pourrait leur valoir des ennuis.

Il serrait si fort son téléphone que ses jointures avaient blanchi. Bjorn allait lui passer un sacré savon. Mais d'abord, elle déverserait sa colère sur cet imbécile de shérif, et défendrait son subalterne bec et ongles. Elle était du genre à laver son linge sale en famille, et elle ne ferait pas d'esclandre.

Il prit une profonde inspiration et composa son numéro privé. Bjorn répondit à la deuxième sonnerie. Et, comme il le redoutait, il l'avait réveillée.

— Quoi ? aboya-t-elle.

— Nous sommes dans un trou perdu, retenus par un shérif qui refuse de s'identifier, et nous avons besoin de votre aide.

— Mais quel crétin ! s'exclama Bjorn.

— C'est exact.

— Je parlais de vous.

Voilà qui confirmait que sa supérieure n'appréciait pas cette interruption nocturne.

Ce n'était pas grave. Quint n'était pas non plus d'humeur joyeuse.

— Cette fois, je n'y suis pour rien, se défendit-il.

— Où êtes-vous ?

— Je ne sais pas exactement.

Il baissa la voix.

— On nous a pris en chasse et fait quitter la route.

Bjorn jura.

Elle était soucieuse de la sécurité de ses agents, et ne pouvait pas prendre cette nouvelle à la légère. Ça la radoucirait peut-être un peu pour la suite. Faire le point sur l'avancée d'une enquête avec Bjorn, c'était comme marcher en terrain miné.

— L'un de vous est blessé ?

— Tout va bien, prétendit Quint.

Ree intervint.

— Pas vraiment. Quint a pris un coup sur la tête.

— Quoi ? Vous vouliez me cacher ça, Casey ? C'est

grave ? Vous avez besoin de faire une pause quelques jours ? Vous voulez que je vous remplace ?

Bjorn avait un débit de mitraillette, et se montrait anormalement anxieuse. Mais depuis le tout premier jour, rien dans cette affaire ne se déroulait normalement. Et elle avait vu dans quel état il se trouvait après avoir été sauvagement battu par les hommes de Vadik.

— Je suis en train de vous parler, non ? répliqua-t-il. Donc, je suis en vie.

— C'est un bon début, reconnut Bjorn, avec un soupir. Donc, vous avez pris un coup sur la tête. Comment vous sentez-vous ?

— Ma vision est restée floue pendant un moment, mais tout est rentré dans l'ordre.

— Vous avez peut-être une commotion cérébrale.

— Je vous assure que non. Je connais les symptômes, et ça n'a rien à voir.

Il en avait eu suffisamment pour le savoir.

— Eh bien, tant mieux.

Il crut entendre un soupir de soulagement, et profita de ce que sa supérieure avait baissé sa garde pour annoncer la suite :

— La Chevrolet ne s'en est pas aussi bien sortie.

Bjorn lança une bordée de jurons qui auraient fait rougir un marin.

— Et vous me dites, en plus, que vous ne savez pas où vous êtes.

— Nous roulions en direction de Houston, au départ de Dallas. Attendez !

Ree venait de lui toucher le bras. Elle avait son téléphone à la main et avait ouvert l'application Cartes pour savoir où ils étaient.

Elle lui donna les coordonnées exactes, qu'il communiqua aussitôt à Bjorn.

— Il va falloir que je vérifie de quelle juridiction ça dépend.

La connaissant, Quint se dit qu'elle devait dormir avec son ordinateur portable sur sa table de chevet.

Et, en effet, il ne lui fallut pas longtemps pour identifier le comté où ils se trouvaient, ainsi que le nom du shérif.

— J'ai déjà eu des signalements à son sujet. Il est totalement incompétent, ce qui le rend dangereux.

— Ce n'est pas encourageant, marmonna Quint.

— Ne vous inquiétez pas. Je m'en occupe. Il est grand temps qu'il soit remis à sa place.

Le silence se fit sur la ligne tandis que le shérif, assis dans sa voiture de patrouille, mettait un temps fou à vérifier leur identité.

Bjorn revint au téléphone.

— Votre ami va recevoir un appel, annonça-t-elle. Et, croyez-moi, ça ne va pas lui plaire.

— C'est la meilleure nouvelle de la journée.

Savourant sa vengeance, Quint regarda avec amusement le shérif décrocher son téléphone, l'air tout étonné.

Maison. Douche. Lit.

Il s'agissait des priorités de Ree, malgré la distraction momentanée que lui offrait le spectacle du shérif soudain livide, qui hochait servilement la tête tandis qu'il se faisait passer un savon au téléphone.

La communication ne s'éternisa pas, et l'homme ne

perdit pas de temps à sortir de sa voiture de patrouille quand ce fut terminé.

— Excusez-moi si je me suis montré un peu rude avec vous tout à l'heure. Mais nous avons une recrudescence de...

Il ne termina pas sa phrase, comme si aucun argument ne lui venait – signe qu'il mentait.

Ree crispa et desserra ses doigts à plusieurs reprises, pour dénouer la tension que lui avait procurée leur précédente interaction.

Incroyable ce qu'une mise au point de la hiérarchie pouvait faire !

Le sourire du shérif s'étirait d'une oreille à l'autre quand il leur tendit leurs permis de conduire et leurs armes.

— Encore désolé, dit-il.

La façon dont il s'était penché, au lieu de se rapprocher d'eux, évoquait une courbette servile.

Ree ignorait ce qu'on lui avait dit, mais l'homme semblait maintenant les craindre.

Ce n'était pas pour lui déplaire. Ça lui rappelait aussi combien leur supérieure avait de pouvoir, considérant qu'il suffisait d'un appel en pleine nuit pour rendre doux comme un agneau un shérif arrogant et inutilement autoritaire.

— Je suis le shérif Rex Gunther, dit l'homme, en leur tendant la main.

Quint prit tout son temps pour la lui serrer. Ree suivit, avec aussi peu d'enthousiasme.

— Je suis à votre disposition. Si vous avez besoin de quoi que ce soit, n'hésitez pas.

— Nous avons besoin d'une voiture pour rentrer à Dallas, dit Quint.

— De préférence maintenant, ajouta Ree.

— Prenez mes clés, dit le shérif, en plongeant la main dans sa poche. Un de mes adjoints va arriver, et j'en ai pour un moment ici.

— Dallas est à deux heures d'ici, remarqua Quint. Vous êtes sûr de pouvoir vous passer de votre véhicule de fonction ?

Ree secoua la tête.

— Nous ne prendrons pas cette voiture.

Elle ne devait en aucun cas être vue dans une voiture des forces de l'autre, à moins qu'elle ne soit à l'arrière et menottée. Faute de quoi, leur couverture serait compromise.

— Je vous cherche un véhicule banalisé, proposa le shérif, avec une admirable bonne volonté.

Il consulta sa montre.

— Je peux avoir quelqu'un ici dans une vingtaine de minutes. Si ça ne vous dérange pas d'attendre.

— Parfait, approuva Ree. Il nous faudrait aussi un médecin pour jeter un œil à la tête de mon fiancé. Il a pris un coup pendant l'accident, et je veux m'assurer que tout va bien.

Elle lui sourit, narquoise.

— Vous voudrez probablement ajouter ça dans votre rapport.

— Allons donc, pas besoin de rapport ! Je vais réveiller Donovan.

D'un pas beaucoup plus vif et décidé qu'auparavant, il se dirigea vers sa voiture, comme investi d'une mission cruciale.

Son coup de téléphone passé, il revint vers eux avec deux petites bouteilles d'eau minérale.

— J'ai pensé que vous en auriez besoin. Et vous ne voulez pas vous asseoir dans la voiture en attendant ? Histoire de décompresser un peu.

— Avec plaisir, dit Ree, en se demandant quelles relations avait fait jouer Bjorn pour obtenir un tel revirement de la part du shérif, et ce qu'elle avait bien pu dire sur leur identité.

Pendant qu'ils y étaient, ils pourraient profiter de la serviabilité du brave Gunther pour essayer de savoir qui conduisait le SUV responsable de cette catastrophe…

13

— Tu ne trouves pas bizarre que Giselle travaille avec Lindy ? demanda Quint.

Ree et lui étaient assis à l'avant de la voiture de patrouille, tandis que le shérif se tenait à quelques pas de là et parlait au téléphone.

— Si. De toute façon, cette histoire me taraude depuis le début. Mais il est vrai que je ne suis pas très objective en ce qui la concerne. Je t'avoue que je n'ai toujours pas digéré sa trahison.

— Personne ne te reproche de vouloir lui tordre le cou.

— N'oublie pas qu'elle est venue chez nous, à la recherche d'un protecteur. Elle était prête à se jeter dans tes bras !

Quint haussa les épaules.

— Axel est sans doute moins à même de la protéger, maintenant qu'il est en prison.

— Nous pensions qu'il avait fait en sorte que Vadik la prenne sous son aile. Mais elle est peut-être devenue sa maîtresse, histoire de ne pas mettre tous ses œufs dans le même panier. Maintenant qu'il est probablement mort, elle doit être aux abois.

— Le monde dans lequel elle évolue est cruel et peut s'effondrer à tout instant, répliqua Quint.

— Donc, tu excuses son comportement ?

De nouveau, il haussa les épaules.

— Disons que c'est plutôt malin de sa part de chercher différents appuis. Mais, si tu veux, nous pouvons avoir une conversation avec Axel au sujet de Giselle.

— Pourquoi pas, mais il risque de la prévenir. Nous n'avons pas idée de ce qu'il sait sur sa vie quotidienne. Ni de ce qu'il est prêt à accepter.

— Il est vrai que, s'il tient à elle comme il nous en a donné l'impression, il est peut-être enclin à fermer les yeux sur certains comportements.

— Mais qu'en est-il de Lindy ? demanda Ree. Je ne le vois pas piquer la petite amie d'un de ses collègues.

— N'oublie pas qu'il s'est servi de toi pour m'atteindre. Dans la plupart des organisations criminelles, on ne touche pas à la famille, quelle que soit la nature du conflit.

— C'est vrai qu'il y a eu un précédent avec la femme et la fille d'Axel, reconnut Ree.

Elle grimaça.

— J'aurais dû voir venir mon enlèvement.

— Tu n'as pas de reproche à te faire, alors que je n'ai rien anticipé non plus.

— Ce n'est pas toi qui t'es précipité dehors à la minute où Giselle a voulu me voir.

— C'est exact, mais ça ne veut pas dire que je n'ai rien à me reprocher. J'aurais dû être là pour te protéger.

— Tu ne peux pas être partout, murmura-t-elle, alors que le shérif se rapprochait de la voiture.

— Donovan sera là dans trois minutes, annonça

Gunther. Il vous conduira où vous voulez. Comme ça, il ne sera pas nécessaire d'organiser un transport. Je le connais personnellement. C'est un type bien.

— Merci, dit Quint.

Ils pouvaient se faire conduire en ville, et demander à Donovan de les déposer dans un quartier autre que le leur. Ce serait plus prudent. Ça lui était égal que l'ami du shérif connaisse le secteur général, mais il était inutile de le faire s'arrêter juste devant l'immeuble.

— Je précise que Donovan ne dira pas grand-chose, de façon à ne pas vous mettre mal à l'aise, expliqua le shérif.

— C'est bon à savoir, dit Quint.

Ree était silencieuse. Il pouvait presque voir fonctionner les rouages de son cerveau, tandis qu'elle ruminait la conversation qu'ils venaient d'avoir à propos de Giselle.

Respectant la parole du shérif, Donovan arriva précisément trois minutes plus tard. Toute conversation entre Quint et Ree avait cessé depuis que le shérif se trouvait à portée de voix.

Donovan semblait avoir un peu moins de trente ans. Il avait une silhouette puissante et trapue, laissant penser qu'il avait joué dans une équipe universitaire de football américain, un visage carré et un nez de boxer.

Il vint vers eux d'une démarche souple et assurée, muni d'un volumineux sac médical.

— Voici le patient, expliqua Gunther, en désignant Quint.

L'expression sérieuse de Donovan ne se dissipa à

aucun moment, tandis qu'il posait son sac et en sortait un stéthoscope.

— Avez-vous des vertiges ? demanda-t-il.

— Non, répondit Quint.

— Une vision brouillée ?

— Juste après l'accident, mais ça n'a pas duré.

— Avez-vous mal à la tête ?

— J'ai une migraine terrible, mais ça m'est déjà arrivé.

— Bien. Je vais passer un faisceau lumineux devant vos yeux. Vous êtes prêts ?

Quint hocha la tête, mais ne put s'empêcher de sursauter quand la lumière frappa ses rétines.

— Désolé, dit Donovan.

— La lumière est douloureuse. J'ai un bon mal de tête. De quoi on parle, ici ? D'une légère commotion, tout au plus.

— On dirait que vous êtes déjà passé par là, dit Donovan.

— J'ai fait beaucoup de sport dans ma jeunesse. Et puis, il y a les aléas du travail.

— Je comprends.

Donovan termina son examen et conclut :

— Je suis d'accord avec votre évaluation. Vous devez vous reposer et boire beaucoup. Et éviter les écrans autant que possible.

En comparaison de la blessure à la tête dont il avait souffert lors de leur précédente mission, ce n'était rien du tout.

— Vous êtes prêts à y aller ? demanda Donovan.

— Oui, répondit Ree.

Et Quint réalisa combien elle devait être fatiguée.

— Et si nous pouvions nous arrêter quelque part pour prendre un café, ajouta-t-elle, ce serait formidable.

— Je vais voir ce que je peux faire, promit Donovan.

Il semblait un peu trop empressé à satisfaire Ree, et Quint s'en agaça. Il lui prit la main, entrelaçant ses doigts au sien, tandis qu'ils se dirigeaient vers le pick-up à double cabine.

L'intérieur se révéla très confortable et, quand Ree fut installée sur la banquette arrière, Quint lui suggéra :

— Et si tu posais ta tête sur mon épaule, et que tu essayais de dormir pendant le trajet, plutôt que de boire un café ?

— Tu crois ?

Elle cilla, l'observant de ses yeux couleur émeraude, qui scintillaient comme des pierres précieuses.

Ça faisait peut-être un peu cliché, mais il aurait pu se noyer dans les yeux de Ree.

— Fais-moi confiance, dit-il.

Elle se lova contre lui et, comme chaque fois qu'il la tenait dans ses bras, il eut l'impression que le monde tournait parfaitement rond.

— Je t'aime, murmura-t-il, et il fut récompensé par un sourire qu'il ne vit pas, mais qu'il sentit s'étirer contre son cou.

C'était Ree. Il y avait entre eux un lien spécial qui pouvait se passer de mots.

— Où va-t-on ? demanda Donovan.

— Dans le centre de Dallas.

Quint donna le nom d'une rue située à deux pâtés de maisons de leur appartement, ne voulant pas que le médecin connaisse leur véritable adresse. De là, ils pourraient aisément se rendre chez eux à pied.

Donovan entra le nom de la rue dans son GPS, et s'engagea sur l'autoroute.

Le doux ronronnement du moteur ne tarda pas à endormir Ree, et Quint se plongea dans ses pensées.

D'habitude, il avait besoin de faire une pause pour tout analyser après une journée chargée, et ce trajet était l'occasion rêvée pour réfléchir. D'autant que beaucoup de choses s'étaient passées en quarante-huit heures. Vadik avait coopéré, et c'était pour cette raison qu'ils avaient autant progressé dans leur enquête.

Qui se trouvait sur cette moto ? Quel type de relation Lizanne entretenait-elle avec Dumitru ? Étaient-ils associés en affaire, ou plus que ça ?

La moto était trop loin devant eux pour qu'ils aient pu prendre une photo de sa plaque d'immatriculation. Mais il s'en voulait de ne pas avoir essayé de le faire quand elle était garée derrière la boutique. Encore que, s'il s'agissait effectivement de Dumitru, il était peu probable que la moto soit enregistrée à son nom.

Le motard était habillé tout en blanc. Pour qui se prenait-il ? Le livreur de lait ? En tout cas, il pilotait bien, on ne pouvait pas dire le contraire.

Et il était malin. Il s'était assuré qu'ils le suivaient avant d'appeler les renforts.

Mais pour quelle raison ? Les avait-il reconnus ? Ou alors, il avait l'habitude de vérifier qu'il n'était pas pris en charge. Ce qui voulait dire qu'il était impliqué jusqu'aux yeux dans une activité illégale.

Est-ce que ça voulait dire que Lizanne trempait aussi dans des affaires louches ?

Depuis une dizaine d'années, elle dirigeait un commerce en toute légalité. En apparence, du moins.

Était-elle prête à mettre en danger son mode de vie ? Ou bien était-elle corrompue depuis des années, et tout simplement douée pour le cacher ?

Ree avait déjà envoyé un SMS à Grappell pour lui demander de vérifier le passé et le commerce de Lizanne. Leur collègue faisait des miracles, et Quint espérait qu'ils auraient l'information d'ici au lendemain midi.

Les idées se succédant dans son esprit sans qu'il puisse vraiment y mettre de l'ordre, il se dit qu'il devait absolument avoir une conversation avec Axel, à propos de Giselle. Il avait besoin de savoir si l'homme la croyait capable de survivre par ses propres moyens.

Elle était venue chez lui pour tenter de le séduire, en échange de sa protection. N'était-ce pas une ruse pour apprendre ce qu'était devenue Ree ? Dans ce cas, avait-elle agi spontanément, ou bien était-elle téléguidée ? Dans ce milieu en particulier, le sexe était une monnaie d'échange.

Il imaginait que beaucoup d'hommes auraient accepté la proposition de Giselle, et cette pensée l'écœurait. Il ne pouvait imaginer être avec une femme qui ne serait pas son égale dans tous les domaines de leur vie.

Toute autre attitude lui donnerait l'impression d'être un sale type. L'attitude qui consistait à utiliser son pouvoir pour obtenir des faveurs sexuelles n'était plus acceptable aujourd'hui.

Les mœurs avaient changé. Une nouvelle ère s'ouvrait, et Quint l'accueillait avec satisfaction. Ça voulait dire avoir de vraies conversations avec sa partenaire. Ça voulait dire partager des responsabilités.

Songeant à sa mère, il se dit que son éducation n'était pas pour rien dans sa tournure d'esprit. Elle avait fait tout son possible pour qu'il devienne un homme bon et respectueux. Et il espérait qu'elle aurait été fière de celui qu'il était aujourd'hui.

Il aurait tant voulu que sa mère connaisse Ree. Les deux femmes se seraient merveilleusement bien entendues.

Quint relâcha doucement son souffle et se pinça l'arête du nez pour tenter de soulager son mal de tête. Il avait refusé un peu plus tôt de prendre des antalgiques, et il se disait maintenant que ce n'était peut-être pas la décision la plus sage.

Il avait voulu jouer les durs, alors qu'il aurait probablement dû accepter de l'aide. Pourquoi avait-il tant de mal à admettre qu'il n'était pas indestructible ?

Ça devait remonter à son enfance, et au besoin qu'il avait eu d'endosser une armure, en l'absence de père pour le défendre.

En tout cas, sa mère s'était montrée irréprochable, se sacrifiant pour qu'il ne manque de rien, pour qu'il puisse faire des études…

Quelle différence avec Giselle qui, plutôt que d'être avec son fils, allait faire la fête avec des criminels !

Sa mère était très belle. Après que son mari l'eut abandonnée, elle aurait pu trouver un autre homme, et se débarrasser de son fils en le mettant en pension, ou en le plaçant dans la famille. Un jour, il l'avait entendue parler au téléphone avec une amie de son absence de vie sentimentale. Elle disait qu'elle ne voulait pas imposer un inconnu à son fils et perturber son enfance. Avait-elle peur que tous les hommes ne soient comme son ex ? Qu'ils ne prennent ce qu'ils voulaient et ne la laissent tomber ?

Il ne pouvait plus lui poser ces questions, maintenant. Et s'il avait passé moins de temps à traîner dehors et à commettre de petits délits, il aurait peut-être appris à mieux la connaître.

Oui, vraiment, sa mère était une sainte à ses yeux. Pas comme Giselle, qui se jetait à la tête de n'importe quel homme. Qui laissait sa sœur élever le fils qu'elle prétendait aimer. Lui rendait-elle seulement visite ? Savait-il qui était sa mère ? Ou bien sa sœur l'élevait-elle comme son propre enfant ?

Une pensée dérangeante lui traversa l'esprit. Giselle était-elle tombée enceinte pour piéger Axel, et obtenir de lui de confortables revenus et une protection ?

Ça paraissait possible. Les gens désespérés faisaient des choses désespérées.

Et pourtant, aussi désespérée qu'ait pu être sa mère, jamais elle n'avait basculé du mauvais côté de la loi.

L'honnêteté et la bonté n'étaient pourtant pas la norme dans le quartier où il avait grandi. Mais sa mère était comme un phare dans la tempête : stable, rassurante et lumineuse.

Elle savait rester calme quand on leur coupait l'électricité.

Elle savait rester fière quand ils n'avaient pour vêtements que ceux glanés auprès d'associations caritatives.

En toutes circonstances, elle gardait la tête haute. En tout cas devant lui. Mais il l'entendait parfois pleurer la nuit. C'était peut-être ça qui l'avait fait basculer dans la délinquance : cette misère, cette incapacité à s'en sortir, cette impression que l'honnêteté ne payait pas.

S'il pouvait revenir en arrière, il y avait tant de choses qu'il ferait différemment.

Il savait que sa mère lui aurait pardonné en un battement de cils. Elle lui aurait dit qu'il apprenait tout simplement ce qu'il ne fallait pas faire. Et elle l'aurait pris dans ses bras.

Pourquoi, alors, avait-il tant de mal à se pardonner lui-même ?

14

— Nous sommes arrivés !

La voix réveilla Ree en sursaut, et elle réalisa qu'elle dormait profondément. Quand elle était avec Quint, elle se sentait totalement en sécurité et pouvait enfin lâcher prise.

— Tu ne dors plus ? demanda-t-il.

Elle souleva la tête, et songea qu'il valait mieux qu'il n'y ait pas de miroir à proximité, car elle devait avoir une apparence épouvantable. Cependant, elle se sentait étonnamment reposée après deux heures seulement de sommeil.

— Non, dit-elle, en souriant.

En l'observant, elle vit la fatigue dans ses yeux. Elle ne fit pas de commentaire, car elle savait qu'il avait voulu rester éveillé pour s'assurer que sa commotion n'avait causé aucun dommage.

— Tu as encore mal à la tête ?

— Beaucoup moins.

— Menteur, dit-elle, tandis que Donovan se garait le long du trottoir.

— Je n'ai jamais dit que tu étais obligée de me croire.

Ree n'était pas dupe. Il essayait de plaisanter pour lui faire oublier qu'il souffrait. Ce n'était pas bon signe.

Elle n'avait qu'une hâte, le ramener à l'appartement, et exiger qu'il aille se coucher.

— Merci, dit-elle à Donovan, tout en adressant à Quint un regard excédé.

— Je vous en prie, répondit leur chauffeur improvisé.

Ree descendit de voiture, posant le pied dans cette rue familière, à deux pas de chez eux. Puis elle prit le bras de Quint et le passa autour de ses épaules, en partie parce qu'elle aimait être proche de lui, et en partie parce qu'elle voulait qu'il puisse s'appuyer sur elle, si nécessaire.

Le temps qu'elle adresse un signe de la main à Donovan, l'homme avait déjà démarré, filant comme l'éclair.

— Tu as déjà vu quelqu'un aussi heureux de se débarrasser de ses passagers ? demanda-t-elle à Quint.

Elle voulait garder un ton léger, persuadée que son fiancé et coéquipier avait mis ce voyage à profit pour ressasser les détails de l'enquête, et essayer de trouver à côté de quoi ils étaient passés, et qu'il avait besoin maintenant de se changer les idées.

— Je ne crois pas, non, répondit-il.

Il trébucha, mais se rétablit très vite. L'adrénaline s'était évanouie depuis longtemps, et ils étaient maintenant à la merci de leur corps. Entre l'accident et le long trajet de retour à la maison, il devait être épuisé.

Plus ils approchaient de leur appartement, plus Quint s'appuyait sur elle.

Quand l'ascenseur sonna, indiquant qu'ils étaient arrivés à leur étage, il faisait quasiment du somnambulisme.

— Dès qu'on passe cette porte, tu vas au lit tout de suite, c'est compris ?

Le ton était autoritaire, mais elle souriait.

— Si tu veux m'emmener au lit, je ne vais pas protester, répliqua-t-il.

Elle fut ravie de constater qu'il n'avait pas perdu son sens de l'humour.

— Pas ce soir.

Elle referma et verrouilla la porte derrière eux, s'attendant presque à voir Giselle surgir d'un recoin sombre.

Évidemment, celle-ci devait maintenant savoir que la femme de Quint était de retour. Lindy avait dû la mettre au courant. Tout de même, Ree aurait donné cher pour savoir ce que ces deux-là trafiquaient ensemble…

— Étant donné que je sens comme un putois…

Quint fit tout un show, levant les bras et reniflant ses aisselles d'un air dégoûté.

— Tu ne sens pas, mais je t'autorise à prendre une douche. Seulement, vous avez intérêt à faire vite, mon petit monsieur !

— Je t'ai déjà dit que j'adore quand tu me donnes des ordres ?

— Dépêche-toi, et je t'aiderai à te déshabiller.

Jamais elle n'avait vu quelqu'un courir aussi vite vers la douche.

Elle savait ce qu'il avait en tête, et elle pourrait faire quelque chose pour lui demain matin. Ou dans l'après-midi. Tout dépendrait de l'heure à laquelle ils se réveilleraient.

Encore qu'elle n'était pas certaine de pouvoir dormir,

après cette sieste réparatrice dans la voiture. Faire la sieste provoquait chez elle deux réactions diamétralement opposées. Soit elle débordait d'énergie, soit elle se traînait comme un zombie pendant des heures.

D'habitude, elle ne s'y risquait pas, car elle ne savait jamais dans quel état elle serait.

Elle rejoignit Quint dans la salle de bains, essentiellement pour garder un œil sur lui. Dans l'état de fatigue où il se trouvait, elle ne voulait pas prendre le risque qu'il fasse une chute et se blesse à la tête. Il semblait s'être sorti de l'accident sans dommage, et elle ne souhaitait pas tenter le sort deux fois.

En tout cas, elle était reconnaissante aux inventeurs de la ceinture de sécurité et de l'airbag. C'était grâce à ces équipements qu'ils étaient sortis vivants d'un accident qui aurait pu être fatal.

Quint tourna le robinet, et laissa l'eau atteindre la température idéale pendant qu'elle l'aidait à se déshabiller. Il avait un corps parfait – si la perfection existait –, et ses cicatrices ne faisaient qu'ajouter à son charme, dispensant une aura de danger.

Stigmates de coups de couteau, traces d'impacts de balle... Chaque cicatrice évoquait une mission qu'il avait menée. Il avait eu de la chance, jusqu'ici. Mais la crainte de Ree était que sa chance ne l'abandonne avant que l'enquête en cours soit terminée.

— J'ai passé tout le trajet à réfléchir, dit-il en se glissant dans la cabine et en tirant la porte vitrée.

— Je m'en doutais. Et ça donne quoi ?

Elle ne voulait pas d'une conversation qui s'éternise avant d'aller dormir, mais la curiosité la rongeait.

— Je n'arrête pas de penser à Giselle, en me

demandant si elle est aussi innocente qu'elle en a l'air, reconnut Quint.

— Moi aussi, admit Ree.

— Et je ne comprends pas ce que Lizanne aurait à gagner en mêlant sa réputation d'honnête commerçante à celle d'un criminel.

— Soit elle a une relation avec Dumitru, soit elle le protège. Il a peut-être aussi des éléments contre elle, et la force à collaborer. Ces types-là prennent ce qu'ils veulent, sans égard pour autrui.

— Nous voyons les choses de la même façon. D'ailleurs, est-ce que tu crois qu'il serait bon d'avoir une discussion avec Axel, au sujet de Giselle.

— À condition de ne pas être trop directs. Nous pourrions lui expliquer que nous sommes inquiets pour elle, et que nous faisons tout notre possible pour assurer sa sécurité. Il ne nous dira peut-être pas la vérité, mais sa réaction nous guidera.

— Je suis d'accord.

Il était impossible de ne pas regarder Quint sous la douche. Il parvenait à rendre gracieux le seul acte de se laver.

Non. « Gracieux » était un terme qui ne convenait pas à Quint. Encore qu'il possédât une grâce athlétique qui le rendait terriblement sexy.

Quint n'avait pas tardé à lui céder la place dans la salle de bains et, rassurée sur le fait qu'il pouvait se coucher seul, Ree s'attardait sous le jet tiède, laissant la ferme caresse de l'eau soulager la tension de ses épaules, avant de ruisseler sur son corps.

Il y avait quelque chose de vraiment agréable dans le fait de se laver des tracas de la journée, avant d'aller se coucher.

Aujourd'hui, elle aurait pu perdre Quint. Et elle aurait tout aussi bien pu être blessée mortellement.

Comment l'aurait vécu sa mère, si elle était morte ?

Ree était trop jeune quand son père avait été tué dans l'exercice de ses fonctions de policier, et elle ne se rappelait plus comment avait réagi sa mère. Elle se souvenait juste d'une discussion que celle-ci avait eue un soir au téléphone avec son propre père. Sa mère pleurait, ce qui ne lui arrivait jamais, et elle avait parlé des dernières paroles qu'elle avait échangées avec son mari, avant qu'il parte au travail ce jour-là.

Une grosse dispute avait éclaté entre eux, et elle était rongée par le remords. Était-ce pour cette raison qu'elle tenait sa fille à distance ? Avait-elle peur de se disputer avec elle juste avant qu'elle quitte la maison ?

À sa place, Ree aurait choisi de serrer très fort sa fille dans ses bras chaque jour, au cas où.

En voyant combien Quint était rongé par la culpabilité et les regrets, elle avait compris la nécessité de parler à ses proches tant qu'ils étaient encore là.

Quand cette enquête serait terminée, elle aurait une discussion de fond avec sa mère. D'ici là, elle devrait bien trouver les mots, non ?

Après sa douche, Ree se glissa au lit avec Quint. Il dormait déjà profondément. Ça lui était égal. Tout ce qu'elle voulait, c'était se blottir contre sa chaleur.

Penser à la fragilité de la vie l'avait émue au plus

profond du cœur, et elle réalisa soudain qu'elle n'avait jamais fait le deuil de son père. Elle s'était contentée d'assister en spectatrice à la douleur de sa mère.

Elle s'endormit sur cette pensée.

Ils dormaient depuis huit bonnes heures quand des coups répétés à la porte les réveillèrent en sursaut.

Repoussant la couette, Quint se leva en titubant quelque peu, et enfila son jean. Ree n'était pas plus alerte tandis qu'elle se glissait dans un pantalon de yoga. Le T-shirt qu'elle mettait pour dormir devrait faire l'affaire.

Récupérant son Glock à la hâte, elle emboîta le pas de Quint.

Il regarda à travers l'œilleton, fit un pas en arrière, et articula sans bruit « Lindy ».

Ree tendit la main vers la poignée, mais Quint lui retint le bras pour l'empêcher d'ouvrir.

Le cœur battant à tout rompre, elle retint son souffle.

— Nous devons parler, dit Lindy, à travers la porte.

Venait-il vérifier s'ils avaient survécu à l'accident ?

— Vous êtes chez vous ? demanda Lindy, en haussant le ton.

Il avait fait tellement de bruit qu'un voisin ouvrit sa porte et demanda ce qui se passait.

Lindy marmonna un juron et marcha d'un pas bruyant vers l'ascenseur. Le type avait un caractère épouvantable, ce qui n'était pas une surprise.

Mais à quoi rimait cette visite ?

Quint vérifia doublement que Lindy était parti. Il n'était pas d'humeur à discuter avec ce sale type.

— La voie est libre, annonça-t-il à Ree.

Elle soupira et alla ranger son arme. Quint l'imita.

— Mais qu'est-ce qu'il pouvait bien nous vouloir ? demanda-t-elle.

— Je vais vérifier mon téléphone dans un instant, pour vérifier si nous avons été prévenus de son arrivée.

L'horloge au mur annonçait 11 h 30. Quint avait encore besoin de sommeil, mais il devrait se contenter pour le moment de ce qu'il avait engrangé.

— Tu as l'air en meilleure forme, ce matin, constata Ree.

Elle revint vers lui et lui donna un baiser.

— Je le ressens aussi, dit-il, en l'attirant plus étroitement contre lui. Certains muscles sont encore douloureux, mais mon mal de tête a disparu.

— C'est une bonne nouvelle. Je vais me rafraîchir et préparer le café.

Il la regarda se diriger vers la salle de bains, et se dit qu'il était l'homme le plus chanceux du monde.

Cette affaire serait bientôt derrière eux, et Ree pourrait commencer à organiser leur mariage.

Ça ne le dérangeait pas de la laisser s'occuper des détails. À partir du moment où elle avait répondu oui à sa demande en mariage, il considérait qu'il avait déjà tout ce dont il avait besoin. Le reste, c'était juste de la paperasse et des formalités, en ce qui le concernait.

En revanche, il lui restait encore à se décider sur la question des enfants. Par moments, il se disait qu'il pouvait le faire, et que tout se passerait merveilleusement bien. Et parfois, il se demandait s'ils hériteraient des misérables gènes de son père.

Plutôt que d'attendre que Ree fasse le café, il se rendit utile et mit la cafetière en marche. Après qu'il eut fait un saut à la salle de bains, ils travaillèrent côte à côte, faisant griller des bagels, qu'ils nappèrent de fromage frais et de gelée de groseille.

Quand ils prirent place au comptoir, ils avaient déjà craqué et mordu à belles dents dans un bagel, et bu quelques gorgées de café. Maintenant qu'il n'avait plus l'estomac vide, Quint décida de prendre un ibuprofène, en espérant que ça ferait disparaître les douleurs résiduelles et la tension musculaire.

— Comment tu te sens ? demanda-t-il à Ree.

— Comme si j'avais eu un accident de voiture, plaisanta-t-elle.

— Je crois que nous avons bien mérité une journée de repos.

— Ce serait une bonne idée de faire le point sur ce que nous savons déjà, et d'essayer d'assembler les pièces du puzzle.

— Je vais d'abord vérifier si j'ai des messages.

C'était probablement une bonne chose qu'ils n'aient pas ouvert à Lindy, songea Quint. Ils avaient réussi à piéger Ree avec un SMS de dernière minute provenant de Giselle. Il n'était pas question qu'il se laisse berner de la même façon.

Lentement et méthodiquement. Ce serait son mantra à partir de maintenant.

Il consulta son téléphone. Il y avait bien des SMS.

Le tout dernier venait de Lindy.

Il écarquilla les yeux.
— Giselle a disparu, dit-il à Ree.
Était-elle venue le voir parce qu'elle savait qu'il allait se passer quelque chose ?

15

— Giselle semblait désespérée quand elle est venue ici, hier, te demander de l'aide. Et moi...

Quint ne la laissa pas terminer sa phrase.

— Quoi qu'il lui soit arrivé, tu n'es en rien responsable.

Ce que disait Quint avait du sens, mais Ree était rongée par la culpabilité.

— Je suppose que Lindy est persuadé que nous y sommes pour quelque chose, commenta-t-elle.

— Son ton m'en a donné l'impression.

Elle grimaça.

— Ça ne me dit rien qui vaille.

— Elle aurait pu se cacher de son propre chef, murmura Quint.

Si elle était vraiment en danger, et en était réduite à mendier une protection, elle s'était peut-être adressée à quelqu'un d'autre. L'organisation semblait craquer sous la pression, et les cadres cherchaient certainement à éliminer tous ceux qu'ils considéraient comme étant susceptibles de parler, dans l'hypothèse où ils seraient arrêtés.

— Tu as raison, approuva Ree. Après être venue ici, elle a pu se dire que le meilleur moyen de rester en vie était de faire profil bas pendant un moment. En tout cas, c'est ce que j'aurais fait à sa place.

— En l'espace de vingt-quatre heures, nous avons été attaqués, et Giselle a disparu, remarqua Quint, d'un ton songeur.

Laissant passer un silence, il reprit :

— Attends, j'ai une idée.

Il chercha un contact dans la liste de son téléphone, et passa un appel.

— Ree est avec moi. Ça vous dérange si je mets le haut-parleur ?

Il y eut une brève pause, avant que la voix de Grappell s'élève dans la pièce.

— Ree ?

— Je suis là.

— Nous étions inquiets pour vous deux.

Il avait un ton sévère, et elle eut l'impression d'être une élève de primaire se faisant réprimander par son instituteur.

— Désolée. Nous venons seulement de voir vos messages. On dirait que vous avez des informations à propos de Lizanne.

— Correct.

Grappell ressemblait maintenant moins à un instituteur, et plus à un agent fédéral.

— Son vrai nom est Loraine Riddent. Elle a commencé comme strip-teaseuse dans un club près de White Rock Lake, il y a quinze ans. C'est là qu'elle a rencontré plusieurs membres de l'organisation de Dumitru.

Grappell soupira.

— Les liens sont insaisissables, comme pour toutes

les personnes que nous essayons d'étudier dans cette enquête. Mais nous avons son nom et son âge. Elle a trente-huit ans aujourd'hui. Je vous envoie des photos d'elle à l'époque, et maintenant.

Ree vérifia son téléphone et, montrant l'écran à Quint, fit défiler les photos.

— On dirait Anna Nicole Smith, commenta-t-il.

Il faisait allusion à une célèbre strip-teaseuse, morte en 2007, qui avait défrayé la chronique en épousant un milliardaire de soixante ans son aîné. Et, en effet, Lizanne avait tout comme elle des seins refaits – beaucoup trop volumineux pour sa corpulence – et de longs cheveux blonds décolorés.

Cette ressemblance avait dû l'aider à devenir populaire dans les clubs de strip-tease de Dallas, où ce genre de physique rapportait beaucoup d'argent.

Ree supposait qu'il en fallait pour tous les goûts, mais elle était plutôt du style chemise en flanelle et jean. Et elle faisait avec ce que la nature lui avait donné, car elle n'avait aucunement l'intention de passer sous le bistouri pour faire augmenter le volume de ses seins, ou changer quoi que ce soit à son apparence.

Même ses fines rides au coin des yeux caractérisaient pleinement ce qu'elle était. Elle avait beaucoup souri pour gagner ce qu'elle considérait comme de jolis trophées.

— À vingt-cinq ans, Lizanne avait amassé assez d'argent pour ouvrir sa boutique de lingerie, précisa Grappell. Elle doit avoir un sacré sens des affaires.

— Ou, comme c'est souvent le cas, un riche protecteur, commenta Quint.

— Elle est originaire de Blum, ajouta Grappell,

après être tombé d'accord avec Quint. Une toute petite ville texane de cinq cents habitants.

— Comment est-ce possible ? demanda Ree. Il devrait y avoir un nombre de résidents minimal avant qu'un endroit puisse être qualifié de ville.

— J'ai moi-même grandi dans une petite ville, de la région de San Antonio, dit Grappell, où vous avez le choix pour vous distraire entre les feux de camp au bord du lac et le marquage des vaches.

— Ça a l'air horrible, dit Ree. Moi, j'ai besoin de boutiques à proximité, de restaurants et de choses à faire le soir.

— Pareil, dit Grappell, sauf pour le shopping.

— Les liens de Lizanne avec Dumitru doivent remonter à longtemps, dit Quint, après cette parenthèse.

— Ou elle a pu obtenir ses fonds auprès de quelqu'un d'autre. Un homme plus âgé qui aime fréquenter ce genre d'établissements.

— Nous abordons peut-être les choses sous le mauvais angle, suggéra Quint. Et si c'était Lizanne qui aidait Dumitru ?

— Pourquoi pas ? dit Ree.

Même si elle avait constaté beaucoup de misogynie chez les hommes de A-12 qu'elle avait rencontrés, ils n'étaient pas forcément tous à mettre dans le même sac.

— J'ai bien peur que les dossiers publics ne nous soient pas d'une grande aide, dit Grappell. Mais je vais continuer à chercher.

— Vos efforts sont très appréciés, dit Quint.

— Nous ne pourrions pas faire ce que nous faisons sans votre aide, compléta Ree.

Elle n'était pas étonnée qu'ils soient d'accord à peu

près sur tout. Ce qui avait été une surprise, c'était leur antagonisme au cours de la première mission où ils avaient fait équipe. L'alchimie entre eux était comme une lame chauffée à blanc. Qui plus est, elle était un paquet de nerfs à l'idée de travailler avec un agent légendaire, en dépit du fait qu'elle était elle-même parfaitement compétente. Ça avait fait des étincelles. Il en était né une flamme à combustion lente, qu'elle espérait ne jamais voir s'éteindre.

Avec Quint, elle avait découvert les baisers les plus brûlants, les meilleures interactions sexuelles de sa vie, et aussi les conversations les plus passionnantes.

Se le remémorant nu sous la douche, elle ne put s'empêcher de sourire, malgré la nécessité de se concentrer sur l'enquête. Il était impossible de ne pas exulter, rien qu'un peu, quand elle pensait à la façon dont ils s'accordaient au lit… et ailleurs.

Il y avait une seule chose qui faisait obstacle à leurs projets : cette enquête.

— Voilà tout ce que j'avais à vous dire, conclut l'agent Grappell. Je vous fais signe dès que j'ai du nouveau.

— Merci, répondirent Ree et Quint, d'une même voix.

— Lindy pense que nous sommes liés à la disparition de Giselle, ajouta Quint.

Grappell ne masqua pas sa surprise.

— Il a dit ça ?

— En un mot, comme en cent : oui.

— Soyez prudents.

— Toujours. Pouvez-vous nous trouver l'adresse de la sœur de Giselle ? Nous voulons y faire un saut et voir si l'enfant y est toujours.

— C'est comme si c'était fait, promit Grappell.

— Ça ne devrait pas lui prendre longtemps, estima Ree, après qu'il eut raccroché. Mais ça nous laisse quand même le temps de boire un autre café.

Il allait aussi leur falloir un véhicule pour se déplacer, mais un regard à la mine crispée de Quint fit comprendre à Ree qu'il avait d'autres préoccupations en tête, et que celle-ci pouvait attendre.

— Je sais que nous sommes concentrés, sur l'enquête… commença-t-il, tandis qu'il se dirigeait vers la cafetière.

— Parfois, c'est en changeant de sujet et en n'y pensant plus qu'on obtient les meilleurs résultats.

Il hocha la tête.

— Je me rends compte que je tergiverse depuis trop longtemps sur un sujet qui est important pour toi, et ça pourrait impacter ton futur bonheur avec quelqu'un comme moi.

Ce n'était sans doute ni le moment ni l'endroit pour penser à fonder une famille, mais il était toujours sur la réserve à ce sujet, et il avait besoin de savoir si sa position était supportable ou non pour Ree.

— Tu fais référence au fait d'avoir des enfants ? demanda-t-elle.

— Penser à la relation de Giselle avec son fils – ou plutôt à son absence de relation – a remué des souvenirs douloureux.

Il devait jouer cartes sur table, puis ils pourraient passer chez la sœur de Giselle pour vérifier si Axel Junior était toujours là, ou si sa mère l'avait emmené.

— Je ne suis pas sûr de ce que je ressens à l'idée de propager mes gènes, reconnut-il.

Ree resta assise sans bouger, les mains croisées sur son estomac, et le regarda avec compassion.

— Sache que je veux que tu aies tout ce que tu désires, reprit-il.

Elle n'avait rien dit. Mais qu'y avait-il à dire ? Il venait de lâcher une bombe.

Dommage qu'il n'ait pas vu venir cette histoire d'enfants. Fallait-il qu'il soit stupide ! Il aurait dû réaliser que, venant d'une grande famille, elle voudrait des enfants.

— Je l'ai déjà, dit-elle, posément.

— Et si je ne te suffisais pas ?

Il avait le cœur qui battait aussi fort que celui d'un adolescent demandant à la reine du bal de promotion si elle voulait bien sortir avec lui.

— Tu me suffis.

— C'est peut-être vrai maintenant. Mais qu'en sera-t-il plus tard ?

Elle resta là, perchée sur son tabouret. Elle se pinçait les lèvres comme lorsqu'elle réfléchissait intensément, ou qu'elle cherchait une réponse qu'elle savait pouvoir trouver si elle se concentrait suffisamment.

Il adorait savoir ces petites choses sur elle.

Après une longue pause, elle demanda :

— Laisse-moi te poser une question. La semaine dernière, est-ce que tu savais que tu allais avoir un accident de voiture ?

— Non, bien sûr que non.

Il n'était pas sûr de comprendre où elle voulait en venir.

— Moi non plus.

Elle continua, comme si ses pensées étaient l'expression de la logique.

— Tu sais ce que la nuit dernière m'a enseigné ?

Il secoua la tête.

— Qu'on ne peut rien planifier. Ce que je veux dire, c'est qu'on fait de son mieux. Et un jour, il nous arrive une grosse tuile que personne n'a prévue. Tu comprends ?

Elle plissa le front.

— La vie est imprévisible, concéda-t-il. Mais je ne vois pas trop le rapport avec ton désir d'enfant et mes hésitations. C'est un sujet important, que certains verraient comme une condition sine qua non.

— C'est important, oui. Et j'ai été surprise quand j'ai soudain ressenti cette envie. Je n'y avais jamais pensé avant de te rencontrer. Mais tout a changé. Une telle volte-face est probablement injuste pour toi.

— Tu ne pouvais pas le savoir avant, si ça t'est tombé dessus comme ça.

Et, en disant cela, il comprit soudain le point de vue de Ree.

— En tout cas, je suis certaine de deux choses, reprit-elle. La première, c'est que je veux t'épouser. Tu es fait pour moi, Quint. C'est toi, et personne d'autre. L'autre certitude, c'est que je vais devoir trouver un moyen de pardonner à ma mère, et de lui dire que tout va bien entre nous.

Elle reprit son souffle.

— Après m'être inquiétée pour toi, elle est la deuxième personne à qui j'ai pensé après l'accident. Je dois faire en sorte que cette relation fonctionne. Sinon, je m'en voudrais toute ma vie s'il lui arrivait quelque chose.

Quint se dirigea vers sa future femme et la prit dans ses bras.

— Je sais que je t'aime plus que la vie même, dit-il.

Il aurait voulu que ce soit plus simple, et qu'il puisse lui promettre la lune. Il voulait lui donner les étoiles et le ciel tout entier. Et cependant, il se connaissait, et il avait des doutes sur le concept de famille.

— Je n'ai jamais dit ça à une autre femme, reprit-il, et je sais que je ne retrouverais jamais quelqu'un comme toi si tu me quittais.

— Ne me dis pas que c'est ce que tu souhaites.

Il y avait de la douleur dans sa voix, et c'était lui qui l'avait causée.

— Non, bien sûr. Il n'y a aucun doute dans mon esprit. Tu es la bonne personne pour moi. Tu es tout ce dont j'ai besoin. Avec toi, je me sens complet. Mais ce n'est pas le cas pour toi. Et c'est là que ça se complique.

— Je n'imaginais pas que ça se passerait comme ça, dit-elle.

Quand elle leva vers lui ses yeux couleur émeraude, il y vit briller des larmes.

Il s'en voulait tellement d'en être la cause.

— Et je n'ai jamais dit que tu ne me suffisais pas, ajouta-t-elle.

— Non, tu ne l'as pas dit.

Il ne chercha pas à argumenter. Ce n'était pas la peine.

Il voyait bien, à la résignation qui voilait le regard de Ree, qu'elle avait compris : ils avaient atteint un mur infranchissable dans leur relation.

— Ce que nous avons est bien meilleur que tout ce que j'ai connu jusqu'à présent, reprit-elle. Et ce n'est pas parce que je veux des enfants aujourd'hui que j'en voudrai encore demain.

Elle avait beau essayer de le convaincre, Quint savait bien qu'elle n'y renoncerait jamais.

Et elle devait le savoir aussi.

— Je ne veux pas perdre ce que nous avons, Quint, dit-elle encore.

Ces mots lui serrèrent le cœur.

Comment pourrait-il rester avec elle et la forcer à adopter une vie dont elle ne voulait pas réellement ?

Et comment aurait-il la force de la quitter, et de les rendre tous les deux très malheureux ?

16

Elle pouvait vivre sans enfant, n'est-ce pas ?

Avant qu'elle ait eu le temps d'y réfléchir vraiment, le téléphone de Ree bipa. Elle le souleva et regarda l'écran.

— Nous avons une adresse, dit-elle à Quint. Il ne nous reste plus qu'à trouver un moyen de transport.

Un message arriva cette fois pour Quint, et il s'empressa de le lire et de le relayer.

— Il semblerait qu'une jeep nous attende sur le parking. Les clés sont à l'intérieur, sous le siège conducteur.

Il se tut et prit le temps de la regarder, comme s'il lisait jusqu'au plus profond de son âme. Il était le seul dont elle aurait pu jurer qu'il savait à quoi elle pensait.

— Est-ce que tout va bien entre nous ?

— Je t'ai dit que je t'aimais, et que mon avenir est avec toi. Je voulais juste que tu saches que je m'étais demandé si j'avais envie de fonder une famille avec toi. Il se trouve que la réponse est oui. Mais nous ne sommes pas obligés de tout planifier aujourd'hui.

Le regard de Quint et la façon dont un muscle jouait dans sa mâchoire lui firent redouter qu'ils n'aient pas la même vision de l'avenir.

— Tu mérites ce qu'il y a de mieux, Ree, dit-il, en soutenant son regard.

Et un orage couvait dans ses prunelles saphir.

Il fallait qu'ils trouvent un moyen de régler ça. Elle ne voulait pas croire que tout allait s'arrêter là, de cette façon.

— Toi aussi, tu mérites ce qu'il y a de mieux, dit-elle.

Puis elle se hissa sur la pointe des pieds et l'embrassa.

La langue de Quint vint taquiner la sienne, et des centaines de feux de camp s'allumèrent en elle, la réchauffant, l'attirant vers leur lumière.

Elle aurait pu rester comme ça pour toujours. Quint lui suffisait. Elle pourrait vivre sans avoir d'enfant, à partir du moment où elle l'avait, lui.

Elle aimait cet homme. Elle voulait faire sa vie avec lui. Et puis, c'était bien beau de vouloir des enfants, mais qui lui garantissait qu'elle en était capable physiquement ? Elle pourrait bien essayer pendant des années, et s'y casser les dents.

De plus, elle n'était plus toute jeune. Sa fertilité n'était pas à son meilleur niveau. Il était bien possible que Quint s'inquiète pour quelque chose qui n'arriverait jamais.

La seule chose qu'elle savait, c'était que la vie pouvait être injuste et méchante. Elle n'apportait pas la certitude d'un lendemain, ou du jour d'après. Elle ne promettait pas un jardin de roses, ni que tous nos souhaits seraient exaucés.

Des gens vivaient heureux avec bien moins que ce que Quint et elle possédaient entre eux. Après tout, elle avait une nièce et un neveu. Son autre frère aurait des enfants à son tour. Les hommes n'étaient pas limités par leur horloge biologique comme les femmes.

Après s'être habillés pour la journée, et avoir récupéré leur arme, Quint et Ree descendirent dans le parking en sous-sol, où les attendait la jeep. Dans ce genre de situation, il y avait toujours le risque que quelqu'un se demande comment ils avaient fait pour avoir aussi vite une voiture de remplacement. Mais, de nos jours, à peu près n'importe quoi pouvait être commandé et livré en vingt-quatre heures.

Cependant, ils étaient coincés par la légende créée pour leur mission. Quint sortait de prison, et ils devaient être fauchés. Au pire, ils pourraient toujours dire qu'ils avaient vendu la Chevrolet pour acheter la jeep.

— La sœur de Giselle habite loin ? demanda Ree, tandis qu'elle se hissait dans l'habitacle.

Quint prit son téléphone et vérifia le dernier message de Grappell.

— C'est à Frisco, dans la banlieue nord de Dallas. On va prendre l'autoroute et sortir à Eldorado Parkway. Étant donné que nous sommes l'après-midi, il ne devrait pas y avoir trop de circulation. Je pense que nous serons chez elle dans une demi-heure environ.

Ils n'échangèrent pas un mot durant le trajet vers la banlieue. Quelques nuages obscurcissaient le ciel, et le soleil se dissimulait derrière des nappes de gris.

Si une population de moins de cinq cents habitants paraissait trop petite à Ree, l'urbanisation périphérique lui semblait pire. Il y avait bien des restaurants – plus qu'une personne ne pourrait en fréquenter en une seule vie –, mais le manque d'espace entre les habitations aggravait sa claustrophobie.

Quittant la voie express, ils prirent à gauche et, quelques minutes plus tard, ils découvrirent une zone pavillonnaire récente, où toutes les maisons se ressemblaient. Minuscules jardins en façade. Pelouses parfaitement tondues. Architecture à l'emporte-pièce.

Ce n'était pas le style de Ree, mais elle appréciait que tout soit neuf. L'endroit manquait de grands arbres comme chez elle. Elle aimait tellement sa maison… D'ailleurs, elle commençait à avoir le mal du pays.

La seule chose qui pourrait améliorer son habitat, c'était que Quint s'y installe à plein temps.

— Quelle est notre couverture ? demanda-t-elle, tandis que Quint s'engageait dans la rue de la sœur de Giselle.

Ree était si prise dans ses pensées qu'elle avait oublié de demander le nom de famille de la jeune femme.

— Je pense que nous allons nous faire passer pour des représentants de commerce.

— Et nous vendons quoi ?

Elle se demandait si le porte-à-porte existait toujours à l'heure d'Internet, où on pouvait tout commander d'un clic.

— Des services éducatifs.

Étudiant les maisons, il ajouta :

— Les gens qui habitent ici doivent être prêts à dépenser de l'argent pour que leurs enfants s'en sortent dans la vie. Nous pourrions dire que nous venons de monter notre affaire, et que nous essayons de nous faire connaître localement. Ça me paraît une communauté soudée et amicale. Je parie qu'ils seront ravis d'apprendre qu'une entreprise s'installe dans le secteur.

— Quel genre de services éducatifs ?

Elle considérait sincèrement que cet homme était un génie, et pouvait décrypter n'importe quelle situation en un clin d'œil.

— Préparation au brevet des collèges. Ou soutien en maths, dit-il, après une pause de réflexion.

Elle grimaça.

— Personne ne voudrait que je lui enseigne les maths. Et puis, nous ne devrions pas avoir un prospectus, ou quelque chose ?

— Nous dirons qu'ils sont à l'impression, et que nous les enverrons plus tard, mais que nous voulions déjà rencontrer le plus de personnes possible, sur un plan personnel. Ce sera notre astuce marketing. Nous sommes différents de la concurrence, car nous voulons connaître les familles, et nous nous soucions d'elles.

— Eh bien ! Rappelle-moi de solliciter ton aide quand j'aurai envie de monter mon entreprise et de la faire connaître.

Ce n'étaient pas des paroles en l'air. Elle avait déjà pensé à se reconvertir dans la décoration. Chaque fois qu'elle entrait dans une maison ou un appartement, elle remarquait toujours ce qui n'allait pas, et s'imaginait faire les choses autrement.

Le lumineux sourire de Quint lui provoqua de délicieux frissons.

— J'avais l'habitude de vendre des trucs dans ma jeunesse.

— De la drogue ? demanda-t-elle, choquée.

— Des cartes de base-ball ! répliqua-t-il. Honte à toi d'avoir pensé que j'étais un drogué.

— Je n'ai pas dit ça. J'ai simplement supposé que tu pouvais en vendre. C'est très différent. Il se trouve que j'ai l'exemple avec un ami de l'académie de police. Il a échoué – en tout cas, c'est ce que tout le monde croyait – et il est retourné à la vie civile. Il a trouvé du travail, mais il vendait aussi du cannabis. En fait, il était en mission, il était sorti premier de la promotion, et il a dû attendre six mois pour me le dire, après que le coup de filet a eu lieu. Mais il s'avère qu'il a aussi vendu de la drogue dans sa jeunesse, sans jamais y toucher lui-même.

— Tu étais proche de ce type ? demanda Quint, d'un ton suspicieux.

— Quoi ? Mais ça remonte à un million d'années, dit-elle, sur la défensive.

Il lui était impossible d'être en colère, car elle trouvait adorable qu'il soit jaloux.

— Et je peux être simplement amie avec des garçons, tu sais.

— Je sais. Mais j'espère que ce type sait où est sa place avec toi.

— Tu passes à côté de la morale de cette histoire, dit-elle, d'un ton pincé.

— C'est vrai. Et on peut savoir ce que c'est ?

Elle lui donna une petite tape sur le bras, faussement agacée.

— La morale, c'est que tu n'es pas obligé de te droguer pour vendre de la drogue. Certains voient ça comme un commerce, une façon facile de se faire de l'argent, s'ils sont assez malins…

— Sinon, ils peuvent aussi vendre des cartes de base-ball.

— C'est vrai. Mais y a-t-il la même demande ?

— C'est ce qui développe les talents de vendeur. Quand tu as un produit dont tout le monde ne réalise pas encore qu'il en a envie.

— C'est bon à savoir, que tu n'es pas seulement beau gosse, plaisanta Ree.

Elle appréciait le mode léger de leur conversation, mais ils allaient devoir changer de braquet et redevenir pleinement professionnels.

Quint se gara devant une maison qui ressemblait à un mini-manoir, et Ree se demanda qui avait besoin d'autant d'espace. Elle préférait les endroits confortables et chaleureux, plutôt que ce qui devait être une enfilade de pièces à n'en plus finir.

Peu importe le nombre d'enfants qu'elle aurait avec Quint, elle voulait vivre dans sa maison, mais ils se marchaient les uns sur les autres. Et s'il n'y avait pas d'enfant, la maison serait parfaite aussi pour Quint et elle. Pas trop grande, et pas trop petite. Pas un centimètre d'espace perdu, pas un centime d'argent gâché. Ça rassurait l'ancienne pauvre qu'elle avait été. Enfants, ses frères et elle n'avaient pas manqué de l'essentiel, mais sa mère avait dû travailler dur pour les élever après le décès de leur père, et il n'y avait pas eu beaucoup de petits extra.

— Si c'est la sœur de Giselle qui ouvre la porte, c'est toi qui parleras, dit Ree.

Elle était persuadée que peu de femmes pouvaient résister au charme de Quint.

— Et si c'est le mari ?

— Je m'en occupe.

Elle laissa passer un silence, avant de demander :

— Et si Giselle se cachait là ?

— La possibilité me semble mince. Et je vais te dire pourquoi. C'est le premier endroit où ceux qui la connaissent viendraient. D'ailleurs nous devons être prudents. Elle a pu prévenir sa sœur d'appeler la police si quelqu'un lui semblait bizarre.

Il grimaça.

— Je n'ai pas envie d'avoir de nouveau maille à partir avec la loi.

— Moi non plus. En fait, je me demande toujours quel nom a mentionné Bjorn pour que le shérif cesse de nous harceler et se porte volontaire pour nous servir le thé et nous border au lit le soir.

Quint éclata de rire.

— Je le vois bien en majordome dévoué !

Plaisanter aidait à apaiser la tension qui se manifestait juste avant de passer à l'action, et de se lancer dans l'inconnu. Ça faisait du bien, nerveusement.

— Explique-moi un peu où nous mettons les pieds. Comment s'appelle la sœur de Giselle ? J'ai compris qu'elle était mariée, et qu'elle avait des enfants. Combien ? Connaissons-nous leur âge ?

Quint étudia son téléphone.

— Elle s'appelle Nicole, et son mari Terrence. Ils ont deux enfants. Un garçon, qui est en CM2, et une fille en CE2. Nicole s'est élevée dans l'échelle sociale, et a épousé un type relativement fortuné.

— Nous savons déjà que le fils de Giselle s'appelle Axel, dit Ree.

— Exact.

Elle consulta sa montre.

— Les enfants devraient sortir de l'école dans une heure.

— Espérons que Nicole est chez elle.

— Je voudrais surtout savoir si Axel vit toujours ici. Mais Giselle l'a peut-être emmené ailleurs.

Quint eut une moue dubitative.

— Je crois qu'elle a dû partir en toute hâte, si elle a vraiment fait le choix de disparaître, et qu'elle n'a pas pu prendre toutes les dispositions nécessaires. Je doute également qu'elle ait eu le temps de dire à sa sœur qui, exactement, pourrait venir chercher Axel.

— Tu as sans doute raison.

— Ce qui soulève un autre problème : quelqu'un est peut-être déjà passé.

— Et la maison est sans doute toujours surveillée.

— Dans ce cas, nous n'avons pas intérêt à rester trop longtemps dans la voiture. On pourrait se faire remarquer.

Ree renchérit :

— Ne serait-ce que par les voisins, qui s'inquiéteraient de la présence d'une voiture inconnue. C'est le genre de quartier à avoir mis en place une vigilance citoyenne.

Quint descendit de la jeep et en fit le tour pour ouvrir la portière de Ree.

Main dans la main, ils se dirigèrent vers la maison de Nicole, et Ree pria pour qu'ils ne se jettent pas dans la gueule du loup.

389

17

Ree garda la tête baissée tandis qu'ils remontaient l'allée goudronnée de ce qu'elle s'amusait à qualifier de mini-château.

Elle glissa un regard à Quint, quand il leva le poing pour frapper à la porte.

— Promets-moi que tu n'auras jamais envie de vivre dans une baraque pareille, dit-elle, entre ses dents.

Il rit, mais l'enthousiasme à propos de leur avenir avait disparu de ses yeux, et ça effrayait Ree bien plus que tout ce qu'ils pourraient affronter aujourd'hui.

Quint frappa sur le battant, puis il sonna pour faire bonne mesure.

— Qui est-ce ? demanda une voix féminine, dont Ree présuma qu'elle devait appartenir à Nicole.

Une ombre passa derrière le judas.

Ree poussa Quint dans le champ de vision de la maîtresse des lieux. Il avait le don de se faire ouvrir toutes les portes dès qu'une femme avait eu l'occasion de bien le regarder.

Elle lui prit aussi la main, histoire de marquer son territoire.

— Bonjour, je m'appelle Quint, et je suis avec ma femme, Ree. Nous ouvrons une nouvelle affaire le mois prochain, à l'angle de Teel et Main, et nous aimerions vous expliquer de quoi il s'agit, si vous avez un moment.

Ree se montra à son tour, tout sourire.

La clé tourna dans la serrure, et la lourde porte de chêne s'ouvrit.

— Entrez, dit Nicole.

Une télévision fonctionnait à plein volume, quelque part au fond de la maison.

Nicole les guida vers un salon, se rapprochant du vacarme. Un petit garçon, à l'épaisse chevelure noire, était assis par terre, et semblait fasciné par un dessin animé. Il y avait des jouets éparpillés un peu partout, comme si on avait renversé une caisse et laissé son contenu se répandre n'importe comment.

Ree chercha un signe de la présence de Giselle, comme un sac à main oublié dans sa hâte à aller se cacher avant que sa sœur ouvre la porte.

Rien ne lui parut insolite.

— Votre fils est adorable, dit Quint, tandis qu'ils suivaient Nicole vers une table, autour de laquelle chacun s'assit.

— Merci, dit-elle, avec un grand sourire. Mais ce n'est pas mon fils. Il est à ma...

Elle sembla se ressaisir, avant d'ajouter :

— Voisine. Je le garde pendant qu'elle travaille.

— Oh ! c'est vraiment gentil de votre part, approuva Ree. Qu'est-ce qu'il est mignon !

Nicole jeta un coup d'œil à Axel, et Ree perçut de l'inquiétude dans son expression.

Le contraste entre les deux sœurs était saisissant. Nicole avait fait un beau mariage, ne travaillait pas, et menait une vie de famille tranquille. Elle avait les cheveux tirés en queue-de-cheval, un maquillage soigné et une tenue de bon goût. Giselle arborait des tenues sexy, un maquillage outrancier et passait son temps à faire la fête avec des criminels.

— Parlez-moi de cette activité que vous commencez, demanda Nicole, après leur avoir proposé une tasse de café, ce qu'ils avaient décliné. Et, je vous en prie, dites-moi que ce n'est pas encore une onglerie. Il y en a déjà à ne plus savoir qu'en faire.

— Non, rien de ce genre, s'empressa de la rassurer Quint.

C'était une bonne chose qu'il mène la conversation, car Nicole semblait fascinée par son physique.

— Nous offrons une préparation au brevet des collèges, et un soutien scolaire à tous ceux qui en ressentent le besoin.

— Oh ! mais quelle excellente idée ! approuva Nicole.

Elle s'était légèrement redressée en parlant, cambrant les reins, et projetant en avant sa volumineuse poitrine. Après tout, songea Ree, elle n'était peut-être pas si différente que ça de Giselle.

Affichant une expression aimable, elle regarda autour d'elle, comme si elle admirait le décor.

Des portraits des enfants trônaient sur le manteau de la cheminée, visiblement réalisés par un photographe professionnel. Il y avait aussi un cliché où toute la famille était réunie. Tout le monde portait un jean et une chemise blanche. En revanche, il n'y avait pas de photos des sœurs ensemble ni de la famille au sens large.

Le petit garçon ne quittait pas la télévision des yeux. Il ne semblait pas que sa mère se soit trouvée dans la pièce quelques instants plus tôt. Rien non plus ne laissait supposer que Giselle se cachait là.

Devaient-ils s'inquiéter que Nicole ait l'air de ne pas avoir parlé à sa sœur depuis un moment ? Si ça avait été le cas, elle n'aurait pas ouvert sa porte aussi facilement à des inconnus.

Il était possible aussi que Giselle n'ait pas voulu inquiéter sa sœur, si elle avait décidé de disparaître seulement quelques jours, le temps de laisser passer l'orage.

Même si Ree avait des raisons de lui en vouloir, elle espérait que Giselle n'avait pas été enlevée, ou éliminée.

Cette pensée lui arracha un frisson. Dans ce milieu, tout était possible. De plus, ses membres ne semblaient pas considérer les femmes comme étant intouchables, contrairement à la coutume dans la plupart des organisations criminelles.

Tandis que Quint terminait son argumentaire de vente, Ree observait plus longuement l'enfant, s'amusant de ses mimiques devant le dessin animé.

— Vous avez prévu de fonder bientôt une famille ? demanda soudain Nicole, l'arrachant à ses pensées.

— Comment savez-vous que ce n'est pas déjà le cas ?

— Oh ! j'ai remarqué comment vous regardiez mon… le fils de ma voisine. Je connais ce regard.

Nicole avait failli reconnaître que l'enfant était son neveu, et elle se demanda si elle savait qui était son père, et connaissait le genre de vie que menait vraiment sa sœur.

— Il est adorable, mais non, nous n'envisageons pas d'avoir d'enfants tout de suite. Pour le moment, nous sommes seulement en train d'organiser notre mariage.

— Je dis que c'est ma femme, parce que nous sommes ensemble depuis longtemps, expliqua Quint. Et parce qu'elle l'est déjà dans mon cœur.

Ree réalisa alors qu'elle venait de gaffer.

— Et nous espérons que vous ferez appel à nous quand vos enfants seront en âge d'aller au collège, dit-elle, en essayant de détourner l'attention de son erreur. Nous considérons nos clients comme des membres de la famille, et nous serions ravis d'aider vos enfants à atteindre leurs objectifs scolaires.

— C'est une excellente idée. Il y a tellement de compétition au collège de nos jours qu'il faut mettre toutes les chances de son côté.

Ree ne savait pas comment ça se passait maintenant. Ses années au collège lui semblaient remonter à des siècles. Mais les règles d'admission devaient être hors de contrôle, maintenant. Elle avait eu connaissance de différents scandales impliquant des célébrités et des chefs d'entreprise qui avaient essayé d'acheter des places pour leurs enfants.

— C'est pour ça que nous sommes là, dit Quint. Comme nous n'allons ouvrir que dans un mois, nous n'avons pas encore reçu nos cartes de visite. En attendant, ça nous aiderait que vous en parliez à votre entourage.

— Avec plaisir. Ma blanchisseuse se trouve par là, et je connais bien le quartier dont vous parlez. Vous avez choisi un excellent emplacement.

— Nous l'espérons, dit Quint. Nous avons l'intention de nous dévouer corps et âme à notre activité, et nous espérons être utiles à la communauté.

— Un tel dévouement est vraiment remarquable.

Ree était certaine d'avoir vu rougir Nicole. Elle le

comprenait. Quint avait toujours cet effet sur les femmes. Il était incroyablement beau, avec un côté sauvage et rude qui lui conférait un magnétisme irrésistible.

— Vous vivez par ici ? voulut savoir Nicole.

— Nous faisons construire dans le quartier de Legacy, répondit Quint.

Ree approuva d'un signe de tête.

— Ça ne m'étonne pas. Cependant, je croyais qu'il n'y avait plus un emplacement de libre.

— Il faut croire que nous avons eu de la chance, affirma Quint. Un désistement de dernière minute.

Nicole se leva, et ils l'imitèrent.

— Soyez les bienvenus dans la communauté.

— Merci, dirent-ils, à l'unisson.

— Excusez-moi de vous chasser comme ça, mais je dois donner son déjeuner à Axel, et le coucher pour la sieste.

— Merci de nous avoir accordé du temps, dit Quint en tendant la main.

Nicole parut un peu trop empressée à la serrer.

— Vous nous avez été d'une grande aide.

— N'hésitez pas à revenir.

Quint escorta Ree vers la voiture, une main posée au creux de son dos.

Le contact lui manqua dès qu'elle se hissa dans l'habitacle.

Il attendit d'avoir quitté la rue avant de parler.

— Je ne crois pas que nous soyons suivis.

— Je sais, dit Ree. J'ai vérifié aussi.

Et, de fait, il l'avait surprise à regarder dans le

rétroviseur latéral à trois reprises depuis qu'il avait quitté le quartier résidentiel. C'était une bonne chose, on n'était jamais trop prudent quand on avait affaire à l'organisation A-12.

— Je n'ai vu aucun signe de Giselle dans la maison, dit-il. Et Nicole ne semblait pas stressée.

— Ce qui peut vouloir dire que Giselle n'a pas pris contact avec elle avant sa disparition.

— J'avoue que ça m'inquiète. Pourquoi n'a-t-elle pas prévenu sa sœur ? D'autant que Nicole a l'air d'aimer beaucoup le petit Axel.

— Nous ne savons pas si elles s'entendent si bien que ça, et à quelle fréquence elles communiquent.

Quint soupira.

— Quel dommage que nous n'ayons pas pu sortir nos insignes, et aller droit au but.

— Je suis d'accord.

Ree se cala contre son siège, et se pinça l'arête du nez.

— Tout va bien ? s'inquiéta Quint.

— Oui, j'ai juste un peu mal à la tête.

Elle manœuvra son dossier pour l'incliner davantage.

— Et c'est bizarre… Nous avons pris le petit déjeuner il n'y a pas si longtemps, et j'ai déjà faim.

— C'étaient essentiellement des glucides. Le corps les assimile assez vite. Ça donne un regain d'énergie sur le moment. Il n'y avait pas assez de protéines pour tenir toute la journée.

Il la trouvait un peu pâle, mais il n'avait pas vraiment la possibilité de bien la regarder, tandis qu'il roulait sur l'autoroute.

Le temps orageux semblait porter sur les nerfs des conducteurs, qui faisaient absolument n'importe quoi, changeant de voie sans clignotant, doublant par la droite, essayant de faire la course entre eux.

Il ne savait pas pourquoi, mais la menace de pluie au Texas rendait les conducteurs complètement cinglés.

Pourtant, conduire sous la pluie n'était pas si compliqué que ça. Il suffisait de rouler un peu plus doucement, et d'être un peu plus attentif. Rien de bien sorcier.

— En fait, j'ai un peu mal au cœur, annonça Ree.
— Tu as besoin de quelque chose ?

Tout en posant la question, il réalisa qu'il n'y avait pas grand-chose dans la jeep qui pourrait lui être utile si elle ressentait le besoin de vider son estomac.

— Tu pourrais t'arrêter au prochain café, suggéra-t-elle.
— Bien sûr, dit-il aussitôt. Nous avons le temps.

Il sortit à la première aire de repos.

— Et toi, tu te sens comment ? demanda Ree.
— Moi ? Très bien, pourquoi ?
— Je me demandais si nous n'avions pas mangé un aliment avarié, dit-elle, tandis qu'il se garait le plus près possible des toilettes.

Ree jaillit hors de la voiture, et se rua vers le bâtiment.

Resté seul, Quint se dit soudain qu'il était arrivé la même chose à Tessa, peu avant qu'elle lui annonce sa grossesse. Elle aussi avait mis son malaise sur le compte d'une intoxication alimentaire.

Serait-il possible que Ree soit enceinte ?

Elle le lui aurait dit.

Ou peut-être pas...

Non, elle n'essaierait pas de lui dissimuler ce genre d'information.

Était-ce pour cette raison qu'elle avait parlé de désir

d'enfant, comme ça, au débotté ? Était-ce une façon de tâter le terrain et de voir sa réaction ?

Pendant un bref instant, Quint crut qu'il allait être malade aussi.

Il n'était absolument pas prêt à être père. En revanche, il était prêt à être le mari de Ree, à condition qu'elle ne veuille pas d'enfants.

Ce n'était pas très juste, et il en avait conscience. Ils n'avaient jamais évoqué la possibilité d'avoir une famille, avant de s'engager. Mais n'était-ce pas une étape logique pour un couple ?

La voyant revenir, légèrement titubante, il se précipita vers elle.

— Je peux faire quelque chose ?

Elle secoua la tête.

— Ah, si ! se ravisa-t-elle. Me trouver une bouteille d'eau.

— Il n'y en a pas dans la voiture. Mais je peux faire un saut à la supérette qui jouxte la station-service.

— Vas-y, dit-elle.

Mais il hésitait à la laisser seule, dans cet état de faiblesse.

— Tu es sûre que ça va aller ?

— Je vais beaucoup mieux. Je crois que c'est passé. Je vais attendre dans la voiture.

— Je fais le plus vite possible.

Tandis qu'il courait vers la station, Quint s'interrogeait encore sur la probabilité d'une grossesse.

Ree le lui aurait dit, se répéta-t-il.

À moins qu'elle ne le sache pas elle-même.

Il était peut-être encore trop tôt, et elle ne l'avait pas réalisé.

Il acheta la plus grande bouteille d'eau qu'il put trouver, et revint au pas de course.

Ree avait incliné son siège au maximum, et se reposait, un bras en travers des yeux.

— Tiens, dit-il, tout en se glissant derrière le volant.

Ree prit la bouteille, but une gorgée, et ouvrit la portière pour tout recracher.

Quint s'affola. Elle n'avait vraiment pas l'air bien. Que diable était-il censé faire maintenant ?

18

Son estomac regimbait, et Ree ne comprenait pas pourquoi.

Au début, elle avait pensé que c'était un problème de nourriture. Peut-être le fromage frais dont elle avait si généreusement tartiné son bagel quelques heures plus tôt. Mais, dans ce cas, Quint aurait été malade aussi. Ils avaient mangé exactement la même chose.

— Désolée, dit-elle. Je n'ai pas pu me retenir.

— J'ai demandé un sac en plastique à la vendeuse. Elle m'a regardé comme si j'étais un dangereux criminel prêt à détruire l'environnement.

Il lui tendit le sac.

— Merci. Je ne comprends pas ce qui ne va pas.

— Rentrons à la maison. Tu te sens prête à reprendre la route ?

— Ça devrait aller, dit-elle, en redressant son siège pour boucler sa ceinture.

Elle espérait qu'il ne s'agissait pas d'un virus, mais plutôt d'une réaction d'épuisement, après des semaines d'enquête. Ces derniers temps, ils fonctionnaient à vide, manquant de sommeil, se nourrissant mal et irrégulièrement, repoussant toujours un peu plus leurs limites physiques…

Ils en étaient déjà à leur quatrième mission en quelques semaines, et n'avaient même pas eu le loisir de s'accorder une vraie pause.

Le retour à l'appartement fut comme avoir le mal de mer, mais sans port en vue. Ree songea vaguement qu'il faudrait avertir Nicole du risque d'exposition à un virus. Mais, sans réelle certitude, c'était un peu prématuré.

Le stress de cette enquête la rongeait comme jamais. Si toutes les affaires qu'elle avait traitées avaient été aussi intenses, elle n'aurait jamais tenu le choc et aurait démissionné depuis longtemps.

Le seul répit qu'elle s'était accordé entre la deuxième et la troisième enquête avait consisté à aller déjeuner chez sa mère un dimanche.

Évidemment, ça s'était terminé par une dispute, parce que sa mère avait remarqué d'un ton pincé qu'elle n'était pas douée pour les tâches domestiques.

Eh bien, même si elle se mariait – elle espérait que le sujet était toujours d'actualité –, il n'était pas question que Quint la force à préparer les repas tous les jours. Elle ne ferait pas de tartes le dimanche non plus !

Quoi qu'il en soit, elle se rendait compte qu'elle pouvait maintenant pardonner à sa mère leurs différends passés. C'était seulement l'expression des inquiétudes d'une mère pour sa seule fille, exacerbées par la perte de son mari.

C'était vraiment une situation triste quand Ree y pensait en adoptant le point de vue de sa mère. Mais, contrairement à celle de Quint, son enfance avait été emplie d'amour, et il y avait toujours eu du monde autour d'elle.

Qui avait accompagné Quint au fil des années ? Il avait parlé d'un policier municipal. Un certain Jazz. Et il y avait sa mère, qu'il dépeignait toujours comme une sainte.

Elle aurait bien aimé rencontrer la femme qui avait mis au monde un être humain aussi exceptionnel.

Parce que son père les avait abandonnés, Quint avait dû apprendre à se débrouiller seul. Était-ce pour cette raison qu'il mettait une telle détermination à ne pas dépendre des autres ? Était-ce aussi pour cela qu'il avait tant de mal à envisager d'avoir un enfant ?

Il avait évoqué sa crainte de propager ses gènes. Redoutait-il que ses enfants tiennent de leur grand-père ?

Ree aurait pu lui opposer que l'environnement comptait davantage que l'hérédité. De plus, ça n'aidait pas que Quint passe sa vie à arrêter des criminels. Quand on ne voyait que le mauvais côté de l'humanité, il y avait de quoi se décourager.

Sans sa famille, Ree n'aurait peut-être pas gardé foi en l'être humain. Quand elle était au ranch, le dimanche, entourée par ses frères et par les enfants de Shane, elle se disait que la vie était belle, et qu'elle y contribuait en faisant régner l'ordre.

D'une certaine façon, ne perpétuait-elle pas la mémoire et les valeurs de son père ?

Il y avait sûrement un peu de vrai dans cette idée. Au tout début de sa carrière, elle s'était vraiment sentie proche de son père, comme si le fait de suivre ses pas tissait un lien entre eux. Cette sensation s'était émoussée avec le temps, mais son travail lui plaisait. Elle s'y était investie totalement, grimpant les échelons les uns après les autres, atteignant les objectifs qu'elle s'était fixés.

Au fil des années, elle n'avait plus pensé aux risques que lui faisait courir son métier. Si quelque chose lui arrivait en mission, elle ne manquerait à personne. Bien sûr, sa famille serait attristée, mais elle ne laisserait derrière elle ni mari ni enfant.

Mais elle n'avait tout simplement pas envisagé la situation du point de vue d'une mère. Maintenant qu'elle en avait pris conscience, elle comprenait pourquoi sa mère avait fait une telle crise quand elle avait annoncé son souhait d'entrer dans les forces de l'ordre.

Ree était tellement perdue dans ses pensées qu'elle n'avait pas remarqué le silence de Quint.

— Ça va aller, dit-elle.

Elle voulait le rassurer, pensant qu'il était inquiet à l'idée qu'elle ait pu attraper quelque chose.

Elle n'obtint qu'un grommellement en réponse. Ses traits tirés et son front creusé de plis soucieux donnaient une idée de son niveau de stress.

Quint avait pour habitude de rester silencieux dans les moments d'intense concentration ou de tension. En tant qu'agent, il devait déployer tous ses talents de communication. Mais, dans sa vie personnelle, ce n'était pas exactement la même chose.

Quint gara la jeep et en sortit aussitôt. Il fit le tour de son côté pour lui ouvrir la portière, avant même qu'elle ait eu le temps de défaire sa ceinture de sécurité.

— Tu as besoin d'aide pour marcher ? demanda-t-il.

Son inquiétude était charmante, mais absolument pas nécessaire. Elle avait déjà connu pire.

Avait-il peur qu'elle ne soit mise sur la touche jusqu'à la fin de l'enquête ? Ou bien qu'elle ne travaille pas à cent pour cent de ses capacités ?

— Non, merci, dit-elle. Je me sens beaucoup mieux.

Il l'observa durant le trajet en ascenseur. À le voir grimacer d'un air sceptique, elle comprit qu'il ne la croyait pas tout à fait honnête.

— Tu peux me dire la vérité, insista-t-il. Comment te sens-tu, vraiment ?

— J'ai de nouveau mal au cœur, reconnut-elle.

L'ascenseur sonna, indiquant qu'il était arrivé à leur étage.

Quint se hâta d'ouvrir la porte de l'appartement, et Ree fila vers la salle de bains, en jetant son sac par terre au passage.

Il en profita pour consulter son téléphone. Pour le moment, il n'y avait rien qu'il puisse faire… à part peut-être aller acheter un test de grossesse.

Lindy l'avait bombardé de SMS, plus désespérés les uns que les autres. Était-ce une ruse pour détourner les soupçons, ou n'avait-il vraiment aucune idée de l'endroit où se trouvait Giselle ?

Quint ne savait vraiment pas que lui répondre. Il faut dire qu'il avait d'autres préoccupations en tête.

Il envoya un SMS à l'agent Grappell, pour lui demander d'organiser une rencontre avec Axel Ivan. Ce n'était pas une nouvelle qu'il voulait communiquer au téléphone. Il avait besoin de voir la réaction d'Axel quand il lui apprendrait la disparition de sa petite amie. Il avait aussi besoin de savoir si Giselle avait été en contact avec lui récemment.

Considérant le chaos au sein de A-12, il était possible qu'une sorte de guerre de succession soit en cours. Les arrestations avaient créé des remous. Certains pensaient-ils que Dumitru devait passer la main ?

Quint n'avait pas reposé son téléphone, et celui-ci vibra dans sa main.

Il y a eu un incident avec Axel.

Le message de Grappell lui fit un choc.

Il l'appela aussitôt, tout en courant à la porte de la salle de bains.

— Quel genre d'incident ? demanda-t-il, dès que Grappell eut décroché.

— Agression. Il a été transporté à l'infirmerie. Je n'en sais pas plus. Tout a l'air très confus, et le directeur de la prison n'a rien pu me dire.

— Nous y allons immédiatement. Faites en sorte qu'on nous accorde un accès.

— Je vais voir ce que je peux faire. Mais un protocole renforcé a été mis en place pour les visites. Ça ne va pas être facile.

— Je vous fais confiance. Au besoin, mentionnez le nom de Bjorn. Ça a fait des miracles pour nous l'autre soir.

— Donnez-moi dix minutes, dit Grappell, juste avant de mettre fin à la communication.

— Que se passe-t-il ? demanda Ree, à travers la porte.

— C'est Axel. Il a été agressé au centre pénitentiaire où il a été transféré.

— C'était couru d'avance. Nous aurions dû nous en douter après la disparition de Giselle.

— Nous ne savons pas si c'est lié.

La porte venait de s'ouvrir, et Quint recula pour laisser le passage à Ree.

Il l'accompagna jusqu'à la cuisine, en se demandant si elle pouvait prendre quelque chose pour soulager ses maux d'estomac. Il y avait sûrement de quoi faire dans le kit médical conservé dans la mallette blindée. Mais, n'ayant pas côtoyé de femmes enceintes – à l'exception de Tessa, qui était très discrète sur sa grossesse –, il ne savait pas ce qui était autorisé.

Évoquer le sujet avec Ree, si elle n'était pas préparée à cette éventualité, risquait de lui faire perdre les pédales. Même si elle le savait, d'une manière inconsciente, elle faisait peut-être un blocage.

Aucun scénario n'étant acceptable pour le moment, il remisa provisoirement le sujet.

— Axel avait sans doute imaginé qu'on s'en prendrait à lui, et il a prévenu Giselle qu'elle devait se mettre à l'abri, suggéra Ree. Que deviennent sa femme et sa fille ? Elles sont toujours sous protection renforcée ?

Quint prit son téléphone, et envoya une série de questions à Grappell par SMS.

— On le saura bientôt, dit-il. En attendant, est-ce que je peux faire quelque chose pour toi ?

— J'aimerais bien des crackers. Ou des flocons d'avoine.

Elle était encore très pâle, et il se demanda s'il était raisonnable qu'elle charge son estomac.

— Nous devons parler à Axel, ajouta-t-elle. Je suis certaine qu'il ne nous a pas tout dit.

— Je suis d'accord, mais je ne sais pas s'il est en état de parler.

— Alors, il faut le faire sortir de là-bas, et le mettre en sécurité, dit-elle, avec conviction.

— Je ne crois pas que tu sois en état d'aller où que ce soit.

— Eh bien, j'emporterai un rouleau de sacs-poubelle s'il le faut, insista Ree. Nous devons lui parler face à face.

— Je suis d'accord. Mais je ne veux pas que tu fasses d'efforts.

Pensive, elle se mordilla l'intérieur de la joue.

— Il faut juste que je mange quelque chose, et ensuite ça ira mieux. Ça doit être une petite intoxication alimentaire.

Quint n'avait surtout pas envie de perturber Ree avant qu'ils prennent la route.

— Écoute, tu restes ici pendant que Grappell se décarcasse comme d'habitude, et je vais descendre acheter quelques provisions. Je suis sûr qu'un peu de soupe de poulet te fera le plus grand bien.

— Pas question ! Il faut sortir Axel de là immédiatement. Après une agression, la procédure c'est de déclarer une quarantaine. Personne n'entre. Personne ne sort. Ça veut dire que son agresseur aura tout le loisir de s'en prendre à lui à l'infirmerie. Car je suppose que c'est là qu'il est.

Quint jura entre ses dents, avant d'appeler Grappell.

— Je mets le haut-parleur, annonça-t-il.

— Pas de problème.

— Il faut faire sortir Axel de prison et lui faire intégrer le WITSEC.

— J'y travaille.

— Vous avez besoin d'une escorte ? demanda Ree. Parce que nous sommes disponibles, et nous devons lui parler. Comme ça, nous pourrions faire d'une pierre deux coups.

Malgré ce rebondissement dans l'enquête, Quint ne pouvait chasser de ses pensées la question de la grossesse de Ree. C'était le pire moment pour évoquer le sujet, mais il n'était pas certain de pouvoir tenir sa langue longtemps.

Lorsque cette conversation téléphonique serait terminée, il poserait franchement la question à Ree.

19

— Pour ce qui est d'une escorte, répondit Grappell, je ne sais pas encore si nous allons pouvoir faire sortir Axel de prison. Et je doute que le directeur confie à des inconnus un prisonnier dont il a la responsabilité.

— Pouvons-nous prendre le risque de lui dire que nous appartenons à l'ATF ? demanda Ree.

— C'est une possibilité, répondit évasivement Grappell.

— Je suis bien consciente qu'il vaut mieux éviter de jouer cette carte, tant que nous sommes en infiltration, dit Ree. C'était juste pour savoir.

— Et Bjorn ? demanda Quint, elle ne peut rien faire pour nous ? Elle a accompli un petit miracle, la nuit dernière.

— Elle ne pourrait pas utiliser sa baguette magique pour faire s'ouvrir les portes ? ajouta Ree.

— Pas avec une quarantaine.

Grappell laissa entendre un léger soupir, avant de reprendre :

— Le marshal chargé de la sécurité de Laurie et d'Ariana Ivan a reconnu qu'il y avait eu une faille de sécurité. Il est en route pour aller chercher et relocaliser ces témoins.

— Comment est-ce possible ? demanda Ree.

La frustration lui permettait de penser à autre chose qu'à une envie de vomir qui se faisait de nouveau sentir.

Encore ? Mais que lui arrivait-il, à la fin ?

Ree s'excusa et se rua vers la salle de bains, en espérant que rien d'intéressant ne se passerait pendant son absence.

Quand elle en sortit, quelques minutes plus tard, elle constata que Quint avait quitté l'appartement.

Furieuse, elle prit son téléphone pour l'appeler et lui dire ce qu'elle pensait, quand elle remarqua qu'elle avait un SMS.

Sorti acheter des crackers.

Elle se sentit honteuse d'avoir jugé trop vite. Non, Quint n'avait pas filé en douce, en l'excluant de l'enquête « pour son propre bien ».

Ça ne lui ressemblait pas de s'inventer des histoires, et de se laisser submerger par des émotions à propos de quelque chose qui n'avait même pas eu lieu.

Elle n'était vraiment pas dans son assiette, et elle avait hâte que son problème de santé passe, car elle détestait être comme ça.

D'ailleurs, elle n'était pas du genre à rester au lit toute la journée à se plaindre et à gémir parce qu'elle avait un peu de toux. C'était à ses yeux une colossale perte de temps.

Vomir, c'était une tout autre chose, et elle avait juré qu'elle se l'interdirait, après une expérience particulièrement horrible à l'école primaire. Elle avait tenu bon, et n'avait plus jamais vomi. Jusqu'à aujourd'hui.

Quand la porte de l'appartement s'ouvrit, elle se sentait déjà beaucoup mieux.

— Les crackers, annonça fièrement Quint, en agitant la boîte. Et deux ou trois bricoles dont tu pourrais avoir besoin.

— Tu es un homme extraordinaire ! s'exclama-t-elle.

— Et sexy, ajouta-t-il, avec un clin d'œil.

— C'est vrai.

— Tu as l'air d'aller mieux, dit-il, en déposant les deux sacs en papier sur le comptoir.

— Oui. Et c'est bizarre, parce que je me sentais vraiment mal quand tu es parti.

Quint sortit deux boîtes de soupe de poulet.

— On ne peut rien faire en attendant d'avoir des nouvelles de Grappell. Même avec les relations de Bjorn, ça peut prendre quelques heures avant d'avoir le feu vert.

Tout en parlant, il continuait à vider les sacs de leur contenu.

— Je n'ai pas encore répondu à Lindy, parce que je ne sais pas que lui dire, ou lui demander, avant que nous nous soyons entretenus avec Axel. Donc, nous sommes coincés ici, et j'ai décidé de te chouchouter un peu.

Ree n'avait pu se retenir de déchirer la boîte de crackers et de s'y attaquer voracement. La fine pâte croustillante, avec juste ce qu'il fallait de sel, était son idée de la perfection.

Le contenu d'une boîte de soupe avait été réchauffé, versé dans un bol, et servi par l'homme qui semblait concourir pour le prix du compagnon le plus sexy du monde.

Elle avait toujours trouvé érotique de voir un homme cuisiner. Et il suffirait qu'il fasse tourner une machine à laver pour qu'elle ne puisse plus se contrôler.

Ce n'était probablement pas le bon moment pour mentionner qu'elle ne serait pas contre l'idée de faire l'amour. L'appel de Grappell pouvait arriver à tout moment, et ils devaient se tenir prêts à partir. Leur marge de manœuvre pour faire sortir Axel et prendre en charge son transport était serrée.

— Lindy a repris contact avec toi, récemment ? demanda-t-elle.

— Non, marmonna Quint.

Il lui tournait le dos, et se servait un café. Quand il pivota vers elle, sa tasse à la main, il avait l'air perplexe et désemparé, ce qui ne lui arrivait jamais.

— Écoute, commença-t-il.

Ree était tétanisée sur sa chaise, sous le choc à l'idée qu'il allait dire quelque chose de sérieux.

— Je ne veux pas que tu paniques à cause de ce que je vais te dire.

— C'est difficile de promettre quelque chose, quand on ne sait pas ce qui va suivre.

Elle était très mal à l'aise, imaginant les pires scénarios.

— Je pense qu'il est important pour nous d'être totalement honnêtes l'un envers l'autre. J'ai eu des relations sentimentales et des amitiés où il y avait des secrets, et les dommages que ça crée peuvent être irréparables.

Le pouls se Ree s'accéléra.

— Je suis d'accord sur le fait que le manque

d'honnêteté détruit les liens. Et après ? Où veux-tu en venir ?

— Je ne sais pas comment tu vas prendre ce que j'ai à dire, et…

— Crache le morceau !

Il soupira, puis il plongea la main au fond d'un des sacs en papier, et en sortit une boîte qu'il plaça devant elle sur le comptoir.

Ree écarquilla les yeux.

Il n'y avait pas grand-chose pour la surprendre. Mais ça ?

— Un test de grossesse ? dit-elle, médusée.

— Vu ta réaction, je suppose que tu n'as pas envisagé que tu pourrais être enceinte.

— Effectivement.

Quint espérait qu'il s'agissait d'une fausse alerte. Il ne se sentait pas du tout prêt à apprendre qu'il allait devenir père, alors qu'il n'avait même pas encore décidé s'il voulait des enfants. Peut-être plus tard. Beaucoup plus tard.

— Mon récent désir d'enfant a surgi spontanément, je te le jure, dit Ree. Je n'ai rien planifié. Je ne savais même pas que j'étais…

La façon dont elle bafouillait et cherchait ses mots, son expression profondément choquée faisait presque regretter à Quint d'avoir abordé le sujet. Mais, si elle était enceinte, ils devaient le savoir. Dans ces conditions, elle aurait à se retirer de l'enquête.

Il revit Tessa lui annoncer sa grossesse, en souriant avec attendrissement, et en se caressant le ventre. Elle avait aussi reconnu qu'elle était nerveuse et qu'elle avait peur de faire naître un enfant dans ce monde, et de l'élever seule.

Il avait promis de jouer les pères de substitution. Et, pour commencer, il tenait à être le parrain de l'enfant. Il lui avait dit que tout se passerait bien, et qu'elle n'avait rien à craindre.

Et maintenant ? N'était-ce pas hypocrite d'avoir dit ça à Tessa, et de paniquer à l'idée que Ree pourrait être enceinte ?

— Bon sang, dit-il. Je suis un imbécile de première !

Ree le regarda sans comprendre.

— Quand Tessa m'a annoncé qu'elle était enceinte, j'ai tout fait pour la rassurer, expliqua-t-il. Je lui ai dit qu'elle serait une mère formidable, et qu'elle n'avait rien à craindre parce que je serais toujours là pour l'aider.

Ree colla son menton sur sa poitrine, en un geste qu'elle faisait souvent quand elle était gagnée par l'émotion, et qu'elle ne voulait surtout pas qu'il voie ses yeux s'emplir de larmes.

— J'étais prêt à jouer les héros pour ma meilleure amie, continua-t-il. Mais, le truc, c'est que tu es bien plus que ça pour moi. Tu es une amie, une coéquipière, la femme que j'aime et avec qui je veux passer le reste de ma vie. Et comment j'ai réagi quand tu m'as dit que tu voulais des enfants ?

— La situation n'est pas la même.

— Ah, bon ? Comment ça ?

Il était curieux d'entendre l'explication de Ree car, d'après lui, il l'avait laissée tomber de la pire façon possible.

— Tessa était déjà enceinte, et effrayée. Moi, je

te parlais de planifier la naissance d'un enfant. Mon frère Shane a deux enfants, et je me souviens combien il a paniqué quand il a appris que sa femme attendait le premier. Il disait que c'était de la folie de vouloir s'imposer une telle responsabilité.

— Tandis que toi, tu y as réfléchi, et tu as décidé que c'était une bonne idée ?

— Pas avant de te rencontrer.

Ces paroles étaient comme un poignard dans le cœur de Quint.

— Normalement, je n'aurais jamais cherché à avoir une famille. Mais avec toi tout semble possible. Si tu es enceinte, je ne veux pas que ce soit une mauvaise chose, ou une chose effrayante. Parce que je serai toujours là pour toi.

Il chercha son souffle, ému.

— Tu es tellement plus que ma meilleure amie et ma partenaire de vie. Tu es mon grand amour.

Une larme solitaire coula de l'œil de Ree, et roula sur sa joue.

— Je t'aime aussi, et je veux affronter avec toi ce que la vie nous réserve.

Quint fit le tour du comptoir et prit sa future femme dans ses bras. Ils accompliraient n'importe quoi tant qu'ils pourraient s'appuyer l'un sur l'autre.

Il l'embrassa longuement, avec une tendresse infinie.

Quand ils se séparèrent, Ree se pencha pour attraper le test de grossesse sur le comptoir.

— Je reviens tout de suite, dit-elle, avant de se diriger vers la salle de bains.

Ree réapparut quelques minutes plus tard, avec le test posé sur une coupelle.

Elle déposa le tout sur le comptoir.

— Trois minutes, annonça-t-elle. C'est ce qu'il nous reste à attendre.

Le téléphone de Quint bipa.

Il consulta l'écran.

— C'est Grappell. Nous devons y aller. Tout de suite !

20

— Que fait-on du test ? demanda Ree.

La vie vous jouait parfois de drôles de tours !

Elle attendait la réponse la plus importante de sa vie, et elle devait partir.

— Il sera encore là quand nous rentrerons, répondit Quint, tout en glissant son arme dans son étui de cheville.

Elle l'imita, et ils se ruèrent vers la porte.

Il n'y avait pas si longtemps de cela, il s'inquiétait qu'elle ait à quitter l'enquête parce qu'elle était enceinte. Mais ils n'avaient pas le temps de s'arrêter à ces considérations. Le devoir les appelait.

Tandis qu'ils attendaient l'ascenseur, Ree fut tentée de retourner à l'appartement. Mais ça n'aurait servi à rien, à part lui faire perdre son temps. Le résultat n'était pas prêt. Et puis, comme ça, elle aurait tout le temps de se faire à l'idée d'une éventuelle grossesse.

— L'adresse est dans mon téléphone, dit Quint, en lui tendant l'appareil tandis qu'il se mettait au volant.

Il marqua une pause, juste le temps de remarquer :

— Tu as meilleure mine. J'aurais dû te le demander avant, mais tu te sens d'attaque pour ça ?

— Je me sens étonnamment en forme.

— Très bien, dans ce cas, dit-il.

Mais son intonation n'était pas très rassurée.

— Allons-y.

Ree hocha la tête en souriant, avant de reporter son attention sur le téléphone.

Elle cliqua sur le lien dans le SMS de Grappell, et une carte emplit l'écran. Une adresse apparut, indiquant Horton Road, à Forest Hill.

— Il est détenu dans un pénitencier pas très loin d'ici.

— Je connais. Il sera donc au centre médical d'Horton. C'est dans la même rue. Mais le building dépend de Fort Worth.

Ree ressentit le besoin de protester.

— Axel pourrait être reconnu dans cette zone. C'est stupide de l'avoir gardé dans le secteur Dallas/Fort Worth.

— Il faut que nous ayons une conversation avec le marshal chargé de la protection de sa femme et de sa fille. Si ça se trouve, il a été transféré ici pour être plus proche d'elles.

Ree s'en offusqua.

— Elles ne devraient pas être dans ce secteur non plus. Sa fille adolescente semblait plus préoccupée par le fait de devoir quitter son petit ami que par la menace qui pesait sur sa famille. En plus, le cerveau des adolescents n'est pas encore totalement développé, et ils prennent toutes sortes de mauvaises décisions.

Elle soupira.

— Je ne comprendrai jamais pourquoi on leur met un permis de conduire dans les mains à seize ans, alors que c'est l'âge où ils aiment prendre tous les risques.

— Notre enfant ne conduira pas avant l'âge de vingt ans, décréta Quint.

Les mots semblaient être sortis tout seuls de sa bouche, comme s'il ne se souciait pas de leur impact.

Avait-il décidé qu'elle devait être enceinte ? De son côté, elle n'en était toujours pas certaine.

Un rapide calcul lui avait permis de déterminer qu'elle était en retard dans son cycle, mais ça lui était déjà arrivé.

Il y avait quantité de raisons pour l'expliquer, à commencer par le niveau de stress imposé par leurs récentes enquêtes, et le fait qu'elle n'avait pas pris de vacances depuis longtemps.

Sa routine alimentaire avait volé en éclats.

Ses heures de sommeil n'étaient plus respectées.

Elle avait arrêté le sport.

Vraiment, plus elle y réfléchissait, plus elle se disait qu'il n'y avait aucune raison de s'inquiéter.

Avec ses vastes étendues de pelouse et son architecture de style espagnol, l'ensemble de bâtiments ressemblait davantage à un établissement scolaire qu'à un hôpital.

Ils se présentèrent à l'accueil et, après une vérification d'identité et une brève conversation, ils furent autorisés à entrer.

On les conduisit presque aussitôt auprès d'Axel.

— Je suis la seule à penser que ce n'est pas bon signe qu'Axel ne vienne pas à notre rencontre en fauteuil roulant ? murmura Ree.

Quint lui lança un regard signifiant qu'il était du même avis.

On leur indiqua une chambre, devant laquelle un agent montait la garde.

— Je vous attends dans le couloir, dit leur escorte.

Ils entrèrent, ne sachant pas à quoi s'attendre.

Axel était étendu sur un lit, mais il n'était pas relié à des machines. Son visage était gonflé, contusionné et entaillé.

Il marmonna quelque chose en les voyant, et Ree fut presque sûre qu'il essayait de leur dire bonjour.

Quint prit la seule chaise de la pièce et la rapprocha le plus possible du lit, tandis que Ree prenait place sur le rebord du matelas, de façon à pouvoir surveiller la porte, tout en ne perdant rien de ce qui se dirait entre les deux hommes.

— Je vous demanderais bien comment vous allez, dit Quint, mais je peux le constater moi-même.

Axel essaya de parler, mais il se mit à tousser.

— Vous voulez de l'eau ? proposa Quint.

Axel hocha la tête.

Il y avait une bouteille d'eau minérale sur la desserte à côté du lit. Quint la prit et la tendit au blessé.

— Vous voulez vous redresser ?

Nouveau hochement de tête.

Quint prit la télécommande, et tâtonna pour trouver comment mettre le lit en position assise.

Ree ne voyait pas comment ils allaient pouvoir transporter Axel dans ces conditions. Il n'avait pas l'air de pouvoir bouger, et il avait probablement besoin d'une assistance médicale permanente.

Le marshal chargé du transfert ne devrait-il pas être sur place ?

Elle sortit son téléphone de sa poche et posa la question à Grappell.

La réponse ne se fit pas attendre. Ils avaient battu le marshal de vitesse, mais celui-ci ne devrait pas tarder.

— Écoutez, dit Axel, d'une diction lente et laborieuse. J'ai des preuves contre Dumitru. C'est exactement ce dont vous avez besoin pour le faire enfermer pendant des années. J'ai des dossiers, des photos...

— Pourquoi nous dites-vous ça maintenant ? demanda Ree.

Cette information leur aurait été tellement utile lors de leur précédente mission.

Et elle aurait mis un terme à des semaines d'enquête, évitant dans le même temps bien des drames.

— C'était un moyen de pression contre Dumitru. Tant que je restais en vie, ça restait notre secret. S'il me faisait éliminer, quelqu'un de confiance se chargerait de tout transmettre aux autorités. Et ça a marché pendant un temps. Mais il est clair maintenant qu'il n'a plus aucune retenue. Et je sais qu'il ne me lâchera pas.

Axel se mit à tousser violemment.

Quand il essaya de parler de nouveau, il était à bout de souffle.

— Tout ce que je demande, c'est que ma femme et ma fille soient en sécurité. Elles n'ont rien demandé. Elles ne connaissent pas la nature de mes activités.

Ree avait des doutes à ce sujet. Elle avait rencontré Laurie, constaté son arrogance mêlée de désinvolture, évalué son train de vie...

— Où sont les preuves ? demanda Quint.

Axel tourna la tête vers Ree.

— Je crois que vous allez devoir épicer un peu votre garde-robe.

Ree baissa les yeux vers sa chemise en coton et son jean, ne voyant pas où il voulait en venir.

— Je faisais allusion à vos dessous.

Ils saisirent aussitôt l'allusion.

— Est-ce que Lizanne est impliquée ? demanda Quint.

Axel toussa de nouveau.

— Il l'a aidée au début, quand elle avait besoin d'argent pour ouvrir son commerce. Aujourd'hui, il veut être payé de retour. Il menace son activité, et elle n'en peut plus. Elle veut travailler honnêtement, et elle a un fils à protéger.

— Dumitru en est le père ? demanda Quint, et Ree posa machinalement la main sur son ventre.

— Non. Pas du tout. C'est un adolescent aujourd'hui. Il est très proche de sa mère, et il ne sait rien de son ancienne vie.

— Pourquoi ne dénonce-t-elle pas Dumitru ? demanda Quint.

— Vous êtes fou ? Les conséquences seraient terribles pour elle. Il lui enverrait des tueurs, comme il le fait avec moi. Je ne suis même pas en sécurité, alors que je suis sous protection rapprochée.

— Où sont les preuves ?

— Dans le faux plafond de la boutique de lingerie. Je les y ai placées moi-même. Lizanne n'est pas au courant.

— C'est bien pensé, reconnut Quint. Comme ça, elle peut les récupérer pour vous, si besoin. Vous savez qu'elle vous aidera.

— C'est vrai. Mais j'aurais préféré ne pas la mêler à tout ça.

— Et Giselle ? Elle est au courant ?

— Absolument pas ! Pourquoi ?

— Parce qu'elle a disparu. Je me disais que vous aviez peut-être quelque chose à voir avec ça.

— Oh ! non, dit Axel, et la tristesse dans sa voix était palpable. Et mon fils ?

— Il va bien. Nous l'avons constaté par nous-mêmes. Nicole n'a pas la moindre idée de ce qui se passe.

— Giselle est assez… imprévisible, mais je doute qu'elle puisse disparaître comme ça d'elle-même.

— Que pensez-vous de Lindy ?

Depuis le début, c'était toujours Quint qui posait les questions.

— L'organisation est instable. Certains essaient d'avancer leurs pions. Il est aussi pourri que les autres, mais il semble loyal à Dumitru.

Axel toussa de nouveau, et but une gorgée d'eau.

— Où seriez-vous en sécurité ?

Axel haussa les épaules, et ce geste lui arracha une grimace de douleur.

— Il est sans doute trop tard pour moi. Sauf si Dumitru va en prison.

— Nous allons essayer de vous mettre en sécurité. Puis nous irons chercher les preuves.

— Elles n'y seront peut-être plus.

— Nous verrons bien. Mais il faut que vous appeliez Lizanne pour la prévenir de nous laisser entrer.

— Vous ne pouvez pas juste récupérer les documents ?

— Pas si nous voulons qu'ils soient recevables devant un tribunal.

— C'est vrai. J'oubliais.

Axel grimaça, signifiant combien ça l'écœurait de se conformer strictement à la loi.

Quint alla demander un téléphone au garde, qui ne tarda pas à lui en fournir un.

— Vous vous rappelez son numéro ?

— Il se trouve que oui, répondit Axel, non sans fierté.

— Comment ça se fait ? demanda Ree, qui n'avait pas dit grand-chose jusque-là.

— C'est simple. Je connais Lizanne depuis des années, et elle est sur ma liste des personnes à prévenir quand je me fais arrêter. Je l'ai mémorisé, au cas où mon téléphone disparaîtrait.

Axel composa le numéro.

— Mettez le haut-parleur, demanda Quint.

Axel hocha la tête.

— Salut, ma beauté, dit-il à la seconde où Lizanne répondit.

— Axel ?

Il y avait de l'enthousiasme dans sa voix rauque de fumeuse.

— Oui. Tu es sur haut-parleur, parce que je suis avec des amis. D'accord ?

— Pas de problème. Qu'est-ce que je peux faire pour toi ?

— Faire visiter ta boutique à mes amis.

— Oh.

Il y eut un long silence. Puis :

— Je peux savoir pourquoi ?

— Il vaut mieux ne pas poser de questions.

— Comment je saurai que ce sont bien tes amis ?

— D'abord, c'est un couple. Ensuite, ils te donneront un mot de passe.

Axel regarda autour de lui. Son regard tomba sur un fruit dans une assiette, sur la desserte.

— Pomme, dit-il.

— Pomme. J'ai compris.

— Merci. J'ai une dette envers toi.

— Non, pas du tout. Tu plaisantes, ou quoi ?

La fluidité de leur échange laissait entendre que leur amitié remontait à longtemps.

— Mais je passerai te présenter la note, ajouta Lizanne.

L'éclat de rire d'Axel se termina en quinte de toux.

— Désolé, dit-il, quand il eut retrouvé son souffle.

— Tu n'as pas l'air en forme.

— Ne t'en fais pas pour ça. Alors, on est d'accord ?

— Je les attends. Et pense à venir me voir quand tu seras sorti.

— Je n'y manquerai pas.

Axel mit fin à la communication et tendit le téléphone à Quint, l'air un peu perdu.

— On va vous emmener, vous mettre en sécurité, puis on ira à la boutique, dit Quint.

— Non. Vous devez y aller le plus vite possible. Je ne sais pas combien de temps ils la laisseront tranquille, ou si Dumitru a des espions ici qui écoutent tout ce que je dis. Récupérez les preuves, et mettez ce salaud en prison.

La seule chose qui vint à l'esprit de Ree se résumait en quelques mots : plus facile à dire qu'à faire.

21

Le marshal arriva dix minutes plus tard. Quint l'attendait devant la porte de la chambre d'Axel.

Il ne voulait pas prendre le risque de laisser le blessé seul, et ça lui avait donné l'occasion de discuter avec Ree des prochaines étapes.

Si ce que prétendait Axel était vrai, et si les preuves étaient en nombre suffisant pour faire tomber Dumitru, il leur faudrait encore trouver le criminel pour l'arrêter.

Rongé par la curiosité, Quint s'était surpris à regarder le ventre de Ree à plusieurs reprises pendant la conversation.

Ils seraient bientôt fixés, et ni l'un ni l'autre ne pouvait faire quoi que ce soit pour changer le résultat. Ça ne servait à rien de s'inquiéter.

Il avait beau se répéter en boucle ces arguments, ça n'empêchait pas ses pensées de fuser en tous sens.

Même si Ree était enceinte, sa situation n'avait rien à voir avec celle de Tessa. Déjà, ils allaient se marier. Et fonder une famille n'était pas ce qui pouvait leur arriver de pire.

Un peu plus tard, au volant de la jeep, Quint s'autorisa quelques excès de vitesse pour se rendre au plus vite à la boutique de lingerie.

Illuminant la rue d'un halo orangé, le soleil se couchait quand il se gara devant un restaurant, de façon à ne pas attirer l'attention sur leur voiture.

Ils firent à pied les quelques mètres qui les séparaient de la boutique. Il n'y avait pas de voiture garée devant. Quint eut le sentiment que Lizanne avait fait partir à la hâte les derniers clients qui se seraient attardés, ou avait refusé d'en laisser entrer de nouveaux.

Quint échangea un regard avec Ree, avant de pousser la porte, déclenchant le tintement mélodieux d'une clochette.

— Nous allons fermer, annonça une voix de fumeuse.

Puis une femme blonde, âgée d'une quarantaine d'années, sortit de l'arrière-boutique.

— Pomme, dit Quint.

Ses yeux bleus s'écarquillèrent, tandis qu'elle détaillait Quint, puis Ree.

Des clés cliquetèrent au bout d'un porte-clés, tandis qu'elle se dirigeait vers la porte pour la verrouiller.

— Je serai dans la réserve, si vous avez besoin de moi. La seule chose que je vous demande, c'est de ne pas tout mettre sens dessus dessous pendant que vous cherchez ce qu'Axel vous a demandé de récupérer.

Quint remarqua combien elle était tendue. Elle prenait d'énormes risques pour un ami, et elle en avait conscience.

— Nous ferons attention, promit Ree, avec cette façon rassurante qu'elle seule semblait connaître.

Sa présence avait véritablement le don d'apaiser les

autres. Il l'avait remarqué plusieurs fois au cours de leurs enquêtes.

Elle avait eu le même effet sur lui, passé leur antagonisme lors de leur première rencontre, qui avait été désastreuse. C'était presque risible aujourd'hui mais, sur le moment, ils avaient pris ça très au sérieux.

— J'aimerais que vous fassiez vite, ajouta Lizanne.
— Nous comprenons, affirma Ree.

Le regard de Lizanne s'étrécit, et elle les observa de nouveau avec insistance.

— Désolée pour le guet-apens, la nuit dernière. Je n'ai fait que suivre les ordres.
— C'était vous sur la moto ? demanda Ree.
— Je le crains. Et j'ai appelé les gars pour éliminer la menace. Si j'avais su que vous étiez des amis d'Axel, je n'aurais pas essayé de me débarrasser de vous.

Elle regarda attentivement à travers la vitrine, et disparut à l'arrière de la boutique.

Ree monta sur le comptoir, juste à côté de la caisse enregistreuse, et commença à déplacer les dalles blanches du plafond. De la poussière voleta comme des flocons de neige.

Elle agita la main devant son visage, tourna la tête, et éternua.

Quint tira le tabouret sous le comptoir, et commença à travailler sur l'ordinateur.

— J'ai trouvé quelque chose, dit Ree, alors qu'il en était à sa troisième tentative pour entrer dans le système informatique.

Elle descendit une boîte à bottes.

— Ça doit être ça.

Quint se précipita pour la prendre par la taille et

l'aider à descendre. Ree s'assit sur le comptoir, la boîte posée à côté d'elle, et épousseta ses vêtements.

— Eh bien ! Axel ne plaisantait pas, dit-elle, après avoir soulevé le couvercle.

Quint relâcha son souffle. Il y avait des clés USB, des sachets en plastique zippés contenant ce qui devait être des preuves.

— Tout ce qu'il a promis semble y être.

— Il ne nous reste plus qu'à vérifier les contenus, dit Ree. Et nous devrions avoir le feu vert pour l'arrestation avant que la nuit soit terminée.

— Prête à retourner à l'appartement ?

— Et comment ! J'ai même hâte d'y être.

Il comprit ce que ce commentaire recouvrait.

Lizanne choisit ce moment pour émerger de l'arrière-boutique.

— Je sais où Dumitru sera ce soir, dit-elle, fébrile.

Elle semblait aussi impatiente qu'eux de mettre le chef de gang hors d'état de nuire.

— Où ? demanda Quint.

— Au Dallas World Aquarium. Il y organise une soirée privée pour rassurer ses équipes.

— C'est plutôt risqué, commenta Quint.

— Il veut montrer qu'il est toujours le patron.

Elle leur tendit une invitation.

— Avec ça, vous n'aurez aucun mal à entrer. Mais j'apprécierais que vous me laissiez à l'écart de tout ça.

— Vous pouvez compter sur nous, affirma Quint.

— Il vous glisse entre les mains comme une anguille, et il prévoit toujours plusieurs plans de sortie.

— C'est bon à savoir.

— Assurez-vous de bien surveiller tous les accès.

Et sachez qu'il a toujours un véhicule à proximité pour s'enfuir. Généralement, il privilégie les motos.

— Merci pour l'information, dit Quint.

— Et faites-nous une faveur : enfermez ce sale type et jetez la clé.

— C'est le plan.

— Avant de partir, dites-moi si tout ira bien pour Axel.

— Il est entre de bonnes mains.

— Merci.

— Eh bien, nous avons tout ce que nous voulions, dit Quint tandis que Ree et lui marchaient vers la jeep, les bras chargés.

— Il nous faut avant tout mettre les preuves en sécurité, et obtenir un mandat d'arrestation, lui répondit Ree.

— Et faire le point avec Grappell, dès que nous aurons quitté ce parking. J'ai le sentiment que s'attarder ici n'est pas bon pour notre longévité.

Ree lui fit les gros yeux, et plus aucun mot ne fut échangé avant qu'ils soient de nouveau sur l'autoroute.

— Je passe l'appel, proposa Ree.

La voix de Grappell fut en ligne après la seconde sonnerie.

— Que se passe-t-il ?

— Nous avons ce qu'il faut pour boucler Dumitru, annonça Quint. Et nous avons aussi un lieu. Il nous faudrait un mandat dans moins d'une heure.

— Je m'en occupe. Où êtes-vous en ce moment ?

— Nous retournons à l'appartement avec les preuves.

— Je vais envoyer quelqu'un vous retrouver dans le parking souterrain. Attendez-le.

La communication fut coupée, mais ils savaient tous les deux qu'il enverrait un message ou rappellerait avec toutes les informations nécessaires.

Il n'y avait qu'une chose qui clochait dans ce plan : le résultat du test de grossesse les attendait à l'étage, et ils étaient tous les deux impatients de le connaître.

— On va monter ensemble, dit Quint.

Et il espérait que Ree serait d'accord. Il s'agissait de leur avenir et ils devaient l'affronter tous les deux. D'ailleurs, quel que soit le résultat, il voulait être là pour elle.

« Ensemble. »

Ree aimait bien la sonorité de ce mot.

Quand Quint présentait les choses de cette façon, elle n'avait plus aussi peur du résultat. Tant qu'ils étaient tous les deux pour encaisser la nouvelle, elle pouvait y faire face.

Le SMS de Grappell arriva alors qu'ils étaient à mi-chemin de la maison.

Une Camaro jaune arriverait quasiment en même temps qu'eux. Le conducteur se garerait derrière eux dans le parking souterrain et se tiendrait prêt à leur montrer son insigne.

Huit minutes plus tard, ils étaient arrivés à destination, et la Camaro se gara derrière eux comme convenu.

Ils remirent les preuves, et il ne leur resta plus qu'à attendre d'avoir le feu vert pour lancer un raid sur l'aquarium.

Oh ! et aussi à découvrir s'ils allaient être parents.

— Tu es prête ? demanda Quint, en lui prenant la main.

— Aussi prête que possible.

Le cœur de Ree battait à toute allure. Le trajet en ascenseur lui parut durer une éternité. Quand ils arrivèrent à leur étage, elle avait l'impression d'entendre son sang battre dans ses veines.

Quint glissa la clé dans la serrure, et elle nota que sa main tremblait.

Apparemment, il était aussi nerveux qu'elle.

Quint tint la porte ouverte au moins trente secondes, avant qu'elle ait le courage d'entrer.

Elle prit une profonde inspiration.

En fait, elle n'était pas prête du tout. Ça ne voulait pas dire qu'elle ne le serait jamais, ou qu'elle serait incapable de faire face si la réponse était qu'elle était enceinte.

Quint lui prit la main tandis qu'ils se dirigeaient vers le comptoir.

Elle se pencha, fermant à demi les yeux.

Une ligne.

Pas enceinte.

— Mince ! C'est génial ! s'exclama Ree, en tremblant de soulagement. On ne va pas…

Elle regarda Quint et ne termina pas sa phrase. Il avait l'air triste, et il se demanda s'il pensait à Tessa.

— Je suis désolée, Quint.

Elle l'attira vers elle. Il referma un bras autour de sa taille.

— Je ne comprends pas, dit-elle. Je pensais que tu serais content du résultat.

— Moi aussi. Je ne comprends pas ma réaction. Je pensais ne pas vouloir d'enfant. Surtout comme ça, sans que ce soit planifié.
— C'est à cause de Tessa ?
— Pas du tout. Simplement, je réalise que je suis prêt à fonder une famille.
— Ça arrivera en temps voulu.
— Il ne me reste plus qu'à arrêter le responsable de la mort de Tessa, dit-il en serrant les dents, et ce sera terminé. Je pourrai passer à autre chose.

22

La carte du Dallas World Aquarium, dans Griffin Street, avait été étudiée.

Les pâtés de maisons aux alentours avaient été mémorisés.

Le plan pour pénétrer et s'approcher de Dumitru avait été établi.

— Nous serons les seuls à entrer, dit Quint.

Il révisait ses notes, ce qui ne l'empêcha pas de remarquer à quel point sa future femme était belle, dans une minirobe pailletée verte qui faisait ressortir l'émeraude de ses yeux.

Ils étaient tous les deux en tenue de soirée, équipés d'un micro et prêts à partir.

— Mais une équipe de cinq personnes nous attendra dehors, ajouta-t-il. Il y aura deux agents dans un minivan, Tex et Stanley. Un jogger qui fera le tour de la zone, Ben. Et un couple de promeneurs, Lisa et Evan.

— Nous avons déjà travaillé avec chacun d'eux, fit remarquer Ree.

Quint avait gardé son nez dans le dossier aussi longtemps que possible, en faisant de son mieux pour ne plus penser à la « non-grossesse ».

Il aurait dû se réjouir du résultat. N'était-ce pas ce qu'il voulait, après tout ?

Ou bien son jugement était-il faussé par son expérience passée ? En perdant Tessa, il avait sans doute fermé la porte à la possibilité qu'il y ait des enfants dans sa vie.

Il se demandait toujours s'il avait ce qu'il fallait pour être un père. Mais la confiance que Ree plaçait en lui avait ouvert son cœur à la possibilité de fonder une famille.

C'était étrange comme le fait de perdre quelque chose qu'il n'avait jamais eu pesait sur sa poitrine.

En tout cas, il était sûr d'une chose : il voulait passer le reste de sa vie avec Ree.

— Nous serons armés, dit Ree, et sa voix l'arracha à ses pensées. Dès que nous aurons repéré Dumitru, nous foncerons sur lui.

Quint s'obligea à revenir à leur mission.

— Personne ne sera surpris de nous voir, car nous faisons déjà partie de leur cercle.

— Dès que nous l'aurons localisé, nous appellerons les autres pour le raid. Ils se chargeront d'arrêter le plus de gens possible.

— Nous ferons tomber Dumitru, dit-il.

— Revoyons les plans de l'aquarium une dernière fois, suggéra Ree.

— Nous devrions manger quelque chose aussi. Qui sait quand nous aurons la possibilité de le faire une fois que l'opération aura commencé.

— Tu as raison, dit Ree. Je me sens beaucoup mieux, maintenant. On commande ?

— Je peux sûrement préparer quelque chose à partir des restes. Ça ira plus vite. Et ça m'occupera.

— Le pire, c'est d'attendre.

Quint était entièrement d'accord.

Dix minutes plus tard, ils se faisaient un festin de deux tacos, une demi-pizza et de la salade.

Quand cette affaire serait terminée, Quint était bien décidé à prendre une semaine de vacances. Peu importe qu'ils aillent chez lui ou chez Ree. À la réflexion, son matelas était meilleur que le sien.

C'était une bonne chose de faire des projets pour après le coup de filet. Ça donnait une motivation pour s'en sortir, et ça permettait d'éviter les pensées négatives juste avant de passer à l'action. C'était un rituel que Tessa et lui avaient omis d'observer, ce jour funeste.

— Quelle sera la première chose que tu feras quand tout sera terminé ? demanda-t-il à Ree.

— Embrasser mon fiancé, et préparer notre mariage, dit-elle avec un sourire qui le remua au plus profond de lui-même.

— Ça me plaît, déclara-t-il, en lui retournant son sourire. Et notre prochaine mission sera notre voyage de noces. Compte sur moi.

Le visage de Ree irradiait de bonheur.

— Je voudrais aussi faire la paix avec ma mère.

— Encore une excellente idée, approuva Quint. Il n'y a pas un jour qui passe sans que je regrette l'absence de ma mère.

Il soupira.

— Surtout maintenant. Tu lui aurais plu.

— J'aurais adoré passer du temps avec elle aussi, affirma Ree. Si nous avons une fille un jour, j'aimerais lui donner son prénom.

Autrefois, ces mots auraient fait bondir Quint hors de la pièce pour aller s'emplir les poumons d'une grande bouffée d'air frais.

Et maintenant ?

— Je ne vois pas de meilleure façon d'honorer sa mémoire.

Quant aux enfants, qui aurait cru qu'il serait partant aussi vite, après avoir cru qu'il ne voudrait jamais endosser cette responsabilité ?

C'était le pouvoir de l'amour, songea-t-il.

— Si nous bouclons l'affaire ce soir, nous pourrions aller déjeuner chez ta mère demain, puisque nous serons dimanche.

— Nous pourrions, dit-elle.

Et son sourire aurait pu décongeler la banquise.

— Le rendez-vous est pris, décréta Ree.

Se réconcilier avec sa mère serait formidable. Il n'y avait aucune raison d'attendre, qui plus est. Ça ne ferait que lui laisser l'occasion de faire machine arrière.

Le temps était venu d'aller de l'avant. C'en était fini pour elle de rester coincée dans le passé. Le moment de la guérison était arrivé.

Le téléphone de Quint vibra, alors qu'ils achevaient de nettoyer la table.

Il consulta l'écran.

— Nous avons le feu vert, dit-il.

— Nous sommes prêts, déclara Ree. Allons terminer ce que nous avons commencé.

Un sentiment de danger planait au-dessus de Quint. Les erreurs passées tentaient d'infiltrer son esprit, et de détruire sa confiance.

Il les refoula, et vérifia son arme. Il était temps de se mettre en selle.

La première chose qu'il vit fut le pneu à plat de la jeep, du côté conducteur.

Il jura, en espérant que ce n'était pas un signe du destin.

— Je peux t'aider, proposa-t-il, en se dirigeant vers l'arrière du véhicule, où était rangée la roue de secours.

Ses talons hauts procuraient un joli relief à ses mollets.

— D'habitude, je n'aurais pas refusé, mais il vaut mieux que tu évites de salir ta robe. Tu es superbe, au fait.

— Merci.

Elle lui sourit.

— Toi aussi.

— Je suis habillé tout en noir. Rien d'original. Mais j'accepte le compliment.

Il changea la roue en un temps record, et ils purent enfin partir.

Ree avait pris place sur le siège passager. Elle ne boudait pas vraiment, mais elle était contrariée de ne pas avoir pu apporter son aide.

— Désolée, marmonna-t-elle, les bras croisés.

— Pas de souci. Tu te tortures déjà assez avec ces trucs que tu as aux pieds.

— C'est vrai, admit-elle, avec un demi-sourire.

— Tu es fantastique avec, mais personne ne devrait être obligé de marcher sur des échasses toute la journée, dit-il, en démarrant la voiture.

Le témoin « incident moteur » apparut sur l'écran du tableau de bord.

— C'est une blague ? s'exclama-t-il.

— Qu'est-ce qu'il y a ? demanda Ree, probablement distraite par son impossibilité à relever ses cheveux en queue-de-cheval, à rouler ses manches et à se rendre utile.

Il désigna le voyant.

— Ignore-le, dit-elle. C'est juste une astuce de garagiste pour soutirer de l'argent à ses clients.

— Si tu le dis…

Quelques minutes plus tard, ils arrivaient aux abords de l'aquarium.

— Je vais me garer dans le parking avec les autres, expliqua Quint.

Il trouva un emplacement libre, ouvrit sur son téléphone l'application correspondant au parking, et paya.

— On dirait que la fête bat déjà son plein, dit Ree, en observant la multitude de voitures qui les entouraient.

Quint hocha la tête.

— Effectivement.

Et ce n'était pas en leur faveur. Une foule pouvait tourner au chaos en un claquement de doigts. Ils s'y retrouveraient engloutis, incapables de mener à bien leur mission.

— Faisons le tour du bâtiment pour voir s'il y a une moto, proposa Ree.

Il hocha la tête et lui prit la main.

La moto était garée derrière une benne à ordures, juste à côté de la sortie de secours. Sur le casque fixé à la selle figurait un autocollant en forme d'œil orange.

Quint sortit un couteau pliant de sa poche, et perfora les deux pneus.

— Ça devrait le ralentir un peu, dit-il, ironique.

Il s'étonnait vaguement que la moto n'ait pas été équipée d'un quelconque système de sécurité, mais ne pouvait que s'en réjouir.

Ils firent de nouveau le tour du bâtiment et se présentèrent à l'entrée. La sécurité était renforcée. Deux hommes en costume noir et équipés d'oreillettes encadraient la porte, attendant d'avoir le feu vert de leurs collègues chargés de contrôler les invitations.

Quint et Ree entrèrent sans embûche, et se perdirent dans le labyrinthe des différentes salles abritant toutes sortes d'espèces de poissons.

Tout en déambulant, ils observaient les visages des convives.

Entre le bruit d'une cascade en arrière-plan et le constant bourdonnement des conversations, il était impossible d'isoler une voix en particulier.

Ree pressa la main de Quint à l'instant où elle eut confirmation que tous les membres de leur équipe étaient en place.

La cavalerie était arrivée, tout le monde était prêt à entrer en scène et à tenir son rôle.

Il ne manquait plus que Dumitru.

Quint scrutait chaque visage l'un après l'autre,

cherchant des cheveux blonds et des yeux bleus. À ce stade, l'homme qu'il traquait lui semblait plus fantomatique que réel.

Beaucoup ne l'avaient vu que dans son cercle intime, jamais à l'extérieur. Aussi glissant qu'une anguille, il avait le don de disparaître dans les moments critiques.

Était-il seulement présent ?

Des serveurs se déplaçaient tant bien que mal, levant haut leurs plateaux pour éviter les collisions.

À un moment, tandis que Ree et Quint traversaient la forêt tropicale et se dirigeaient vers le tunnel des requins, on tendit un verre à Quint. S'il avait dû parier, il aurait dit que c'était là que se trouvait Dumitru. Pourquoi cette analogie entre criminels et requins ? Parce qu'ils étaient les uns comme les autres opportunistes et sans pitié ?

Il y avait beaucoup plus de monde à l'entrée du tunnel que ce que l'endroit semblait pouvoir contenir.

Derrière eux, quelqu'un poussait pour essayer de forcer le passage.

Quint se retourna et vit Lindy qui se ruait sur eux. Instinctivement, il se plaça devant Ree pour la protéger, tout en jurant entre ses dents.

Ce n'était pas le bon moment pour une confrontation. Lindy pouvait tout faire échouer s'il attirait l'attention de Dumitru et le contrariait.

Lindy donna une bourrade dans l'épaule de Quint, qui laissa échapper son verre.

Arrêter cet imbécile serait vraiment un plaisir, songea-t-il. Il y avait assez de preuves contre lui pour le mettre à l'ombre pendant très longtemps.

Mais ce n'était pas lui que Quint avait dans son viseur ce soir.

— Qu'est-ce qui te prend ? demanda-t-il, en repoussant brutalement Lindy.

Après ça, il resta fermement planté sur ses pieds, les bras croisés, mettant l'homme au défi de tenter un autre geste.

— Où est-elle ? demanda Lindy.
— Je n'en sais rien. À toi de me le dire.

Lindy leva le bras, mais Quint vit le coup venir à des kilomètres. Il bloqua le poing de l'homme, puis il le serra, y mettant assez de pression pour qu'on entende craquer ses jointures.

— Tu veux que ça se passe comme ça ? demanda Quint.

Il ne voulait pas détourner le regard de son assaillant, mais il sentait la tension monter autour de lui.

Comme il n'y avait pas de détecteur de métal à l'entrée, il prit conscience que tout le monde ou presque était armé. Or, il n'avait pas envie que ça se termine dans un bain de sang.

— Que se passe-t-il ici ? demanda une voix masculine, depuis le milieu du tunnel.
— Rien.

Lindy semblait avoir rétropédalé un peu trop vite.

— Mais encore ? insista la voix. J'ai entendu du bruit. Je veux qu'on m'explique.
— Tout va bien, Dumitru, dit quelqu'un, d'un ton quelque peu nerveux.

Comme Lindy avait reculé, Quint prit le risque de se retourner.

La foule s'était écartée comme la mer Rouge s'ouvrant devant Moïse.

L'homme que Quint traquait depuis des mois se trouvait au milieu du tunnel, les bras croisés dans une attitude dominatrice.

Il semblait avoir un peu plus de quarante ans, ce qui le rendait plus âgé que ce à quoi Quint s'attendait, sans qu'il puisse expliquer pourquoi. Il avait la peau hâlée, une musculature impressionnante sous sa chemise en soie ajustée, et devait mesurer un mètre quatre-vingts.

Ree avait été engloutie par la foule qui s'était regroupée autour de Quint, et le fait de la savoir seule parmi tous ces malfrats lui arracha un frisson.

Mais la situation n'était pas la même qu'avec Tessa, se dit-il pour se raisonner. Avait-elle donné aux autres le signal de lancer le raid sur le bâtiment ? Ni l'un ni l'autre n'avait d'oreillette, ce qui aurait été trop évident, mais ils étaient équipés de micros.

Il regarda autour de lui, taraudé par une unique question.

Où était passée Ree ?

23

Le chaos pouvait être une bonne chose.

Il pouvait aussi être mortel.

Ree avait utilisé le moment de panique créé par le début de bagarre entre Quint et Lindy pour contourner la foule et se placer derrière Dumitru.

Il y avait plusieurs personnes dans son champ de vision, qui l'empêchaient de voir distinctement ce qui se passait, et elle attendait le moment où elle pourrait établir un contact visuel avec Quint, et lui donner le signal.

Ça semblait un bon moment pour se débarrasser de ses escarpins, au cas où elle aurait besoin de courir.

L'air dégagé, elle s'assit sur le rebord en brique qui empêchait les visiteurs de trop s'approcher des parois vitrées, et ôta rapidement ses chaussures.

Elle en garda une à la main, afin de pouvoir s'en servir comme arme.

La foule autour d'elle était sur les dents. Elle pouvait sentir la tension monter. Il n'en faudrait pas beaucoup plus pour déclencher les hostilités.

Puisque tout le monde était vraisemblablement armé, la situation pouvait leur échapper très vite, s'ils manquaient de prudence.

Elle se leva et s'avança sur la pointe des pieds, en essayant de localiser Quint. Au moment où elle l'aperçut enfin, deux types l'encadraient et tentaient de l'emmener.

— Bouge, dit l'un d'eux, tandis que Quint se débattait pour se libérer.

Quint s'inquiétait-il de savoir où elle était ? L'attendait-il ?

— Tu n'as pas répondu à ma question, dit Lindy.

Il était l'une des rares personnes dans cette pièce à pouvoir la reconnaître.

Elle baissa la tête, dissimulant son visage derrière ses longues boucles habituellement tirées en queue-de-cheval. Mais elle avait conscience que le roux flamboyant de sa chevelure pouvait la trahir.

Ree bouillait de colère en le voyant toiser dédaigneusement Quint, tandis que ce dernier était emmené de force.

— Mettez-le dans le bureau, dit Dumitru, en pivotant sur ses talons pour suivre Quint et ses gardes du corps.

Quint eut alors la possibilité de regarder dans sa direction, et de lui adresser un discret signe de tête.

Elle savait ce que ça signifiait.

Il était temps d'entrer en scène.

Ree passa la main dans son dos, et pressa le commutateur d'alarme cousu dans la doublure de sa robe. Dans sa pochette de soirée, il y avait aussi un compartiment secret contenant son insigne et une paire de menottes. Menottes qu'elle espérait bien passer aux poignets de Dumitru.

La cavalerie allait débarquer dans quelques minutes.

Elle suivit le mouvement, se faisant bringuebaler

par la foule, qui jouait des coudes pour continuer à avancer dans le tunnel.

Dumitru se retourna, et les chassa d'un geste de main impatient.

— Retournez au buffet, dit-il, d'un ton autoritaire.

La plupart obéirent, mais certains s'attardèrent, faisant mine de s'intéresser aux requins qui évoluaient autour d'eux, derrière les parois vitrées.

Ree n'avait pas l'intention de se laisser distancer. Mais peut-être suivait-elle Dumitru de trop près.

Quand il se retourna de nouveau, elle se retrouva nez à nez avec lui.

— Hé, bonjour, ma beauté, dit-il, en lui saisissant le bras.

Ses doigts s'enfoncèrent dans la chair délicate de Ree, et il l'attira vers lui.

Elle perdit l'équilibre, et finit plaquée contre lui.

— Ça fait mal, protesta-t-elle, en baissant les yeux vers les doigts de l'homme refermés autour de son bras comme les serres d'un aigle.

— Tant mieux, dit-il, en ricanant. C'est ça qui est bon. Et ce n'est que le début.

Un frisson de terreur la traversa à l'idée d'être forcée à faire avec cet homme quoi que ce soit hormis le placer en état d'arrestation.

— J'ai un message pour vous, dit-elle.

— Ah, oui ?

Un sourire qu'il devait croire sexy, mais qu'elle trouva terrifiant étira les lèvres de l'homme.

— C'est à propos de ce que tu vas me faire tout à l'heure ?

— Et si je le faisais maintenant ? suggéra-t-elle, d'un ton suave.

En arrière-plan, elle avait reconnu deux silhouettes qui venaient dans leur direction, celles de Bjorn et de Grappell.

Pour un agent administratif, Grappell avait une silhouette sportive. De taille moyenne, ce n'était pas un athlète qui passait ses journées à la salle de musculation, mais il n'était pas en surpoids non plus. Il avait les cheveux roux, les yeux bleus et un visage avenant.

Leur supérieure marchait deux pas devant lui. Les yeux bruns, blonde et très mince, elle portait un pantalon bleu marine et un chemisier blanc. Il se dégageait d'elle une impression d'autorité, et son expression peu amène en refroidissait plus d'un.

— Bien.

Dumitru passa la main derrière la nuque de Ree, et attira son visage à lui.

— J'ai hâte de commencer.

— Je devrais commencer par vous dire que vous êtes en état d'arrestation.

L'expression choquée de Dumitru était sans prix, quand, imperturbable, Ree entreprit de lui lire ses droits.

Profitant de l'effet de surprise, Quint se libéra et la rejoignit, menottant rapidement le criminel, tandis que Bjorn, arme au poing, matait d'un tonitruant « que personne ne bouge » les quelques rares personnes qui s'étaient attardées dans le tunnel.

Dehors, une voix s'éleva, forte et claire, à travers un mégaphone.

— Vous êtes cernés par les forces de l'ordre. Nous vous demandons de coopérer.

Les invités se dispersèrent sans broncher. Quint plaqua le visage de Dumitru contre un mur.

— Où est Giselle ?

Dumitru garda d'abord le silence mais, sous la menace, finit par dire qu'elle était dans le bureau.

L'agent Stanley revint avec la jeune femme quelques minutes plus tard. Elle avait les yeux rougis et l'air angoissé.

— Je ne voulais pas être mêlée à tout ça, gémit-elle. Il a menacé mon fils, et Axel n'est pas là pour nous protéger. Je suis tellement désolée.

Ree n'était pas mère, mais elle pouvait imaginer combien le besoin de protéger son enfant était fort. Après tout, elle en avait été témoin avec sa propre mère.

Un peu plus tard, quand tout danger fut écarté, Ree embrassa son futur mari, heureuse de savoir que tout se terminait bien, et qu'ils avaient désormais toute la vie devant eux.

Puis, elle prétexta avoir besoin de prendre l'air pour s'éloigner et appeler sa mère.

Son numéro apparaîtrait comme non identifié, et elle n'était pas certaine que sa mère décrocherait. Mais ce qu'elle avait à dire ne pouvait pas attendre. Au pire, elle laisserait un message.

Par chance, sa mère décrocha après la deuxième sonnerie.

— Maman, c'est moi, Ree.

— Oh ! Ree. Je n'avais pas reconnu le numéro.

La voix, à l'autre bout de la ligne, semblait inquiète.

— J'ai un deuxième téléphone pour mon travail, et ce que j'ai à te dire ne pouvait pas attendre.

Elle devait continuer à parler avant de craquer.

— Maman, avant que tu dises quoi que ce soit, je voudrais que tu saches que je suis désolée de t'avoir déçue.

— Quoi ? Mais pas du tout !

Sa mère semblait tomber des nues.

— Je sais bien que si, maman. Je ne sais pas faire la cuisine, je ne suis pas une fée du logis, et je n'ai jamais voulu porter de nœud dans les cheveux.

— C'est moi qui suis désolée, Ree. Tu as toujours eu beaucoup de caractère. Et c'est vrai que tu n'étais pas une petite fille qui aimait les robes et les fanfreluches. Mais ça ne veut pas dire que tu m'as déçue. Au contraire, je suis très fière de toi.

— Ah, bon ?

C'était maintenant au tour de Ree d'être médusée.

— Tu as toujours su ce que tu voulais, et comment te défendre toute seule. C'est bien plus facile que de savoir faire des gâteaux.

— Mais tu adores faire des gâteaux.

— Et j'aime encore plus ma tête de mule de fille. Et je crois savoir de qui tu tiens ton entêtement.

— Papa ?

— Il pouvait être obstiné, de temps en temps. Mais ce sont les femmes de la famille qui détiennent le record.

Ree éclata de rire.

— Je t'aime, maman.

— Je t'aime aussi. Et je n'aurais pas voulu que tu sois différente.

Les larmes roulèrent sur les joues de Ree.

— Peux-tu ajouter deux assiettes dimanche midi, pour mon fiancé et moi ?

— Avec plaisir.

Elle ne demanda pas qui était l'homme qui partageait la vie de sa fille. Elle devait se douter qu'il s'agissait de Quint.

— Alors, je te dis à demain.

Elle venait juste de mettre fin à la communication quand Quint poussa la porte de la sortie de secours, la cherchant du regard.

— Par ici, dit-elle, en faisant un signe à l'homme qu'elle aimait. Son avenir. Sa vision du bonheur éternel.

Il vint tout droit vers elle, et la prit immédiatement dans ses bras.

Elle resta longtemps blottie contre le seul homme qu'elle avait jamais aimé véritablement, et qu'elle pourrait jamais aimer.

— Il va purger une très longue peine, annonça-t-il.

— Oui. Et c'est mérité.

— Bjorn a dit que Vadik aurait un droit de visite avec sa mère, qui restera dans l'établissement médicalisé où elle réside.

— Ça semble juste, approuva Ree. En tout cas, justice sera faite avec l'arrestation de Dumitru. Il ne s'en est pas sorti, cette fois. La mort de Tessa ne restera pas impunie.

— Je ne l'oublierai jamais. Ni cet enfant qui aurait dû naître, et dont j'aurais été le parrain.

— Je comprends. Tessa a beaucoup compté dans ta vie. Elle était ton amie, bien avant que je te rencontre. Je veux tout savoir de votre amitié, et pourquoi elle était si spéciale.

— Je t'en parlerai un jour. Mais, pour le moment, j'ai envie d'oublier le passé et de penser à l'avenir.

Il resserra son étreinte autour d'elle, et déposa un baiser sur le dessus de sa tête.

— Dumitru va passer le reste de sa vie en prison, mais ça ne ramènera pas Tessa ni son bébé. J'ai réalisé que me laisser obséder par les erreurs passées ne m'aidait pas à tourner la page et à avancer.

— Je suis d'accord. Mais j'ai envie de mieux connaître Tessa. J'espère que cette partie de ton passé continuera à nous accompagner.

Quint lui caressa la joue du revers de la main.

— Je n'ai jamais rencontré quelqu'un comme toi, Ree.

Il chercha son regard et le soutint.

— Je pourrais vivre cent ans, et ne jamais parvenir à trouver une autre personne qui t'arrive à la cheville. Je suis prêt à oublier le passé, et à entrer de plain-pied dans notre avenir. Ensemble. Je ne garderai que les bons souvenirs.

— C'est une sage décision.

Elle ne pouvait détacher les yeux de cet homme extraordinaire dont la vie lui avait fait le cadeau.

Quint Casey. Son homme. Son amour. Son tout.

Quint inclina la tête et l'embrassa, effaçant tous les doutes qu'elle aurait pu avoir.

Ils étaient faits l'un pour l'autre. Destinés à se rencontrer et à connaître un amour sans fin.

Et, à présent, il était temps de regarder vers l'avenir, au lieu de se lamenter sur ce qu'avait été le passé, en regrettant qu'il n'ait pas été différent, ou qu'il soit impossible de revenir en arrière et de tout changer.

Il était temps d'embrasser la vie, d'accueillir à bras ouverts ce qu'elle avait à leur offrir.

Ensemble.

Toujours.

Épilogue

Ree vérifia une dernière fois son reflet dans le miroir, tout en prenant une grande respiration.

— Prête ? demanda sa mère, en affichant une expression qui ressemblait beaucoup à de la fierté.

— À épouser Quint ? Oui, répondit Ree.

Et, ce faisant, elle songeait qu'elle n'avait jamais vu de robe plus belle que celle que sa mère l'avait aidée à choisir.

— Et merci, au fait.

— Pour quoi ?

— Pour tout. Mais surtout parce que tu m'acceptes comme je suis, et que tu es là pour me soutenir en ce jour si spécial.

— Ça n'a pas été difficile. Il a suffi que je mette mon entêtement de côté, répliqua sa mère, avec un sourire entendu, assorti d'un petit clin d'œil.

C'était vraiment une personne extraordinaire, songea Ree. Et son frère aîné, Shane, avait eu raison de lui conseiller d'être un peu plus détendue vis-à-vis de leur mère.

Mais elle n'avait pas l'intention de le lui dire. Inutile qu'elle attrape la grosse tête.

— Tu es vraiment belle. Et pas uniquement dans cette robe.

— Je t'aime, maman. En revanche, tu n'es pas censée faire pleurer la mariée avant la cérémonie. Je vais gâcher mon maquillage.

L'étincelant sourire de sa mère illumina le moment, puis un coup fut frappé à la porte et Shane passa la tête dans l'embrasure.

— Le révérend est là, dit-il.

Son regard passa de leur mère à Ree.

— Ça alors, sœurette ! Tu as l'air…

Il parut s'étouffer sur les derniers mots et, comme elle ne voulait pas le voir aussi émotif à ce stade de la journée, elle plaisanta :

— De quelqu'un qui a besoin d'un verre ?

— J'aurais plutôt dit « nerveuse ». Ou, pour employer une expression plus imagée, « sur des charbons ardents ».

Shane avança de quelques pas, en laissant la porte ouverte.

— À ma grande surprise, je ne suis rien de tout ça, affirma Ree.

Elle n'était pas le moins du monde nerveuse. Épouser Quint était la meilleure décision qu'elle eût jamais prise.

— Mais je suis prête, ajouta-t-elle.

Leur mère eut un sourire attendri, avant d'essuyer du bout des doigts une larme solitaire.

— Ton grand-père va être très ému quand il verra à quel point tu es belle, dit-elle.

Dissimulant sa propre émotion derrière une petite toux, elle chercha son souffle avant de poser ses mains sur les épaules de Ree.

— La journée va se dérouler comme dans un

brouillard. Pense à faire attention aux petits moments, et à passer quelques instants avec chacune des personnes qui ont eu la gentillesse de venir pour toi.

— C'est promis, dit Ree.

— La musique commence, maman, dit Shane. Tu devrais aller t'asseoir.

— D'accord, dit leur mère.

Puis elle ajouta :

— Je vous aime tellement, tous les deux.

Après une dernière tournée d'embrassades, Shane tendit son bras à Ree.

— Je déteste l'idée de te perdre, murmura-t-il. Mais je suis heureux que Quint entre dans la famille.

Les paroles de son frère eurent un effet apaisant sur Ree.

— Merci d'être le meilleur frère dont on puisse rêver, dit-elle.

— Idem pour toi, sœurette, répondit-il, en la guidant vers le sanctuaire de l'église.

Tout le monde se leva lorsque Ree apparut.

Bjorn et Grappell étaient là, affichant un immense sourire.

Zoe, sa demoiselle d'honneur, se tenait sur la gauche de l'allée, avec Angie à ses côtés. Ces deux femmes ayant joué un rôle important dans l'histoire d'amour de Ree et Quint, il semblait évident qu'elles fassent partie de la cérémonie.

Quint se trouvait à droite, accompagné de son témoin, Jazzy. L'homme qui l'avait aidé à devenir l'être humain qu'il était aujourd'hui tenait dans ses bras un chiot qui se tortillait en tous sens, visiblement décidé à s'échapper.

Ree adressa à Quint un regard perplexe.

Il se contenta de sourire et de hocher la tête, ce qui ne fit qu'ajouter à la confusion de Ree.

Le témoin de Quint allait devoir lui fournir quelques explications, mais elle savait qu'il fallait s'attendre à peu près à tout avec Quint. Leur relation avait son propre rythme, et elle apprenait à se laisser porter.

— Prenez bien soin l'un de l'autre, dit Shane, tandis qu'il joignait les mains de Ree et de Quint.

Puis il déposa un baiser sur la joue de sa sœur, et alla s'asseoir avec la famille.

Quint se pencha et murmura :

— Au fait, le chiot est un cadeau de mariage pour toi. Je veux que tu aies tout ce que tu désires, et plus encore.

— Oui, je le veux, dit Ree.

— Le révérend n'a pas encore posé la question, remarqua Quint, avec un immense sourire.

— Ce n'est pas grave. Je suis déjà d'accord pour t'épouser.

— Eh bien, dans ce cas, moi aussi, je le veux.

La cérémonie fut courte, et immédiatement suivie d'une tournée d'embrassades à n'en plus finir.

Autour d'elle, Ree ne voyait que des visages heureux et attendris. Tous ceux qu'elle aimait, et tous ceux qui étaient importants dans la vie de Quint comme dans la sienne étaient là.

Il y avait tant d'amour et de bonheur réunis en une seule pièce.

Elle était prête à commencer une nouvelle vie.

Mais chaque chose en son temps.

Avant de parler d'éternité, il y avait une pièce montée à déguster.

SAGAS
SECRETS, HÉRITAGE, PASSION.

Villa luxueuse en Grèce,
palais somptueux en Italie,
manoir mystérieux en Louisiane, chalet
enneigé en Alaska…
Voyagez aux quatre coins du monde et
vivez des histoires d'amour
à rebondissements grâce aux intégrales
de votre collection Sagas.

4 sagas à découvrir tous les deux mois.

DIVERTIR • INSPIRER • ÉMOUVOIR

Retrouvez prochainement, dans votre collection
BLACK ROSE

Le risque en embuscade, de Cindi Myers - N°782
MISSIONS EN MONTAGNE – 1/4

La montagne, *sa* montagne, Hannah la connaît bien, et chacune de ses missions de sauvetage est pour elle une découverte enrichissante. Mais la donne a changé et l'émerveillement s'est mué en terreur car un tueur en cavale l'a prise pour cible. Une menace qui pèse sur elle comme un couperet et que rien ne vient atténuer, pas même la présence rassurante de Jake Gwynn, le nouveau shérif d'Eagle Mountain, à ses côtés...

Protection sous tension, de Janice Kay Johnson

Le cœur en vrille, Boyd Chaney tente de lutter contre le réflexe protecteur qui l'a envahi en apprenant que Melinda était en danger. Certes, le criminel qui l'a menacée de mort lors de son procès a été relâché. Mais rien ne justifie que Boyd s'inquiète à ce point. D'abord parce que Melinda est une excellente policière, ensuite parce qu'ils ne sont plus ensemble et qu'à aucun prix elle ne supporterait qu'il la protège...

L'amour menacé, de Carla Cassidy - N°783

Qui en veut à Harper, la jolie pâtissière de Millsville, au point de clouer un message menaçant sur sa porte ? Une femme, jalouse de sa liaison avec Sam, le beau charpentier ? Un proche de ce dernier qui trouve leur couple mal assorti ? Ignorant le danger, tous deux filent le parfait amour. Mais, lorsque Harper échappe de peu à une tentative de meurtre, c'est le cœur brisé qu'elle décide de rompre avec Sam...

La vengeance à deux visages, de Delores Fossen

Cash lâche un juron et se lève d'un bond. Que fait Delaney chez lui ? Et pourquoi s'est-elle glissée, nue, dans son lit alors qu'ils sont séparés depuis un an ? Mais, tandis que son ex tente de justifier sa présence au ranch, Cash comprend : elle a perdu la mémoire, elle croit qu'ils sont toujours fiancés et elle s'est réfugiée chez lui car un véhicule l'a prise en chasse alors qu'elle venait de sortir de l'hôpital...

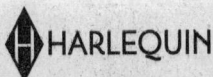

Retrouvez prochainement,
dans votre collection
BLACK ROSE

Une cible trop facile, d'Amelia Autin - N°784

Retrouver une femme en fuite avec deux bébés... Pour le détective Chris Colton, la mission est simple. Pourtant, dès qu'il la rencontre, Chris comprend que Holly n'est pas l'intrigante que lui ont décrite ses beaux-parents. Et que si elle s'est enfuie avec ses jumeaux, après la mort accidentelle de son mari, c'est pour leur échapper et les empêcher de mettre la main sur l'héritage de leurs petits-enfants...

Improbable rencontre, de Jennifer D. Bokal

Désespérée, craignant pour sa vie, Clare Chamberlain a fui son mari dont elle a découvert les activités criminelles. À Mercy, ville perdue du Texas où elle s'est fait embaucher comme serveuse, elle rencontre un homme : Isaac Patton. Charismatique, secret, il n'a rien d'un simple employé de bar et intrigue Clare. Comme si, tel un fauve aux abois, il était venu là pour attendre sa proie...

La fiancée fugitive, de Paula Graves - N°785

MISSION PROTECTION – 3/4

Empêtrée dans sa longue robe de mariée, Tara court à travers bois. Elle fuit les inconnus qui ont tenté de l'enlever quelques heures avant son mariage. Et elle serre la main d'Owen Stiles, son témoin, qui vient de l'arracher aux griffes de ses tortionnaires. Owen, son ami d'enfance, et le seul homme dont elle soit réellement amoureuse...

Un garde du corps pour Katie, de Paula Graves

MISSION PROTECTION – 4/4

Perplexe, Lacey dévisage l'homme qui se tient devant elle. En dépit de ses références, Jim Mercer n'a rien d'un baby-sitter. Pourtant, elle n'a pas d'autre choix que de confier à cet inconnu la garde de Katie, sa pupille âgée de deux ans. Car elle doit à tout prix retrouver les criminels qui ont fait exploser la voiture dans laquelle les parents de la fillette ont trouvé la mort...

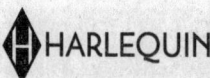

Retrouvez prochainement,
dans votre collection
BLACK ROSE

Le piège du hasard, d'Elle James - N°786

Avec une violence inouïe, l'homme projette la femme à terre... Abasourdi par la scène dont il est témoin, T-Rex s'interpose et les sépare. Puis, insensible aux commentaires aigres de l'homme, il écoute les explications de la jeune femme. Elle se nomme Sierra, elle est institutrice, et la brute qui la frappait est son ex-mari...

Entre confiance et suspicion, de Julie Miller

Trop civilisé, trop sûr de lui... trop sexy. Depuis sa rencontre avec Duff Watson, Melanie s'interroge sur les raisons qui l'ont poussé à se faire embaucher sur le domaine familial. Se pourrait-il qu'il soit l'allié dont elle a tant besoin ? Celui qui l'aidera à enquêter sur la mort de son père, mort dans des circonstances suspectes lorsqu'elle était enfant...

HARLEQUIN   BLACK ROSE

RESTEZ CONNECTÉ AVEC HARLEQUIN

Harlequin vous offre un large choix de littérature sentimentale !

Sélectionnez votre style parmi toutes les idées de lecture proposées !

www.harlequin.fr

- **Découvrez** toutes nos actualités, exclusivités, promotions, parutions à venir...
- **Partagez** vos avis sur vos dernières lectures...
- **Lisez** gratuitement en ligne
- **Retrouvez** vos abonnements, vos romans dédicacés, vos livres et vos ebooks en précommande...

L'application Harlequin

- Des **ebooks gratuits** inclus dans l'application
- **+ de 50 nouveautés tous les mois !**
- Des **petits prix** toute l'année
- Une **facilité de lecture** en un clic hors connexion
- Et plein d'autres avantages...

Téléchargez notre application gratuitement

SUIVEZ-NOUS !

facebook.com/HarlequinFrance
twitter.com/harlequinfrance

VOTRE COLLECTION PRÉFÉRÉE DIRECTEMENT CHEZ VOUS

Vous souhaitez découvrir nos collections ? Une fois votre 1ᵉʳ colis à prix mini reçu, si vous souhaitez continuer à recevoir nos livres, cela se fera automatiquement. Vous n'avez aucune obligation d'achat et cette offre est sans engagement de durée !

Dans votre 1ᵉʳ colis, 2 livres au prix d'un seul
+ en cadeau le 1ᵉʳ tome de la saga *La couronne de Santina*.
8 tomes sont à collectionner !

☞ **COCHEZ** la collection choisie et renvoyez cette page au
Service Lectrices Harlequin – CS 20008 – 59718 Lille Cedex 9 – France

Collections	Prix 1ᵉʳ colis	Réf.	Prix abonnement (frais de port compris)
❏ AZUR	4,75€	AZ1406	6 livres par mois 31,49€
❏ BLANCHE	7,40€	BL1603	3 livres par mois 25,15€
❏ PASSIONS	7,90€	PS0903	3 livres par mois 26,79€
❏ BLACK ROSE	8,00€	BR0013	3 livres par mois 27,09€
❏ HARMONY*	5,99€	HA0513	3 livres par mois 20,76€
❏ LES HISTORIQUES	7,40€	LH2202	2 livres tous les deux mois 17,69€
❏ SAGAS*	8,10€	SG2303	3 livres tous les 2 mois, 29,46€
❏ VICTORIA	7,90€	VI2115	5 livres tous les 2 mois 42,59€
❏ GENTLEMEN*	7,50€	GT2022	2 livres tous les 2 mois 17,95€
❏ NORA ROBERTS*	7,90€	NR2402	2 livres tous les 2 mois prix variable**
❏ HORS-SÉRIE*	7,80€	HS2812	2 livres tous les 2 mois 18,65€

*livres réédités / **entre 18,75€ et 18,95€ suivant le prix des livres

F23PDFM

N° d'abonnée Harlequin (si vous en avez un) ⎵⎵⎵⎵⎵⎵⎵

Mᵐᵉ ❏ Mˡˡᵉ ❏   Nom : _____

Prénom : _____   Adresse : _____

Code Postal : ⎵⎵⎵⎵⎵   Ville : _____

Pays : _____   Tél. : ⎵⎵⎵⎵⎵⎵⎵⎵⎵⎵

E-mail : _____

Date de naissance : _____

Date limite : 31 décembre 2023. Vous recevrez votre colis environ 20 jours après réception de ce bon. Offre soumise à acceptation et réservée aux personnes majeures, résidant en France métropolitaine, dans la limite des stocks disponibles. Prix susceptibles de modification en cours d'année. Vous pouvez demander à accéder à vos données personnelles, à les rectifier ou à les effacer. Il vous suffit de nous écrire en nous indiquant vos nom, prénom et adresse à : Service Lectrices Harlequin CS 20008 59718 LILLE Cedex 9. Service Lectrices disponible du lundi au vendredi de 9h à 17h : 01 45 82 47 47.